Congo
Brazzaville

22-24, boulevard Arago – 75013 Paris
www.karthala.com

ISBN : 978-2-8111-2594-3

Maquette : Bärbel Müllbacher

Couverture : Palmeraie éco-responsable en zone de savane développée par Capfor-GTC (département du Pool). © DR.

Muriel Devey Malu-Malu

Congo
Brazzaville

KARTHALA

À nos enfants

Brad Malu-Malu,
Yasmin et Karthoum Nze,
Mikhael Mbaya Walls,
Kevin Noumazalayi,
Charlie Bonheur,
Tallian Bouity.

LE CONGO-BRAZZAVILLE EN BREF

Nom officiel: République du Congo
Superficie: 342 000 km^2
Littoral: 170 km
Capitale: Brazzaville
Chefs-lieux de département: Brazzaville, Pointe-Noire, Loango, Dolisie, Madingou, Sibiti, Kinkala, Djambala, Owando, Éwo, Impfondo, Ouesso
Langue officielle: français
Langues nationales: lingala et kituba
Religions: catholicisme et protestantisme (majoritaires), matsouanisme et kimbanguisme, islam (minoritaires)
Fête nationale: 15 août
Célébration de la république du Congo: 28 novembre
Population: 5,2 millions d'habitants (estimation 2017)
Densité démographique: 13,4 hab./km^2
Croissance démographique: 2,6 % (2017)
Taux de fécondité: 4,66 (2016)
Taux de natalité (pour 1 000 hab.): 34,63 (2016)
Taux de mortalité infantile (pour 1 000 hab.): 38,50 (2016)
Âge moyen: 19,8 ans
Espérance de vie à la naissance: 58,3 ans
Population âgée de moins de 15 ans: 42,28 % (2017)
Répartition urbains/ruraux: 66/34
Taux d'alphabétisation des 15 ans et plus: 84 %
Indice de développement humain (PNUD) 2018: 149e rang sur 203 pays
Produit intérieur brut (PIB): 8,723 milliards de dollars (2017)
PIB par habitant: 1 658 dollars (2017)
Taux de croissance économique: -3,4 % en 2017 (est.) ; 2,2 % en 2018 (proj.)
Dette publique extérieure: 120 % du PIB
Classement Doing Business 2017: 177e sur 189 pays
Monnaie: franc CFA (1 euro = 655,96 FCFA)
Émissions de CO2 (tonnes métriques par habitant): 0,5 (2011)

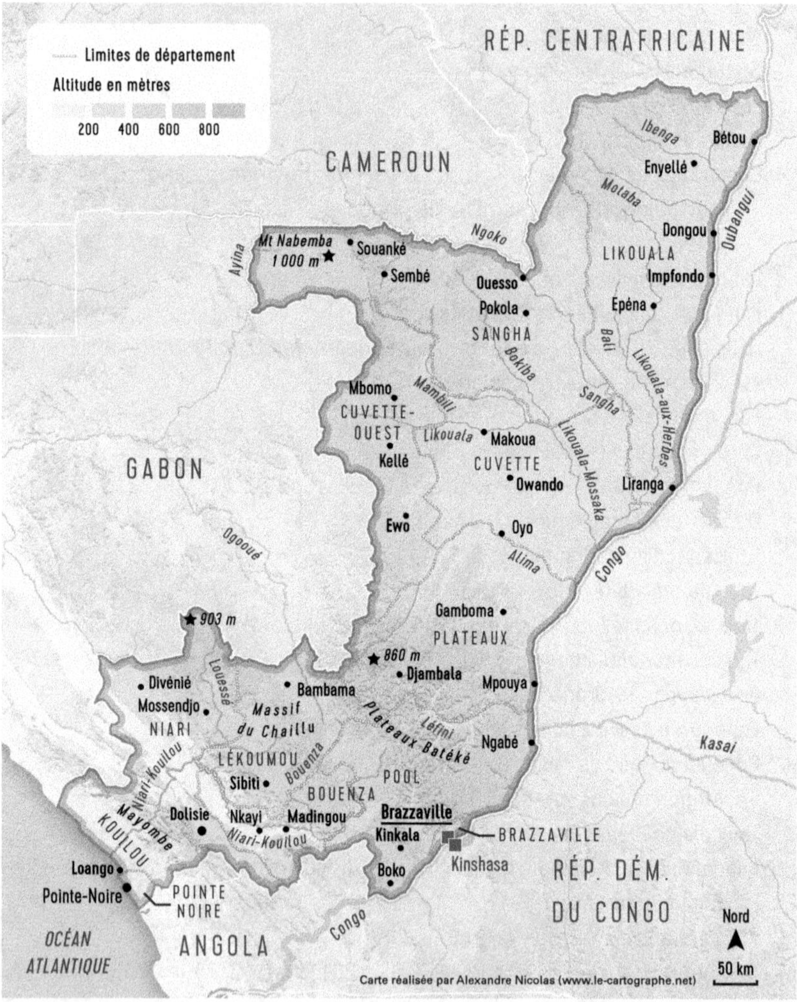

Limites de département
Altitude en mètres
200 400 600 800
RÉP. CENTRAFRICAINE
CAMEROUN
GABON
ANGOLA
RÉP. DÉM. DU CONGO
OCÉAN ATLANTIQUE
Mt Nabemba 1 000 m
903 m
860 m
Souanké
Sembé
Ouesso
Pokola
SANGHA
Bétou
Enyellé
Dongou
LIKOUALA
Impfondo
Epéna
Ibenga
Motaba
Ngoko
Oubangui
Ayina
Bokiba
Bali
Sangha
Likouala-aux-Herbes
Mambili
Mbomo
CUVETTE-OUEST
Kellé
Likouala
Makoua
CUVETTE
Owando
Likouala-Mossaka
Liranga
Ewo
Oyo
Alima
Congo
Ogooué
Gamboma
PLATEAUX
Djambala
Mpouya
Léfini
Ngabé
Kasai
Plateaux Batéké
Divénié
Mossendjo
NIARI
Louessé
Bambama
Massif du Chaillu
LÉKOUMOU
Bouenza
Niari-Kouilou
Sibiti
POOL
BOUENZA
Mayombe
KOUILOU
Dolisie
Nkayi
Madingou
Niari-Kouilou
Brazzaville
Kinkala
BRAZZAVILLE
Kinshasa
Boko
Loango
Pointe-Noire
POINTE NOIRE
Congo
Nord
50 km
Carte réalisée par Alexandre Nicolas (www.le-cartographe.net)

Espaces et sociétés

Un relief peu élevé et des paysages contrastés

Ses frontières qui la séparent du Gabon à l'ouest, du Cameroun et de la République centrafricaine au nord, de la République démocratique du Congo (RD Congo) à l'est et de l'Angola (Cabinda) au sud, et ses 342 000 km² qui s'étalent de part et d'autre de l'équateur, la République du Congo les doit à l'épisode colonial de son histoire. En revanche, elle tire son nom du grand royaume du Kongo qui domina pendant six siècles toute l'Afrique centrale, bien avant la colonisation.

Bien qu'elle occupe une partie de la vaste dépression d'Afrique centrale, que drainent le fleuve Congo et ses affluents, la République du Congo y est néanmoins placée en position périphérique, à cheval sur la cuvette proprement dite et sur le bourrelet montagneux qui l'entoure. À l'exception de sa partie nord-ouest, correspondant au département de la Sangha, qui forme une sorte d'excroissance, le Congo est relativement étroit. En revanche, il s'étire sur plus de 1200 km, selon une direction nord-est/sud-ouest. Son territoire s'adosse d'abord au fleuve Congo et à son affluent l'Oubangui dans le sens nord-sud. Puis, à hauteur de Brazzaville, sa capitale, bifurquant vers l'ouest, il s'étale de part et d'autre du fleuve Niari-Kouilou.

Si son relief est peu élevé et son territoire en partie recouvert par la forêt et sillonné de cours d'eau, le Congo offre néanmoins une diversité de paysages et on y distingue deux grands ensembles : le Congo septentrional et le Congo sud-occidental.

La façade maritime

En bordure de l'océan Atlantique, la première région naturelle du pays est une zone composée de bas plateaux et d'une étroite plaine côtière couverte de savanes.

Longue de 170 kilomètres, la côte s'étend de la frontière de l'Angola (Cabinda), au sud de Pointe-Noire, le port maritime, jusqu'à la frontière du Gabon. Échancrée par les estuaires des cours d'eau et bordée par endroits par de belles plages de sable blanc, balayées par la houle de l'Atlantique et hérissées

---

LES DOUZE DÉPARTEMENTS DU CONGO-BRAZZAVILLE

Sur le plan administratif, le Congo compte douze départements : Kouilou, Pointe-Noire, Niari, Lékoumou, Bouenza, Pool, Brazzaville, Plateaux, Cuvette, Cuvette-Ouest, Sangha, Likouala. À l'exception de Brazzaville et de Pointe-Noire, tous les autres départements portent un nom géographique, notamment de rivière, un héritage de la période coloniale, les Français désignant en effet leurs départements par un nom géographique. Une particularité, l'appellation anglaise du département du Pool, qui fait référence au vaste lac intérieur que forme le fleuve Congo en amont de Brazzaville. Lors de la conquête coloniale, ce lac, qui marque le début du Congo navigable vers l'amont, a été appelé *Stanley Pool* (étang de Stanley), en référence à l'explorateur anglais Henri Morton Stanley qui l'a découvert, puis il a été rebaptisé *Pool Malebo* à l'indépendance. Très *fair-play*, les Français ont conservé le terme anglais pour dénommer la région entourant Brazzaville.

---

de cocotiers, elle compte quelques baies que protègent des caps : Pointe-Noire, Pointe-Indienne, Pointe-Kounda... Entre Pointe-Noire et Loango, un grand nombre de cirques d'érosion, dont les plus impressionnants sont les gorges de Diosso et le cirque de Tchissanga, s'ouvrent directement sur la côte.

Au fur et à mesure que l'on s'éloigne de la plaine maritime, le relief s'élève lentement, sans dépasser toutefois 230 m. Il est constitué soit par des collines à pentes douces, surtout dans la partie orientale, où le réseau hydrographique, issu du massif du Mayombe, est dense, soit par des plateaux peu ondulés (plateaux d'Hinda et de Kayes), dont la surface comporte des dépressions fermées et des vallées sèches aux flancs raides.

Le bouclier du Mayombe

Plus à l'est et à peu près parallèle à la côte, s'élève la chaîne montagneuse du Mayombe, constitué d'une série de crêtes orientées nord-est/sud-ouest. Couvert d'une forêt dense ombrophile touffue, contenant de nombreuses essences, dont le limba, le Mayombe forme une véritable barrière naturelle entre la côte et l'intérieur du pays. Son point culminant est le mont Foungouti, situé dans sa partie sud-est, qui atteint 930 m. Sa largeur, de 60 km à la frontière de Cabinda, diminue vers le nord-ouest. Elle n'est plus que de 40 km à la percée du Kouilou et de 25 km à la latitude des monts Koulouba. Après avoir atteint la côte à Mayoumba, elle s'épanouit à nouveau au Gabon.

On peut distinguer deux Mayombe. Alors que le Mayombe oriental comporte une série de crêtes parallèles, hérissées de crêtes secondaires, qui séparent des vallées étroites et des bassins allongés (bassin de Mvouti), dans le Mayombe occidental, le paysage est nettement plus ouvert, les pentes moins raides et la circulation plus aisée.

Autant dire que la raideur des pentes du Mayombe oriental et l'épaisseur de sa végétation ont longtemps été un obstacle difficile à franchir. Elles ont d'ailleurs donné du fil à retordre lors de la construction de la voie ferrée, le Congo-Océan, et, plus récemment, de la route nationale n° 1 qui relie Pointe-Noire à Brazzaville. Construit par l'homme, ce double axe de communication terrestre, qui traverse d'est en ouest le sud du pays, a donné tout son sens à la vocation de transit du Congo.

La riche vallée du Niari

Une fois passée cette chaîne montagneuse, on débouche dans la vallée du Niari. Enserrée entre le Mayombe et les contreforts du massif du Chaillu et du plateau des Cataractes, bien arrosée, cette plaine est drainée par le fleuve Niari et ses affluents. Ses sols sont calcaires et argileux et sa végétation formée d'une savane herbeuse. Prolongée par la dépression de la Nyanga, la vallée du Niari s'étend d'une frontière à l'autre, sur 325 km, sans aucun cloisonnement. Tout au long s'oppose une partie nord-est, domaine des plaines, particulièrement développées dans la zone centrale (boucle du Niari), où le relief se réduit à quelques buttes, et une partie sud-ouest, où se multiplient plateaux, chaînons et collines, que séparent des vallées à fond plat : vallées de la Loubetsi et de la Ntima, sur la rive droite, vallées de la Passi-Passi et de la Louvakou, sur la rive gauche.

Puissant massif de grès et de gneiss, recouvert d'un manteau forestier continu, royaume de l'okoumé, un bois précieux, le Chaillu, dont les plus hauts sommets dépassent 800 m vers Mayoko, se prolonge au Gabon. Il est formé de mamelons arrondis encadrés par un réseau hydrographique très serré, dont le dessin est fortement influencé par les grandes fractures de la roche.

Situé dans l'extrême sud-est du pays, le plateau des Cataractes, qui recouvre la partie sud de la région du Pool, est délimité au nord-est par les plateaux Batéké, au nord-ouest par la vallée du Niari, au sud et à l'est par le fleuve Congo. Coupé de nombreuses vallées étroites et dominé par des collines et des lambeaux de plateau, il se dresse au-dessus des dépressions qui l'entourent. Son point culminant s'élève à 845 m.

Les plateaux Batéké

La région du Pool est une zone de collines, couverte de savane arbustive, qui fait la transition entre le Congo sud-occidental et le Congo septentrional. C'est dans sa partie nord que prennent naissance les plateaux Batéké, qui s'étendent jusqu'au département de la Cuvette. Quatre plateaux – Mbé, le plus grand (6 000 km²), Ngo-Nsah, Djambala et Koukouya (le plus petit, avec ses 450 km², mais le plus haut) –, couverts de savanes (herbes et arbustes), s'étagent ainsi entre 550 et 860 m.

Leur surface est faiblement ondulée, mais souvent accidentée par des dépressions fermées abritant des mares (mare de Gatsou, ou « anneau de Saturne ») et par des vallées sèches. Le reste des pays Batéké, notamment la zone située au sud-ouest des Plateaux, est occupé par des collines. C'est ici que prennent leur source l'Ogooué, principale artère du Gabon jusqu'à Lambaréné et la côte Atlantique, ainsi que l'Alima, la Léfini et le Djoué, tous affluents du Congo. Aussi les plateaux Batéké sont-ils considérés comme le château d'eau du Congo.

Vue du plateau de Djambala. © MDMM.

Vasière dans le district d'Epéna, dans la Likouala. © MDMM.

La Cuvette, sa forêt et ses marécages

Au nord des plateaux Batéké, à l'est d'une ligne qui va de Makotipoko (Plateaux) à Monpoutou (Likouala), en passant par Oyo, Owando et Makoua, s'étale une vaste plaine recouverte de forêts en partie inondées, de marécages et de rivières, dont l'altitude est inférieure à 400 m. Cette plaine fait partie de la grande dépression d'Afrique centrale appelée la Cuvette congolaise, qui s'étale de part et d'autre du fleuve Congo, et très largement en RD Congo. Elle a donné son nom au département de la Cuvette.

À l'ouest de la Cuvette et d'une ligne allant de Kellé à Ouesso, s'étend un relief de plateaux et de hautes collines, connu sous le nom de Sangha occidentale. Cette zone est recouverte de forêts denses, essentiellement de terre ferme, avec toutefois quelques marécages. C'est dans cette zone, notamment dans sa partie située dans l'extrême nord-ouest du pays, que s'élève le mont Nabemba, le point le plus haut du Congo, qui culmine à environ 1100 m.

Dans l'extrême nord-est du Congo, correspondant au département de la Likouala, le relief n'excède pas 200 m, sauf dans la partie ouest du département, où l'altitude peut atteindre 437 m à Mokabi. Trois types de végétation dominent : les forêts mixtes de terre ferme, avec quelques forêts marécageuses, dans le nord du département, et une zone de forêts marécageuses ou inondables et de marécages dans la partie sud.

Des cours d'eau à foison

Le fleuve Congo et ses affluents

Comme la plupart des pays d'Afrique centrale, la République du Congo dispose d'un réseau hydrographique très dense qui s'organise autour de deux grands bassins : celui du fleuve Congo, dont le collecteur éponyme borde, sur 600 km, la façade est du pays, et celui du Kouilou-Niari, situé au sud-ouest.

À l'exception du Congo et de l'Oubangui, la majorité des cours d'eau congolais prennent leur source à l'intérieur des frontières du pays. Ils sont de dimensions moyennes et leur régime est en général simple, reflétant assez fidèlement le rythme des précipitations.

Long de 4 374 kilomètres, le fleuve Congo est le deuxième au monde après l'Amazone par son débit (30 000 mètres cubes par seconde à son embouchure) et par la superficie de son bassin, estimée à 3 684 000 km². Par sa longueur, il occupe la deuxième place en Afrique après le Nil et la cinquième au monde.

Il prend sa source à 1550 m d'altitude dans la province du Haut-Katanga, en RD Congo où se situe l'essentiel de son parcours. D'abord de direction sud-nord, son cours change de sens à partir de la ville de Kisangani (Province de la Tshopo) pour s'infléchir vers l'ouest puis vers le sud. C'est à partir du confluent avec la rivière Oubangui, dans le département de la Likouala, que le fleuve fait frontière entre le Congo-Brazzaville et la RD Congo. Tout au long de son parcours au Congo-Brazzaville, il se subdivise en trois parties. Du confluent de l'Oubangui à Mpouya (Plateaux), il est formé d'abord par plusieurs *pools* successifs, larges de 7 à 12 km, que séparent des étranglements (Liranga et Loukoléla). À partir de Loukoléla (Cuvette), et pendant 180 km, il possède un lit peu profond (de 6 à 7 mètres de profondeur), criblé d'îles, dont certaines ont plus de 15 km de long sur 2 km de large. Un nouveau resserrement se produit en aval de Makotipoko, suivi par un nouvel élargissement.

De Mpouya au Pool Malebo, le Congo coule dans une vallée étroite sur plus de 200 km. Après la Pointe de Gantchou, les rives se rapprochent encore. Escarpées, elles forment par endroits de véritables falaises rongées par les eaux. Puis le fleuve s'élargit à nouveau pour atteindre le Pool Malebo, la plus connue de ses expansions.

Bien que très large (30 km), le Pool Malebo est en fait divisé en deux bras inégaux par l'importante île Mbamou (12 km sur 23). L'un, côté Congo-Brazzaville, est relativement étroit, sinueux et très encombré de bancs de sable. Plus large, pouvant atteindre jusqu'à 4,5 km, l'autre, côté RD Congo, compte quelques îles secondaires.

L'île Mbamou est partagée en une moitié occidentale, marécageuse, recouverte par les eaux à chaque crue et sillonnée de chenaux, et une moitié orientale exondée en permanence et occupée par la forêt.

À la sortie du Pool Malebo, le fleuve Congo s'engage dans une série de rapides. Son parcours au Congo-Brazzaville s'achève au sud de Boko, dans le département du Pool.

Bien qu'il ne représente, sur le territoire du Congo-Brazzaville, que 7 % de la superficie totale du bassin, et qu'il ne soit pas navigable en aval de Brazzaville, en raison de la présence de rapides, le fleuve est, pour les populations riveraines, un immense vivier, dans lequel elles capturent quantité de poissons, et un important moyen de communication, largement ramifié grâce à ses nombreux affluents.

En effet, le fleuve Congo compte, sur sa rive droite, un large éventail d'affluents : l'Oubangui – lui-même grossi de divers affluents, la Likouala-aux-Herbes, la Sangha et la Likouala-Mossaka (dont les deux affluents principaux sont le Kouyou et la Mambili) – ainsi que l'Alima, la Nkéni, la Léfini, le Djoué et la Loufoulakari. Certains d'entre eux se jettent dans le fleuve par une série de deltas où des dizaines de bras s'entrelacent et où les eaux coulent dans un sens ou dans l'autre, selon le niveau des crues respectives.

Le fleuve aux trois noms

Dans la partie sud-occidentale du pays, le Kouilou-Niari, long de quelque 630 km et principal collecteur du bassin éponyme qui couvre 60 000 km^2, a une caractéristique : il porte trois noms. Il naît sous l'appellation de Ndouo, à 650 m d'altitude, à l'est du mont Paga, à la lisière des plateaux Batéké, dans une zone d'où rayonnent plusieurs cours d'eau. De sa source au confluent de la Louhoulou, il se dirige vers le sud. Puis il oblique vers l'ouest, décrivant de nombreux méandres. Prenant le nom de Niari, il reçoit alors ses principaux affluents. Sur sa rive gauche, affluent des rivières courtes et torrentielles, dont la Loukouni, la Louvisi et la Loutété, qui prennent naissance pour la plupart en bordure du plateau des Cataractes, ainsi que la Loudima, qui serpente longuement dans une vallée marécageuse. Ses affluents de droite sont la Bouenza, un des plus importants, qui naît sur le rebord occidental des plateaux Batéké, à 60 km au sud-ouest de Djambala, ainsi que la Louango. Après un parcours de 370 km, peu après Loudima, le Niari tourne progressivement vers le nord-ouest. Il coule dans cette direction jusqu'à Makabana, dans une vallée relativement étroite.

Un peu avant le confluent de la Louessé, une rivière alimentée par les fortes pluies qui tombent sur le Chaillu, le Niari s'incurve lentement vers le sud-ouest, en décrivant une large boucle. À l'aval de Makabana, il traverse la plaine de Libinga. Sa vallée s'élargit un peu jusqu'à la rencontre de contreforts du Mayombe à Kibangou. Puis, sur quelque 90 km, de rapides en rapides, il franchit la chaîne du Mayombe, d'où il sort par les « Portes de Ngotou ». Rebaptisé Kouilou, il traverse, sur 50 km, la plaine littorale, où le rejoignent entre autres la Loundji et la Ntombo, pour se jeter dans l'océan Atlantique, près de Madingou-Kayes, à 55 km au nord de Pointe-Noire. Son estuaire est en partie barré par une flèche de sable. Parsemé d'îles,

Le fleuve Congo près de Mossaka. © MDMM.

Paysage de savane herbeuse au lieu-dit Chapeau de Monseigneur, dans le district de Ngo (Plateaux). © MDMM.

le cours inférieur du Kouilou, navigable, est très fréquenté par les pêcheurs vilis.

Un climat chaud et humide

Sur le plan climatique, le Congo se présente comme un pays où les pluies sont abondantes, les températures relativement élevées et le climat marqué par deux grandes saisons : la saison sèche, la plus froide, et la saison des pluies, la plus chaude. Néanmoins, plusieurs caractéristiques modulent ce tableau. La position du Congo de part et d'autre de l'équateur entraîne une inversion des saisons selon que l'on se situe au nord ou au sud de cette ligne. En outre, le pays subit l'influence de l'anticyclone de l'Atlantique sud et certaines particularités géographiques influent également sur la pluviométrie et les températures : la présence de reliefs assez marqués (plateaux Batéké, massifs du Chaillu et du Mayombe), qui forment écran, ainsi que de grandes masses forestières (Mayombe, Chaillu, Sangha, Likouala), génératrices de vapeur d'eau par transpiration intense, et l'existence de nappes d'eau importantes (régions inondées, lacs, *pools* et cours du Congo), où l'évaporation est forte. Ainsi, les températures sont plus faibles dans les régions hautes et forestières, et plus élevées dans les zones basses.

Ces particularités précisées, on distingue trois grandes zones climatiques : équatoriale, subéquatoriale et tropicale. Le domaine équatorial concerne principalement les départements de la Sangha et de la Likouala. La température y varie peu tout au long de l'année, avec des moyennes oscillant entre 24 et 26°C, et la pluie tombe pratiquement sans discontinuer de janvier à décembre (moyennes comprises entre 1600 et 1800 millimètres par an). En fait, il n'y a pas à proprement parler de changement de saison.

Dans les régions soumises au climat subéquatorial (départements de la Cuvette, de la Cuvette-Ouest et des Plateaux), la saison sèche, d'une durée de 4 à 5 mois, s'étend de mi-mai à mi-octobre. Les pluies, abondantes (entre 1600 et 2500 millimètres par an), reprennent à partir du mois d'octobre jusqu'en mai. Elles sont entrecoupées par une petite saison sèche en janvier. Elles sont généralement précédées d'une augmentation des températures qui varient de 23 à 26°C.

Le domaine tropical touche le reste du pays, de Brazzaville à Pointe-Noire, avec des variations de températures et de pluviométrie d'une zone à l'autre. La saison sèche court de mi-mai à fin septembre. Le relais est pris par la saison des pluies, entrecoupée en février par une petite saison sèche. Les précipitations annuelles vont de 1200-1300 millimètres (Brazzaville) à 1800 millimètres (Chaillu et Mayombe), les températures oscillent entre 20 et 26°C.

Forêts et savanes

La végétation présente une très grande variété, liée aux conditions climatiques, au relief, à la qualité des sols ainsi qu'à l'action des différentes populations qui peuplent le pays. On en distingue trois grands types : les forêts denses, les forêts claires et les savanes.

La forêt naturelle couvre 67 % du territoire

La forêt naturelle congolaise s'étend sur 22,5 millions d'hectares, soit environ 67 % de la superficie totale du pays. Elle représente 12 % des forêts denses humides d'Afrique centrale et 10 % des forêts du bassin du Congo, qui regroupe six pays : le Congo, la République démocratique du Congo (RD Congo), le Cameroun, le Gabon, la Centrafrique et la Guinée équatoriale. Elle renfermerait plus de 100 essences, dont une trentaine commercialisables.

La forêt congolaise compte trois massifs principaux répartis sur deux grandes régions. Dans la partie nord du pays, la forêt naturelle, qui est une forêt dense primaire, s'étend sur quelque 15 millions d'hectares, dont 8 millions en zone inondée. Son exploitation est récente. Les essences les plus répandues y sont le sapelli, l'une des plus exploitées, le sipo, l'ayous, le bossé, l'oboto, le wengué et le tiama.

Dans la partie sud du pays (départements du Kouilou, du Niari, de la Lékoumou et de la Bouenza), la forêt est répartie sur deux zones : le massif du Chaillu (3,5 millions d'hectares), riche en okoumé, et le Mayombe (1,5 million d'hectares) dont l'essence la plus répandue est le limba. Longtemps exploitée sans aménagement, cette zone ne compte plus que quelques îlots de forêt primaire. Le reste est composé d'une forêt secondaire qui a connu 4 à 5 phases d'exploitation.

Quand ils ne forment pas une véritable forêt, les arbres n'en sont pas moins présents dans le paysage, mais en groupements très variés. En bordure de la grande forêt se place toujours une zone de transition, où les étendues boisées sont nombreuses (région de Kellé, de Makoua, de Kindamba). Dans certaines zones, ce sont les lambeaux forestiers qui créent un paysage boisé, mais ils sont très secondarisés, par suite d'une mise en culture intense. Des formations boisées importantes se maintiennent aussi en pleine zone de savane : sur les plateaux Batéké (forêt d'Empana, forêt d'Ebou, près de Ngo), sur les chaînons et les plateaux (plateau Badondo, mont Kinoumbou, mont Dibindou). Il existe aussi des galeries forestières le long des cours d'eau. Dans le Kouilou, les eaux salées du littoral sont le terrain de prédilection des mangroves, des forêts basses peuplées de palétuviers.

LES AIRES PROTÉGÉES

Plus de 13 % du territoire congolais a été classé en aires protégées, dont cinq parcs nationaux.

À cheval sur les départements de la Sangha et de la Cuvette-Ouest, le parc national d'Odzala-Kokoua (PNOK) a été établi en tant que réserve naturelle en 1935, puis transformé en parc national en 2001. Très riche en faune (notamment en éléphants de forêt et en chimpanzés) et en flore, il figure sur la liste indicative du patrimoine mondial de l'Unesco depuis le 12 juin 2008.

S'étendant sur les départements de la Sangha et de la Likouala, le parc national de Nouabalé-Ndoki (PNNN), créé en 1993, doit son nom aux rivières Nouabalé et Ndoki qui l'arrosent. Il abrite une gamme étendue de grands mammifères, des primates, des léopards, des hyènes et quelque 300 espèces d'oiseaux. Il comprend cinq types de forêts et plusieurs espèces d'arbres appartenant à la liste UICN. Écosystème quasi intact, il figure sur la liste indicative du patrimoine mondial de l'Unesco depuis le 12 juin 2008.

Logé dans le département du Kouilou, le parc national de Conkouati-Douli (PNCD) intègre une réserve marine tout au long du littoral et l'ancienne réserve de faune de Conkouati, créée en mai 1980. Mosaïque d'écosystèmes, il compte différents types de végétations, une lagune, des lacs et divers cours d'eau. Sa faune (oiseaux, poissons, tortues, mammifères, chimpanzés, antilopes, etc.) et sa flore sont donc riches et variées. Il figure sur la liste indicative du patrimoine mondial de l'Unesco depuis le 12 juin 2008.

Le parc national de Ntokou-Pikounda, qui s'étale sur les départements de la Cuvette et de la Sangha, a été créé par décret du 4 mars 2013. Il abrite quelque 950 chimpanzés, 800 éléphants, environ 15 000 gorilles des plaines de l'ouest et de nombreux hippopotames.

Créé fin 2018, le parc national de l'Ogooué-Lékéti, de quelque 350 000 hectares, s'étend sur les départements des Plateaux et de la Lékoumou, le long du parc national des plateaux Batéké au Gabon.

Le Congo comprend également quatre réserves de faune (Tsoulou, Léfini, Mont-Fouari et Nyanga-Nord), deux domaines de chasse (Nyanga-Sud et Mont-Mavoumbou), deux sanctuaires de gorilles (Lésio-Louna et Lossi), un sanctuaire de chimpanzés (Tchimpounga), une réserve de biosphère (Dimonika), une réserve communautaire (lac Télé) et une réserve forestière (Patte d'Oie).

Les savanes

Le reste du Congo, soit environ 40 % du territoire, est constitué de savanes, herbeuses ou arbustives, ou un mélange des deux. L'aspect le plus courant de la savane est celui qui comporte un étage herbacé plus ou moins grand et un étage arbustif. Au nord de Brazzaville, l'étage herbacé dépasse rarement 1,50 m, alors que dans la vallée du Niari il atteint couramment 2 m, du moins sur les sols schito-calcaires. Mais les nuances sont nombreuses et fonction de la topographie, de l'exposition, de la nature et de l'épaisseur du terrain. L'espèce dominante est donc différente d'un point à un autre, du pied des pentes à leurs sommets, mais aussi de la côte à la lisière des forêts du Nord.

Un environnement vital pour le Congo et l'humanité

La forêt dense, poumon de la planète

Les écosystèmes du Congo se distinguent par leur variété, leur abondante biodiversité floristique et faunique, et leur intérêt vital pour la planète tout entière, mais aussi par leur fragilité.

D'où l'importance de les protéger. De tous ces écosystèmes, outre la mangrove, en bord de mer, c'est surtout la forêt dense, située en terre ferme ou en zone marécageuse, qui, jusque très récemment, a capté toute l'attention. Et pour cause, dans un monde où la lutte contre le réchauffement climatique et la montée des eaux maritimes est devenue une obsession, la préservation de la forêt primaire est le combat non seulement des écologistes mais aussi de gouvernants, du Nord notamment, prêts à défendre l'intégrité de cet immense océan vert considéré comme un patrimoine universel pour être un formidable réservoir d'énergie solaire, d'eau et d'oxygène indispensable à la respiration de notre globe.

Outre ses arbres et autres plantes dont la valeur commerciale mais aussi médicinale est encore très peu connue, cette forêt abrite une faune diversifiée, parfois endémique, qui se loge dans ses différentes strates, depuis le sol jusqu'à la canopée. Chaque espèce animale et végétale occupe en effet la niche écologique qui lui convient, où elle trouve l'essentiel de ce qui lui permet de se développer et de vivre. Mais la forêt dense abrite aussi des êtres humains depuis des millénaires. Identifiées en peuples autochtones ou en Bantous, ces populations ont élaboré, au cours des siècles, des modes de vie et des langages, des techniques et des savoir-faire, des visions du monde et des croyances, des valeurs et des formes d'expression artistiques bien à elles, bases et manifestations de leur identité. Ainsi, préserver cette forêt qui a donné la vie sur terre et dont dépend la survie des êtres vivants, c'est à la fois assurer l'équilibre écologique de la planète et maintenir vivantes des civilisations dites forestières.

Vue d'avion, la forêt congolaise de la partie nord du pays apparaît assez compacte. Selon le ProNar (Programme national de reboisement), le taux de déboisement ne serait que de 0,05 % au Congo. Toutefois divers facteurs, liés aux activités humaines, menacent son intégrité. D'où l'engagement de politiques et de mesures, et la promulgation de tout un arsenal législatif et réglementaire destinée à préserver et à gérer durablement les écosystèmes forestiers.

Si la réalisation d'infrastructures de base et autres équipements indispensables à l'activité économique moderne et au quotidien des populations n'a pas entamé sérieusement ce massif forestier, en revanche l'impact de l'agriculture, sur brûlis notamment, et des cultures agro-industrielles sur cet écosystème est plus préoccupant. Pour réduire la pression anthropique sur la forêt, des dispositions ont été prises. Après avoir relancé les plantations industrielles de palmier à huile dans les départements forestiers, les autorités du pays ont décidé de limiter leur expansion, encourageant plutôt leur développement en zone de savanes. D'autres solutions sont expérimentées, comme l'agro-foresterie, qui associe sur un même espace la cacaoculture et l'arboriculture. Ainsi le déboisement est réduit, les sols sont enrichis par les feuilles des arbres, le couvert forestier produit davantage de carbone protégeant ainsi l'environnement, tandis que la vente du cacao et des fruits procure des revenus additionnels aux populations.

Plus difficile est d'arrêter la culture sur brûlis, une technique fortement ancrée dans les pratiques agricoles, les feux de chasse et la production de bois-énergie qui constituent une cause majeure de dégradation du couvert végétal et de déforestation, même dans les zones de savanes arborées ou arbustives et à la périphérie des villes. À défaut d'une mise à disposition suffisante de sources d'énergie propres et renouvelables, l'utilisation de foyers améliorés est encouragée. Néanmoins, même en ville, l'usage du charbon de bois et des braseros pour cuisiner a la vie dure.

L'exploitation forestière est en principe soumise à des règles, avec plan d'aménagement obligatoire, coupes limitées dans le temps et l'espace, certification des forêts selon un ensemble de normes sociales et environnementales strictes, et instauration d'une chaîne de traçabilité. Ces dispositions s'inscrivent dans le cadre de l'initiative REDD (Réduction des Émissions dues à la Déforestation et à la Dégradation forestière) qui vise la conservation et la gestion durable des ressources forestières et fauniques. Mais toutes les entreprises forestières ne font pas preuve d'éco-responsabilité. Les moins vertueuses sont souvent les sociétés asiatiques, en particulier chinoises, qui n'hésitent pas à couper tous azimuts et à exporter des grumes.

La plus vaste tourbière du monde

La forêt n'est pas le seul écosystème et la seule formation végétale à protéger au Congo. Le nord du Congo, qui est drainé par un réseau dense de cours d'eau, renferme de vastes prairies marécageuses et herbeuses, en particulier le long de la rivière Oubangui et du fleuve Congo dans les départements de la Likouala et de la Cuvette. Longtemps ignorées par les opérations de préservation de l'environnement, ces formations végétales non forestières font depuis peu l'objet d'une plus grande attention. Le déclencheur a été la mise au jour de la plus vaste tourbière du monde, située dans la Cuvette centrale, une zone humide qui s'étale depuis les districts d'Epéna (Likouala) et de Mossaka (Cuvette) jusqu'à la province de l'Équateur en RD Congo.

Plus grand réservoir de carbone terrestre naturel, contenant plus de carbone que tout autre type de végétation, y compris les forêts, les tourbières fournissent de l'eau potable, réduisent les risques d'inondation et de sécheresse, et sont essentielles à la préservation de la biodiversité mondiale.

La tourbière de la Cuvette congolaise contiendrait quelque trente gigatonnes de carbone, soit l'équivalent de quinze à vingt ans d'émissions toxiques de CO2 des États-Unis. On comprend alors pourquoi les Nations unies considèrent sa protection comme une priorité écologique absolue, pour éviter que son

La rivière Kouyou près d'Owando dans la Cuvette. © MDMM.

Village sur pilotis au bord de la rivière Alima dans la Cuvette. © MDMM.

assèchement n'aboutisse à la libération dans l'atmosphère d'une couche toxique dévastatrice.

Malgré la prise de conscience de son importance, cette tourbière est menacée par les activités industrielles, en particulier l'exploitation forestière en RD Congo et celle pétrolière dans les départements de la Cuvette et de la Likouala, où des blocs pétroliers ont été attribués à des sociétés. La dégradation de cette tourbière, par assèchement ou par pollution, pourrait avoir des conséquences catastrophiques si des mesures de protection, voire d'interdiction d'activité, ne sont pas prises et si leur application ne fait pas l'objet d'un contrôle très strict et de sanctions en cas de non-respect.

Un haut lieu de reproduction des poissons et de pêche

Le risque de pollution pourrait également toucher le vaste réseau hydrographique, en particulier celui qui draine les territoires de la Cuvette et de la Likouala. Articulé au fleuve Congo dont l'affluent majeur est l'Oubangui, ce réseau formé des rivières Sangha, Likouala-aux-Herbes, Likouala-Mossaka, Mambili, Nkéni, Alima, Kouyou, etc., est un formidable moyen de communication à travers la forêt dense et les zones marécageuses, qui converge au port de Mossaka, surnommé le « pays des confluents ». Les nombreux cours d'eau et étangs qui sillonnent cette vaste plaine où l'eau et la terre se confondent parfois, et que l'historien congolais Abraham Ndinga Mbo a joliment baptisée « Congolie », sont un haut lieu de reproduction des espèces aquatiques, grâce aux planctons et aux alluvions qui s'y sont accumulés depuis des siècles. Riche en poissons, dont certains sont parfois méconnus des scientifiques, et en autres espèces liées à l'eau, cette zone amphibie est très propice à la pêche et à l'aquaculture.

La civilisation des gens d'eau

La Cuvette congolaise abrite aussi des populations, les « gens d'eau », les Bangalas, maîtres de l'eau, de la pêche, de la fabrication et du maniement de la pirogue, et du transport fluvial. Leur mode de vie, leur vision du monde, leur savoir-faire, leur croyance et leurs arts ont donné naissance à une civilisation spécifique où l'eau et le bois sont à la fois sources et ressources, symboles et sources de vie et d'inspiration.

Toute dégradation de cet écosystème pourrait compromettre la reproduction et la pêche d'une grande partie du bassin du Congo. Elle pourrait aussi porter atteinte à la qualité de l'eau tant pour les populations (eau potable) que pour l'agriculture (irrigation). Et sonner le glas d'une culture multimillénaire. Les conséquences humaines, culturelles, écologiques, économiques et alimentaires seraient désastreuses.

Le Fonds bleu

La prise en compte de l'importance, de la richesse et de la fragilité des écosystèmes du bassin du Congo, qui comprend plusieurs bassins hydrographiques et massifs forestiers, a débouché sur la signature du protocole d'accord, le 29 avril 2018 à Brazzaville, du Fonds bleu pour le bassin du Congo, une initiative annoncée par le président congolais, Denis Sassou N'Guesso, lors de la COP 22 à Marrakech (Maroc). Cette initiative vise à promouvoir « l'économie bleue » et non plus simplement l'économie verte de la région. L'objectif est d'assurer de manière communautaire une gestion intégrée et durable du massif forestier et des eaux du fleuve Congo et de ses affluents, ainsi que des côtes maritimes. L'initiative devrait impliquer une douzaine de pays (Angola, Burundi, Cameroun, Congo, Gabon, Guinée

Pêcheur sur la rivière Como près d'Ollombo dans les Plateaux. © MDMM.

équatoriale, Centrafrique, République démocratique du Congo, Rwanda, Tanzanie, Tchad et Zambie). Tous n'ont pas encore répondu à l'appel.

Si les législations, les outils et les initiatives destinés à gérer les écosystèmes du pays et de la sous-région existent, il reste à les appliquer, à les utiliser et à les mettre en œuvre. Or on légifère, mais les décrets d'application tardent à venir et la volonté politique des acteurs de l'État est souvent aux abonnés absents. On lance des initiatives et on multiplie les forums mais, sur le terrain, les actes ne suivent guère, transformant les intentions en simples effets d'annonces. Le pari de la préservation et de la gestion des écosystèmes du Congo est loin d'être gagné.

Les populations

Quelque 5,2 millions d'habitants

La population congolaise était estimée en 2017 à environ 5,2 millions d'habitants. Elle est marquée par l'importance des moins de 18 ans, qui représentent 54 % des Congolais, et une pyramide des âges très large à sa base et très étroite à son sommet. Alors que les moins de 5 ans forment 18,9 % du total des Congolais, les personnes de plus de 60 ans ne dépassent pas 5 % de la population. Les femmes sont légèrement plus nombreuses que les hommes, comptant pour 51,5 % des habitants.

Bien que sa densité soit en moyenne de 13,9 habitants au km², la population est très inégalement répartie sur l'ensemble du pays. Près des trois quarts vivent dans la partie sud, sur un tiers du territoire, en particulier dans les départements de Brazzaville et du Pool, le long de l'axe ferroviaire et routier reliant la capitale à Pointe-Noire, dans la vallée du Niari ainsi que dans les départements de Pointe-Noire et du Kouilou. Les 25 % restants occupent la partie nord. Mais ils sont eux-mêmes inégalement distribués, les départements de la Sangha et de la Likouala enregistrant des densités inférieures à un habitant au km^2.

Le Congo est le pays le plus urbanisé d'Afrique noire, avec près de 66 % de sa population vivant en milieu urbain en 2015. L'urbanisation, qui s'est renforcée à partir des années 1990, s'est réalisée au profit des chefs-lieux de départements et des deux plus grandes villes du pays. Brazzaville, la capitale, et Pointe-Noire, le pôle économique et l'unique port maritime du pays, abritent, en effet, plus de la moitié de la population. Le poids démographique de la capitale est particulièrement important puisque, avec son 1,5 million d'âmes, Brazzaville concentre près de 60 % de la population urbaine et 30 % de la population totale, tandis que Pointe-Noire abrite environ 1 million d'habitants.

Les Twas, premiers habitants de la forêt primaire

La population congolaise est composée de Bantous, qui sont majoritaires, et de Twas, très minoritaires (1,2 %), que l'on désigne sous l'appellation de « populations autochtones ». Premiers habitants à s'être établis dans la grande forêt primaire d'Afrique centrale, les Twas, qui seraient quelque 43 378 individus selon le Recensement général de la population et de l'habitation de 2007, se dénomment eux-mêmes par différentes appellations : Akas, Bingas, Mbutis, Twas, Ifes, Bangombes, etc. L'une de leurs caractéristiques est leur petite taille.

S'ils sont établis dans la plupart des départements du Congo, les trois quarts des peuples autochtones sont toutefois concentrés dans la Likouala, la Sangha et la Lékoumou. On les retrouve également dans les pays voisins : en République centrafricaine, en RD Congo, au Rwanda, en Ouganda, au Gabon et au Cameroun. Semi-nomades, ils ont acquis une très grande connaissance de la forêt, qui occupe une place fondamentale dans leur histoire, leur culture, leur religion, leur régime alimentaire et leur habitat. Ainsi, ils vivent presque exclusivement de chasse, de pêche et de cueillette des produits de la forêt au sein de laquelle ils ont établi leur habitat, des cases faites de feuilles et de branchages qu'ils construisent eux-mêmes. Chez les Twas, la filiation est généralement patrilinéaire. L'organisation sociale y est très démocratique et basée sur le respect réciproque et la parité entre les hommes et les femmes. Outre leur propre langue, la plupart parlent aussi des langues bantoues, ainsi que le français pour certains d'entre eux.

Les Bantous, ou « les Hommes »

Le mot *bantou* est le pluriel de *moutou*, qui signifie Homme. Les Bantous sont donc les Hommes, terme générique qui englobe hommes et femmes. Peuples des clairières, ils sont, à l'origine, des agriculteurs, des pêcheurs et des chasseurs. Grands défricheurs, ils abattent les arbres, plantent, récoltent et vivent à proximité des rivières. Si les activités liées à la forêt, à l'agriculture et à la pêche occupent une place importante dans leur vie, en revanche l'élevage fait partie de leurs points faibles.

La soixantaine d'ethnies d'ascendance bantoue qui forment l'essentiel de la population congolaise se répartit en plusieurs groupes, dont trois principaux : les Ngalas (ou Bangalas), venus de la rive gauche du fleuve Congo et installés dans la Cuvette ; les Tékés, concentrés dans le centre et l'ouest du pays, des plateaux Batéké jusqu'à la vallée du Niari ; et les Kongos établis dans la partie sud-ouest du Congo.

D'autres groupes, moins nombreux, vivent également dans le pays. Le Congo étant de forme étroite et étirée, la plupart de ces populations débordent les frontières de l'État, à l'ouest comme à l'est. On les retrouve ainsi dans les pays voisins.

Chaque groupe a sa langue, tout en parlant au moins une des langues véhiculaires du Congo et le français. Bien évidemment, l'urbanisation et d'autres facteurs, économiques notamment, ont amené les différentes communautés à se déplacer et à s'installer dans des zones différentes de leur région d'origine. Ainsi les grandes villes, comme Brazzaville et Pointe-Noire, et les cités qui abritent des gares ainsi que des activités agricoles ou industrielles d'importance regroupent des populations venant de tout le pays.

Les Bangalas

L'historien congolais Abraham Ndinga Mbo répartit les Bangalas (pluriel de Ngala) en deux grandes familles : les « gens d'eau » (*Bana mayi* en langue lingala) et les « terriens ». Les Bangalas ont forgé au cours des siècles le lingala, la langue des piroguiers, qui est née des échanges commerciaux sur le fleuve et ses affluents, ainsi que des mariages.

Les « gens d'eau » occupent la zone marécageuse de la Cuvette. Ils sont installés le long du fleuve Congo et à l'embouchure de ses affluents. Leurs activités sont principalement tournées vers l'eau. Ce sont des fabricants de pirogues, des pêcheurs, des commerçants et des piroguiers, qui maîtrisent parfaitement l'univers de l'eau. Entrent dans cette famille les Likoubas, les Moyes, les Likoualas, les Bobangis (ou Boubanguis), les Bongilis et les Bomitabas.

Les « terriens » peuplent la terre ferme, où ils exercent l'essentiel de leurs activités. Ce sont surtout des chasseurs et des agriculteurs. Parmi eux figurent les Mbochis, établis le long de l'Alima (Oyo, Tchikapika, Boundji), dans le district de Ngoko et à Ollombo, les Kouyous (Owando), les Akwas (Makoua), les Mbokos et les Ngarés.

Les Bangalas ont pour héros fondateur un certain Ngobila. Ce dernier fut à la tête d'un royaume fluvial, qui dura du XVe au XVIIe siècle et couvrait l'espace où confluent le fleuve Congo et nombre de ses affluents, dont l'Oubangui, la Sangha, l'Alima, la Likouala, la Nkémé et la Nkéni. Ngobila a donné son nom au port fluvial de voyageurs de Kinshasa, communément appelé « beach Ngobila ».

Les Tékés

La plus forte communauté tékée est établie dans les départements des Plateaux, du Pool et de Brazzaville. On en trouve également dans la Cuvette-Ouest et dans la Lékoumou, ainsi qu'au Gabon et en RD Congo. Venus du nord-ouest il y a plusieurs centaines d'années, ils ont fondé un royaume très étendu, connu des Européens sous le nom de royaume des Anziques (*Anzico* en portugais), qui s'étendait jusqu'à la vallée du Niari. Son souverain, qui réside à Mbé dans le département du Pool, porte le titre de *makoko*. Quand leur royaume était à son apogée, les Tékés tiraient des ressources importantes du contrôle qu'ils exerçaient sur le commerce fluvial et sur le gros marché du Stanley-Pool, et de l'exploitation des mines de cuivre de la Bouenza (Mfouati et Yamba) et du Pool (Mindouli), qui fournissaient la matière première pour fabriquer les barrettes, la monnaie alors en usage.

Les Tékés se subdivisent en petites unités, dont certaines tiennent beaucoup à leur originalité. Tel est le cas des Koukouyas, établis sur leur plateau éponyme, ou des Nzikous (d'où est venu le nom d'Anzique), qui occupent celui de Djambala. Plus au Nord, on rencontre les Tégués ou Batékés-Alima, puis, vers Éwo, les Djikinis. Proches des Mbochis, les Ngangoulous sont installés sur les rives de la Nkéni, en particulier à Gamboma, en bordure de la Cuvette congolaise. Ils ont pour voisins les Babornas.

Les Batékés du plateau de Mbé, pour leur part, entrent, au nord de Brazzaville, en contact avec les représentants du vaste groupe kongo.

Le groupe kongo

Dans la partie sud-occidentale du pays, les communautés les plus représentées sont les Kongos, dont l'aire de dispersion s'étend bien au-delà des frontières méridionales du pays. Le nom « Kongo », qui désigne à la fois le royaume, sa capitale historique et sa population, signifierait « pays de la panthère » ou « arme de jet ». Suite à des migrations anciennes, les Kongos se sont établis le long de la côte, autour de l'embouchure du fleuve Congo où ils fondèrent un royaume, dont la capitale, Mbanza Kongo, rebaptisée plus tard San Salvador, était située dans l'actuel Angola. Ce royaume connut son apogée au XVIe siècle, avant de décliner à la suite de querelles intestines et lorsque ses royaumes vassaux s'affranchirent de l'autorité centrale.

Un certain nombre de Kongos quittèrent « *Kongo dia ntotila* » (le royaume du Kongo), pour franchir le fleuve Congo, jusqu'en aval du Stanley-Pool où ils se heurtèrent aux Tékés, dont ils obtinrent sans doute le droit de s'installer sur des terrains libres. Bons cultivateurs, les Kongos devinrent rapidement majoritaires dans la région, obligeant les Tékés à se replier plus au nord, jusqu'à la Loufoulakari, puis le Djoué et à Djiri, et même jusqu'au plateau de Mbé où des Kongos se sont installés. Progressivement la propriété de la terre est passée aux chefs coutumiers kongos, par abandon ou par mariages interethniques. Il reste cependant des chefs de terre tékés aux environs de Brazzaville.

Aujourd'hui, plusieurs groupes kongos se répartissent entre l'océan Atlantique et le Pool. Les Vilis peuplent principalement le département du Kouilou. Ils ont fondé le royaume de Loango, d'abord vassal de celui du Kongo, puis devenu autonome. Leur souverain, le Ma-Loango, qui résidait à Diosso, avait étendu son autorité jusque dans la vallée du Niari, sur les Kougnis (ou Kunyis) et les Kambas. Très tôt en relation avec les trafiquants européens, les Vilis ont tiré des ressources importantes de la vente de produits de traite et d'esclaves qu'ils se procuraient à l'intérieur du pays et qu'ils échangeaient contre du sel et des marchandises importées.

Les Yombés sont les habitants du Mayombe. Ils se sont installés à la fin du XIXe siècle vers la frontière avec l'actuel Cabinda (Angola). Un autre groupe vivait autour de Bouloungui (département du Kouilou) et un troisième, plus important, sur la rive droite du fleuve Kouilou. Des épidémies les auraient décimés, ce qui expliquerait leur faible nombre aujourd'hui.

Les Kougnis, qui dominent à Dolisie et Loudima, et les Kambas (représentés à Madingou et à Nkayi) occupent la vallée et la boucle du Niari. Grands cultivateurs, ils produisent une gamme variée de denrées agricoles. Les Bembés se rassemblent sur les collines et les plateaux de la région de Mouyondzi. Nombreux, bien organisés, agriculteurs et commerçants habiles, ils ont émigré en grand nombre, notamment à Pointe-Noire. Les Kengués peuplent le district de Yamba dans la Bouenza. Les Badondos, pour leur part, vivent dans la Bouenza (districts de Boko-Songho et de Mfouati).

Les Bacongos sont concentrés dans la région de Boko. Le groupe lari, qui est un mélange de Soundis (ou Nsundis) et de Tékés, s'est installé sur le plateau des Cataractes et tout autour du Pool Malebo, jusqu'aux confins du pays Batéké. Dans la capitale congolaise, les Laris dominent dans les communes de Bacongo, Makélékélé. On en trouve quelques-uns dans la commune de Poto-Poto. Proches parents des Laris, les Bahangalas et les Maniangas peuplent une partie des départements de la Bouenza et du Pool, depuis Boko-Songho jusqu'à Kindamba, en passant par Mindouli.

Les peuples de l'ouest et du nord du Congo

Dans la partie ouest du Congo, plusieurs communautés vivent de part et d'autre de la frontière qui sépare le Congo du Gabon, depuis le cours du Djouah jusqu'à la côte atlantique. La plupart d'entre elles appartiennent au groupe des Kotas, qui vit surtout au Gabon. Le nord du département de la Cuvette-Ouest est peuplé de Mbérés-Nzabis, que l'on retrouve également dans le Niari et la Lékoumou, et de quelques Mbokos.

D'autres ethnies peuplent la partie ouest du Congo, dont les Bongoms, les Ibambas, les Pounous, les Loumbous, les Tsanguis, les Nzabis et les Ndassas.

Le Congo septentrional abrite plusieurs groupes ethniques dont certains sont venus des pays voisins. Dans le département de la Sangha, vivent principalement des populations fangs, makas et kotas.

Leur histoire mouvementée aurait conduit les Makas d'Éthiopie dans la boucle du Congo, puis en République centrafricaine et au Cameroun, dans la région de Mbalmayo. C'est là que les Fangs (Pahouins) les auraient trouvés au XIXe siècle et les auraient refoulés vers l'est. L'occupation allemande puis française aurait fixé définitivement ces groupes dans la Sangha occidentale où ils étaient parvenus au début du XXe siècle. Ainsi, les Djems se sont retrouvés à l'ouest de Souanké, et les Bakouélés (ou Bakwélés) à l'est. Les Pornos et les Bomoualis, peu nombreux, se sont installés autour de Ouesso.

Dans le nord-est du pays, les Sanghas, venus de la rive gauche du fleuve Congo, occupent la Likouala, c'est-à-dire la forêt en partie inondée, qui s'étend entre les rivières Oubangui et Sangha. Accompagnés par des peuples autochtones, qui leur servaient de guides et de chasseurs, les Sanghas repoussèrent les Bonguilis plus à l'ouest, jusque sur les rives de la rivière Sangha. Les Bondongos, les Bondjos, les Mondjombos, les Bandzas et les Enyellés arrivèrent par vagues successives dans la région. Ils remontèrent l'Ibenga et la Motaba, et descendirent également l'Oubangui vers le sud. Parmi les arrivants figuraient les Bomis Tabas, installés sur la Likouala-aux-Herbes, avec leurs cousins Babolés au Sud, et Kabongas au Nord.

Une terre d'accueil

Le Congo a toujours accueilli des étrangers, notamment des ressortissants d'Afrique de l'Ouest, connus sous le nom générique de « Ouest-Africains » (Maliens, Sénégalais, Guinéens et Mauritaniens). Surnommés « Ouest-Af » ou « waras » par les Congolais, ils sont très actifs dans l'import, le commerce de détail, notamment les boutiques d'alimentation, et le transport.

La présence des Ouest-Africains au Congo relève de mouvements anciens. Liée à la conquête coloniale, elle remonte aux années 1880. Les premiers Ouest-Africains arrivés au Congo, appelés laptots, étaient composés d'auxiliaires militaires et de commis des services de l'administration. Le corps des laptots, dont les fonctions étaient multiples (matelots, soldats, interprètes, dockers ou guides), avait été créé en 1765. Le contrat requis pour ces militaires avait une durée de quinze ans. Un quartier de Brazzaville dénommé le « Plateau de 15 ans » immortalise cette page de l'histoire. Parmi ces laptots figure un Sénégalais célèbre, le « Sergent Malamine » Camara, qui fut l'homme de confiance du gouverneur Savorgnan de Brazza et était très apprécié des Tékés.

Plus tard, une seconde vague migratoire, composée encore de Ouest-Africains, s'implanta au Congo. Elle était formée d'agents de l'administration coloniale, mais aussi de privés, notamment de commerçants, dont certains provenaient non plus directement d'Afrique de l'Ouest mais d'Afrique centrale, du Gabon notamment, où de grands commerçants malinkés s'étaient installés. Cette pénétration a favorisé progressivement la mixité par le biais de mariages avec des Congolaises. Ces alliances matrimoniales ont été à l'origine des premières conversions de Congolais à l'islam.

Les besoins en main-d'œuvre pour la mise en valeur de la colonie du Congo et la construction de ses infrastructures, en particulier du chemin de fer Congo-Océan (CFCO), ont également favorisé l'établissement d'Africains originaires des autres colonies françaises. En effet, peu peuplé, le Congo était obligé de recruter des travailleurs dans les pays voisins et même lointains pour assurer son développement économique. Pour exemple, le Tchad envoya au Congo une importante main-d'œuvre composée de Saras pour la construction du CFCO. L'une des gares du CFCO, située dans le Kouilou, a ainsi été dénommée « Les Saras », en souvenir de la présence de cette communauté tchadienne.

De même les noms de nombreuses rues de l'arrondissement de Poto-Poto à Brazzaville évoquent l'histoire de ces communautés. La population de Poto-Poto, qui signifie « boue » en langue lingala, est formée de nombreux ressortissants de l'ex-Afrique équatoriale française (Oubangui-Chari, Tchad, Gabon, Moyen-Congo), de l'ex-Afrique occidentale française (AOF) et du Cameroun. Parmi eux, figurent des descendants d'anciens administrateurs coloniaux, de traitants et de tirailleurs (Sénégalais, Dahoméens, Haoussas). D'où les noms de rues comme Dahomey, Haoussa, Sénégalais, etc., que l'on peut voir à Poto-Poto, devenu un véritable melting-pot.

Des familles ouest-africaines de religion musulmane sont devenues congolaises tout en conservant leur nom musulman. Elles intervenaient dans différents corps de métiers (comptables, commis, sages-femmes, cheminots, etc.). Dans le lot, on peut citer les pêcheurs venus de la côte ouest-africaine. Ce sont, pour la plupart, des Béninois, des Ghanéens et des Togolais, encore très actifs aujourd'hui dans la pêche artisanale maritime. Un lot d'enseignants venus de Guinée, de Côte d'Ivoire, du Ghana, du Bénin et de l'Égypte s'installa au Congo. Certains d'entre eux y prirent racine.

Après l'indépendance, le Congo a accueilli des ressortissants de la sous-région, parmi lesquels des Angolais, des Namibiens et surtout des Congolais de Kinshasa. Fuyant le Zaïre de Mobutu et son lot de problèmes, ces derniers sont débrouillards et habiles dans une foule de petits métiers (garagistes, mécaniciens, électriciens, électro-mécaniciens informaticiens, techniciens des médias) que les Congolais de Brazzaville, plutôt portés vers la fonction publique et les études d'économie ou de droit, ne maîtrisent pas. Certains « Kinois » exercent des fonctions d'encadrement dans des entreprises ou sont à la tête de petites entreprises, tout en gardant un pied à Kinshasa. Jusqu'à l'opération *Mbata ya Bakolo* (« la gifle des aînés » en lingala), menée en 2014 par la police congolaise et destinée à faire la chasse aux sans-papiers, ils étaient estimés à quelque 400 000 personnes. On les trouvait dans les arrondissements de Bacongo, de Ouenzé et de Poto-Poto dans la capitale, à Pointe-Noire, ainsi que dans les départements de la Bouenza, de la Cuvette et de la Likouala. Quelque 300 000 d'entre eux, en situation irrégulière, sont retournés, contraints ou de leur propre gré, dans leur pays natal.

Plus récemment, les guerres qu'ont connues les pays voisins ont provoqué l'afflux de réfugiés au Congo, dont des Angolais, des Centrafricains, des Rwandais, établis dans la Likouala, et des Congolais de la RD Congo. Une partie de ces réfugiés sont retournés chez eux une fois la paix revenue dans leur pays. D'autres se sont installés plus ou moins durablement, rejoignant leurs compatriotes établis au Congo depuis longtemps. Des fermiers sud-africains blancs font une petite percée dans l'agriculture, notamment dans la vallée du Niari. D'autres Sud-Africains sont actifs dans les mines (fer) et les télécommunications.

Parmi les nationalités non africaines présentes dans le pays, figurent des Libanais et des Européens, dominés par les Français, dont la présence est liée à la colonisation. Après l'indépendance, des Français sont restés au Congo. Certains dirigent des entreprises. D'autres sont venus à la faveur d'un contrat avec des organismes internationaux ou comme hauts cadres de filiales de grands groupes français, tels que Total. Selon l'ambassade de France à Brazzaville, la communauté française comptait quelque 5400 membres en 2011, en majorité installés à Pointe-Noire. La crise pétrolière intervenue en 2014 et les difficultés économiques et financières qui s'en sont suivies ont amené de nombreux Français à quitter le pays.

Venus au Congo à la faveur de leur appartenance à l'ex-Empire français, les Libanais ont investi de grands pans d'activités économiques. On les retrouve dans l'hôtellerie, la boulangerie-pâtisserie, la restauration, la filière bois, le BTP et le commerce d'import.

Le Congo abrite également des ressortissants de pays de l'ex-bloc socialiste d'Europe de l'Est (russes, roumains, tchèques, slovaques), principalement des femmes qui avaient épousé des Congolais partis faire des études supérieures dans ces pays.

À partir des années 2000, le Congo a vu s'installer des Chinois, en particulier des privés. Estimés à quelque 3000, ils sont actifs dans le bâtiment et les travaux publics, la filière bois, les mines, le pétrole, le commerce de détail, la banque et l'agriculture. Les nouveaux migrants, principalement des investisseurs, sont des Marocains, des Tunisiens, des Sud-Africains, des Nigérians, des Turcs, des Israéliens, des Mauriciens, des Indo-Pakistanais, des Malaisiens, des Australiens, des Italiens, des Espagnols et des ressortissants des émirats du Golfe.

Une émigration surtout urbaine

Après l'indépendance, l'émigration congolaise, qui fut et reste surtout le fait des populations urbaines, a été principalement motivée par des raisons économiques, notamment le manque d'emplois. À ces causes structurelles s'ajoutaient, parfois, des causes conjoncturelles, liées aux événements politiques. Le principal pays d'accueil était alors la France, où l'installation définitive des Congolais pouvait faire suite à leur présence temporaire dans ce pays liée aux études. Ainsi entre 1988 et 1997, les étudiants ont constitué la plus importante proportion des migrants temporaires originaires du Congo puisqu'ils représentaient en moyenne 79,3 % des entrées temporaires durant cette période. Outre l'obtention d'un emploi, les faiblesses du système éducatif et de santé du Congo amenaient aussi les familles à s'installer définitivement en France ou dans un autre pays européen.

Au cours de la décennie 1990, les facteurs politiques ont pris le dessus sur les motivations économiques. Ainsi les années 1991, 1992 et 1997, marquées par des conflits armés, ont enregistré des pics de migrations. De nombreux Congolais sont allés se réfugier ou s'établir dans d'autres pays africains (RD Congo, Gabon, Côte d'Ivoire, Afrique du Sud), en Europe (France, Grande-Bretagne), voire aux États-Unis. Une fois la paix revenue, certains sont rentrés au pays, mais les autres sont restés dans les pays d'accueil, allant grossir les rangs d'une diaspora, dont la majorité des membres avait migré dans les années 1970-1980 en France.

Depuis le début des années 2000, malgré le retour de la paix, le phénomène migratoire ne s'est pas arrêté pour autant, mais les destinations se sont élargies. Selon une étude réalisée par l'Acted sur « L'émigration congolaise vers l'Europe. État des lieux et enjeux de la coopération », publiée en 2011, les destinations des Congolais se sont diversifiées, une diversification favorisée par l'intensification du trafic aéroportuaire au niveau régional avec l'augmentation du nombre de compagnies aériennes étrangères desservant Brazzaville et Pointe-Noire, mais également la ville de Kinshasa, point de départ de Congolais de Brazzaville.

Les pays d'accueil diffèrent selon les objectifs. Les commerçants et les étudiants se tournent vers de nouveaux horizons, comme la Chine, l'Inde, Dubaï ou l'Afrique de l'Ouest. Les migrants de long terme optent pour les pays du nord de l'Europe, comme la Norvège, la Suède et les Pays-Bas où le nombre d'entrées de ressortissants congolais et de naturalisations est en hausse.

Le Maroc, la Turquie et la Pologne sont également des destinations importantes, non pas pour des installations sur le long terme, mais comme des portes d'entrée vers l'Europe, qui reste la destination privilégiée, surtout depuis la crise économique qui s'est aggravée en 2017.

Si la libre circulation des personnes est effective dans les six pays de la Communauté économique et monétaire d'Afrique centrale (Cemac) depuis octobre 2017, l'installation légale et durable de Congolais dans les autres pays de la zone demeure néanmoins problématique.

Les principales langues

Colonisation française oblige, la langue officielle du Congo-Brazzaville est le français. Toutefois, les Congolais parlent une diversité de dialectes qui se rattachent à diverses sources bantoues. Deux langues africaines, qualifiées de véhiculaires, sont reconnues comme nationales : le lingala et le kituba (Constitution de 2015). Elles bénéficient d'un temps d'antenne équitablement réparti dans les médias audiovisuels officiels et certains médias privés.

Le lingala

Le lingala est une langue véhiculaire régionale. Elle est parlée non seulement au Congo-Brazzaville où elle a le statut de langue nationale, mais également en RD Congo et en Angola, ainsi que dans le sud de la République centrafricaine.

Le lingala viendrait de la langue des Bangalas ou Ngalas, des pêcheurs de la Cuvette congolaise, qui parlaient un dialecte appelé bobangi. Au contact des autres riverains du fleuve Congo, ce dialecte se serait métamorphosé pour donner le lingala. Avant l'arrivée des Blancs, le commerce très actif le long du fleuve a favorisé les contacts et les échanges entre populations. Le lingala s'est ainsi répandu dans tous les pays drainés par le Congo, l'Oubangui et leurs affluents. Plus tard, il a emprunté l'axe routier qui va de Ouesso à Brazzaville.

Après l'arrivée des Européens, le lingala a servi de langue de communication aux commerçants, aux travailleurs et aux agents de l'État colonial, ainsi qu'aux soldats et aux missionnaires aussi bien au Congo-Brazzaville que dans le Congo belge (actuelle RD Congo).

Principalement parlée dans la partie nord du pays et à Brazzaville, cette langue a fait une percée dans tout le pays. Plusieurs facteurs expliquent ce rayonnement, dont les médias, la politique et la musique. Il faut distinguer le lingala populaire, couramment parlé, du lingala littéraire ou écrit dont les missionnaires coloniaux et les gens d'Église ont édifié une grammaire. Le lingala littéraire se caractérise par l'application stricte des règles grammaticales, de conjugaison et de la classe nominale. C'est le lingala des médias, des prêtres et des pasteurs.

Le kituba

L'autre langue nationale véhiculaire est le kituba, appelé également kikongo ou koutouba (*koutouba* signifie « parler » en kituba), qui a une portée sous-régionale. Couramment utilisée dans la partie sud du Congo, elle est également parlée en RD Congo (Kinshasa, Bas-Congo et Bandundu) et dans le nord de l'Angola. Son aire de rayonnement correspond à l'ancien territoire qu'occupait le royaume du Kongo, qui naquit au cours du XVe siècle.

La langue s'est répandue dans la partie sud du pays, via les grands axes de communication. D'abord le long de l'axe Brazzaville-Dolisie, puis elle a franchi le massif montagneux du Mayombe le long de la voie du chemin de fer Congo-Océan (CFCO). Sa remontée vers le nord, hors de l'aire kongo, en direction de Mayoko, est à mettre en relation directe avec le trafic ferroviaire occasionné par les activités de la Compagnie minière de l'Ogooué (COMILOG), qui transportait jadis le manganèse produit à Moanda (Gabon), jusqu'à Pointe-Noire, via Dolisie, une des gares du CFCO.

Les religions

Dans leur grande majorité, les Congolais sont croyants et très pratiquants. Selon les régions, l'éducation et les convictions, ils sont catholiques, protestants ou animistes, même si l'animisme habite toujours certains chrétiens. Dans les grandes villes, les fidèles se rendent à l'église ou au temple chaque dimanche pour assister aux services qui se déroulent généralement toute la matinée. En semaine, les paroisses protestantes et catholiques organisent également des messes brèves, tôt le matin ou en fin d'après-midi, dont la durée varie entre un quart d'heure et une demi-heure.

Pendant des décennies, l'islam fut essentiellement la religion des Ouest-Africains, des Libanais et de rares Congolais nés de parents étrangers musulmans. Depuis une dizaine d'années, la religion musulmane tend à faire de nouveaux convertis parmi les Congolais, notamment les jeunes sans emploi et désœuvrés. Ce sont généralement des courants wahhabites, qui font preuve de prosélytisme. Sous leur influence, les grandes villes, Brazzaville et Pointe-Noire, voient se multiplier les mosquées, dont les appels à la prière résonnent dans la plupart des quartiers à toute heure du jour et de la nuit. Y compris à 4 heures du matin, réveillant alors les populations vivant aux alentours.

Prédominance du catholicisme

La religion catholique est la plus répandue au Congo. Le protestantisme arrive en seconde position. Catholiques et protestants sont présents dans toutes les régions du pays, même les plus reculées. Cette présence de chrétiens est à mettre à l'actif des missionnaires, qui avaient entrepris d'évangéliser les Africains dès le début du XVe siècle, notamment dans le royaume du

Kongo. Mais c'est surtout à l'époque coloniale que l'évangélisation s'est étendue à une grande partie de la colonie.

La première mission catholique a été créée en 1883 à Linzolo, près de Brazzaville, par l'abbé Prosper Augouard (1852-1921), missionnaire de la Congrégation du Saint-Esprit. C'est dans cette localité que l'abbé Augouard signa un traité de paix et enterra symboliquement les armes des peuples du Pool. Il y avait acquis un terrain auprès de deux chefs laris, Ngandziomo et Mubimunu Kahunga, et construit une église qui existe toujours.

Outre le Pool et Loango, sur la côte atlantique, les missions essaimèrent ensuite dans le Nord, notamment dans la Cuvette (Lékéti, Boundji, Oyo) et la Likouala (Bétou) au cours des années 1890. À la mort de Mgr Augouard, survenue en 1921, Mgr Firmin Guichard lui succéda et, en 1934, l'Église congolaise comptait déjà près de 60 000 fidèles. L'ordination des premiers prêtres congolais eut lieu en mai 1938 ; le premier archevêque local, Théophile M'Bemba, fut sacré en février 1962. Pendant toute cette période furent créées de nombreuses œuvres chrétiennes : petit séminaire de Brazzaville, troupes de scouts, Cœurs vaillants, associations sportives, écoles, centres de santé, etc.

L'un des successeurs de ce premier archevêque fut Mgr Barthélémy Batantou. Installé à Brazzaville en novembre 1978, il a été sacré évêque à Rome en février 1979. Fondateur des célèbres chorales « Scholas populaires » du Congo qui ont compté plus de 15 000 membres dans tout le pays, Mgr Batantou a ainsi voulu renouveler l'esprit de la liturgie familiale et notamment les veillées funèbres traditionnelles pour lesquelles il a composé des chants et des cantiques. En mai 1980, il a accueilli au Congo le pape Jean-Paul II lors de son premier voyage officiel en Afrique.

Les protestants minoritaires

L'ancrage du protestantisme au Congo est l'œuvre des missionnaires des Églises évangéliques scandinaves, qui se sont implantés dès la fin du XIXe siècle dans les actuels départements du Pool, du Niari, de la Bouenza et de la Lékoumou. L'évangélisation protestante a débuté en 1909, à Madzia, village situé à 70 km au sud de Brazzaville, avec l'arrivée de Johan Hammar, premier missionnaire suédois, appartenant à la Mission évangélique suédoise (MES).

Progressivement, les Églises scandinaves (Église congrégationaliste missionnaire de Suède, Église évangélique missionnaire de Norvège, Église évangélique libre de Norvège, Église missionnaire de Finlande, Église missionnaire du Danemark, Église missionnaire baptiste d'Örebro) s'implantèrent au Moyen-Congo. Elles alphabétisèrent et formèrent des catéchistes pour évagéliser les populations dans les langues locales (en kikongo notamment) et ouvrirent des écoles et des centres de santé.

Ces missions furent vivement combattues par les catholiques, dont le père Augouard, qui tenta de bloquer leur expansion dans le nord du Moyen-Congo. La vallée du Niari, séparée de l'État indépendant du Congo, futur Congo belge, par le plateau des Cataractes, et l'actuel département du Niari furent particulièrement le terrain d'une forte compétition entre catholiques et protestants. Ces régions abritaient plusieurs postes missionnaires, dont Kolo (Mouyondzi) fondé en 1916, Indo (Sibiti) en 1918, Loubetsi (Kibangou) en 1922, Madouma (Mossendjo) en 1929, Ngouédi (Madingou) en 1931, ainsi que Kingoye (M'Fouati), Kimbenzé et Madouma.

En 1961, ces différentes Églises missionnaires décidèrent de l'autonomie des stations et postes missionnaires, et fondèrent une Église unie : l'Église évangélique du Congo (EEC). L'EEC, qui est aujourd'hui l'une des plus importantes Églises protestantes du Congo, rassemblerait quelque 500 000 fidèles.

Matsouanisme et kimbanguisme

Deux Églises syncrétiques sont très implantées au Congo : le matsouanisme et le kimbanguisme. Les premières Églises syncrétiques sont nées à l'époque coloniale. Mélanges de christianisme importé et de traditions religieuses et culturelles locales, elles se sont développées dans le contexte colonial, souvent en opposition à la colonisation. En effet, à diverses époques, des mouvements messianiques se sont insurgés contre « l'occupant », en s'appuyant sur des préceptes religieux. Le matsouanisme est l'un de ces mouvements, toujours actif au Congo.

Ses adeptes, les matsouanistes, sont les disciples d'une figure célèbre de l'histoire contemporaine du pays : André Matsoua (1899-1942). Natif du département du Pool, né dans un village proche de Brazzaville, Matsoua fait ses études chez des pères du Saint-Esprit à M'Bamou et devient catéchiste. Puis il s'enrôle dans l'armée française, participe à la guerre du Rif (Maroc) et séjourne à Paris où il se lie à des mouvements indépendantistes africains. Plusieurs fois mis en prison puis déporté au Tchad pour ses menées anticolonialistes, Matsoua s'évade, mais il est repris pendant la Seconde Guerre mondiale. Condamné, il meurt en prison en 1942. Aucun de ses proches ne croit à sa mort. Le retour de Matsoua devient vite une obsession chez les Laris. Ainsi, lors des élections à l'Assemblée constituante en octobre 1945, Matsoua, pourtant décédé, est élu député du Pool. Jean-Félix Tchicaya, ancien combattant d'origine vilie, déclara que Matsoua résidait dans un palais parisien pour soutenir la cause congolaise, aussi fut-il nommé député à la place de celui-ci. Aux élections de 1951 (Congo) et de 1952 (AEF), Matsoua fut élu une nouvelle fois.

Les Laris accusèrent la France de ne pas permettre à Matsoua de siéger et entamèrent un mouvement de désobéissance civique (rejet des cartes d'identité et des passeports, refus du vote, boycott des impôts et des recensements), qui constitue une des caractéristiques du matsouanisme.

L'attente du retour de Matsoua va provoquer un grand élan mystique parmi ses partisans. Considéré comme un messie, Matsoua sera vénéré au sein d'un nouveau mouvement religieux dénommé matsouanisme, dont plusieurs courants et prophètes revendiqueront la paternité.

Les matsouanistes, fortement représentés dans la communauté larie et dans le Pool, ont subi de fortes vagues de répression depuis l'apparition du mouvement. Tout d'abord à l'époque de l'Amicale dans les années 1930 et 1940, puis lors de l'accession au pouvoir de Fulbert Youlou en 1959, et sous le régime marxiste-léniniste de 1963 à 1991. Ils ont conservé une attitude farouche dans leur refus de collaborer avec l'État et les organisations politiques.

La naissance des Églises matsouanistes est partie prenante d'un vaste mouvement religieux, le ngounzisme, dont le thème sous-jacent est l'unité d'une nation kongo indépendante. Toutes ces Églises annoncent la venue d'un messie noir (*ngounza*, sauveur, guérisseur en langue kikongo) pour libérer le Congo, sans proposer de solution politique.

Ce mouvement mystique a été initié par Simon Kimbangu, originaire de la RD Congo voisine, qui a fondé le kimbanguisme à l'époque du Congo belge, dont se sont inspirés d'anciens catéchistes pour fonder des Églises matsouanistes, qui ont rapidement connu un immense écho chez les Laris/Kongos. Mais le kimbanguisme a également des adeptes dans les communautés kongos des deux Congos. Son adoption au Congo-Brazzaville a été facilitée par l'implantation d'une Église kimbanguiste à Kinshasa Biboubou, près de Boko, dans le département du Pool, en 1956, quand le mouvement kimbanguiste était interdit au Congo belge.

Simon Kimbangu est un protestant né à Nkamba dans l'actuelle province du Kongo central en RD Congo. Le 18 mars 1921, Kimbangu affirme avoir reçu la révélation de sa vocation. Très vite, il est présenté comme un envoyé de Dieu qui a pour mission de libérer les Noirs, et on lui prête de grands pouvoirs de guérison. Du coup, Nkamba, surnommé « nouvelle Jérusalem », se transforme en lieu de pèlerinage. Kimbangu, qui se fait d'abord appeler *ngunza* puis *invuluzi* (le Sauveur, le Messie), prône l'interdiction de la polygamie et des danses lascives, ainsi que la destruction de tous les fétiches.

Peu à peu, le mouvement prend un caractère de revendication et d'opposition au colonialisme, allant jusqu'à encourager les Congolais à ne pas payer l'impôt et sommant les colonisateurs belges de quitter le sol congolais. Inquiètes de l'ampleur que prend le mouvement, les autorités coloniales adoptent une attitude répressive. Kimbangu est arrêté le 6 juin 1921 pour « avoir troublé l'ordre public ». Jugé et condamné à mort, il s'éteint le 12 octobre 1951 à la prison de Lubumbashi.

Le kimbanguisme a survécu à la disparition de Kimbangu et à celle, temporaire, du mouvement, interdit de 1925 à 1958 par les autorités coloniales. Après l'indépendance, le kimbanguisme, qui avait perdu de fait son caractère anticolonialiste, s'est replié sur le Kongo central (ex-Bas-Congo), sa région d'origine, et dans la région du Pool au Congo-Brazzaville. Pour sortir le mouvement de son repli et asseoir son influence, Diangenda, fils de Simon Kimbangu et chef spirituel du kimbanguisme, s'est appuyé sur Mobutu, qui l'a soutenu financièrement. En retour, Mobutu s'est servi de l'Église pour implanter solidement son pouvoir dans le Bas-Congo. Le kimbanguisme a emprunté deux modèles sur lesquels il s'est organisé : l'un au mouvement salutiste avec l'utilisation des fanfares et des tenues militaires ; l'autre à l'Église catholique, avec la pratique de l'aumône et la construction d'un pouvoir financier.

Pendant la période « marxiste », toutes ces Églises, tant catholiques et protestantes que matsouanistes et kimbanguistes, se firent très discrètes. En 1978, seule l'Église kimbanguiste faisait partie des sept Églises autorisées au Congo.

Les nouveaux évangélistes

L'empreinte catholique et l'existence de l'EEC n'ont pas empêché les innombrables sectes pentecôtistes, ou Églises dites de Réveil, de se développer au Congo. Un phénomène qui touche les deux rives du fleuve.

Les Églises de Réveil se sont développées à partir des années 1990, avec l'ouverture démocratique en 1991, qui a rétabli la liberté de culte et autorisé les associations religieuses, et sous l'influence de « pasteurs » venus de Kinshasa. Au début de la décennie 1990, 155 Églises indépendantes étaient enregistrées à Brazzaville et 35 dans d'autres villes du pays. Tout porte à croire que le nombre de ces sectes, dont certaines parfois réduites à leur pasteur et à une poignée de fidèles, était encore plus important. Leur nombre aurait dépassé le millier aujourd'hui. Ces Églises, dont la plupart appartiennent à la Communauté des Églises du Réveil (CER), sont implantées dans tout le pays et recrutent dans toutes les couches de la société, pas seulement dans les milieux très défavorisés.

La majorité de ces micro-Églises ne dispose pas de gros moyens financiers. Elles sont donc amenées à s'abriter n'importe où, parfois dans d'anciens bars, parfois dans une concession. Leur présence occasionne souvent des problèmes de voisinage, en raison des chants et autres manifestations sonores que les veillées de prière génèrent. S'inspirant des « télé-évangélistes » américains, certains de leurs prêcheurs ont réussi des percées remarquées. N'hésitant parfois pas à se parer du titre de prophète, les plus riches d'entre eux disposent d'une station de radio, voire de télévision.

La prolifération de ces micro-Églises et de ces groupes de prière en tous genres est liée à la perte de repères, aux difficultés économiques et aux troubles socio-politiques qu'a connus le pays. Autant dire que cette religiosité excessive n'aide pas à la prise de conscience politique et citoyenne. Elle conduirait plutôt au fatalisme, les gens s'en remettant à Dieu.

Modes de vie

Héritière de traditions ancestrales mais bousculée par la colonisation et, plus récemment, par le monde « moderne occidental », auxquels elle a, bon gré mal gré, emprunté, tout en les adaptant, des valeurs et des modes de vie, *via* les médias et les réseaux sociaux, les voyages à l'étranger et la diaspora, la société congolaise d'aujourd'hui apparaît comme un mélange de genres. Ce « chevauchement » et ce mixage de valeurs issues de cultures différentes se manifestent à bien des niveaux de la vie quotidienne.

Pratiques ancestrales et sorcellerie

Bien que christianisés dans leur majorité, nombre de Congolais, notamment en milieu rural, obéissent encore à leurs croyances ancestrales. Ils puisent leurs référents dans la culture bantoue qui veut que les sorciers et les guérisseurs jouissent d'un pouvoir et d'une autorité indéniables. Certains officient devant des foules d'initiés au cours de cérémonies qui nécessitent toutes sortes d'incantations, de gris-gris et d'offrandes, ainsi que la pratique de danses et de chants. On fait donc souvent appel à eux pour régler un problème de sorcellerie, d'envoûtement et autres phénomènes « surnaturels » ou « paranormaux » qui ne peuvent trouver leur solution que dans les pratiques magiques. Selon la philosophie bantoue, la mort naturelle n'existe pas. Elle a toujours une cause extérieure. D'où la recherche d'un responsable quand une personne meurt, quelles que soient les circonstances du décès (sauf si la personne est très âgée). Il est rare que la mort d'un centenaire par exemple soulève des interrogations. Cette philosophie admet également que certains individus ont le pouvoir de se transformer en animaux la nuit par des procédés inexpliqués, ou de se déplacer en volant sur de très longues distances. De telles croyances sont encore répandues en milieu rural, mais aussi en milieu urbain.

L'influence de la tradition teintée de valeurs occidentales se fait également sentir au niveau des rapports familiaux. Quelle que soit la région, la famille constitue l'unité sociale de base. Elle exerce une emprise importante sur ses membres, sinon en réglementant leur vie, du moins en leur prodiguant conseils et appuis, et en étant présente à chaque grand moment de la vie d'une famille : naissance, baptême, mariage, divorce, enterrement, deuil... Mais la famille est aussi symbole de solidarité et de sécurité et joue un rôle clef dans la survie des plus démunis. L'entraide y est forte même si elle peut paraître pesante, notamment pour celui qui dispose de moyens financiers suffisants.

Polygamie et monogamie

Le système matrimonial moderne repose sur le double statut : la monogamie et la polygamie. Ainsi, le droit moderne légalise une pratique traditionnelle en permettant au mari d'épouser plusieurs femmes, éventuellement le même jour, devant Monsieur le Maire. Toutefois, dans le cas de la monogamie, une fois l'option choisie, le mari ne pourra pas prendre une seconde épouse devant la loi. Parmi les jeunes, la polygamie et le mariage sont en recul, les difficultés économiques et les bas revenus rendant de plus en plus difficiles le paiement de la dot et l'entretien de plusieurs foyers. Reste que lorsqu'ils en ont les moyens, les hommes n'hésitent pas à prendre une autre épouse, sans toujours passer par la mairie.

Plus généralement, l'âge du mariage tend à reculer, les futurs époux, notamment les hommes, n'étant pas en mesure d'assumer une famille et de s'autonomiser dans leur propre foyer. Ainsi, beaucoup de jeunes Congolais continuent à vivre sous le toit de la famille élargie à l'âge adulte et même s'ils ont des enfants. Plusieurs générations s'entassent dans une même concession, avec pour conséquences des problèmes de promiscuité et de manque d'espaces intimes où chacun peut se retrouver. Il n'est pas rare de voir des élèves et des étudiants aller réviser leurs leçons ou lire, assis par terre, sous les réverbères, le long des grandes artères éclairées, après la tombée de la nuit. Ce ne sont pas seulement les problèmes d'électricité qui les poussent à agir ainsi, mais le besoin d'être seuls et tranquilles pour étudier. Aussi, dès qu'ils le peuvent, les jeunes, et notamment les jeunes couples, louent une chambre ou font construire leur maison, et s'ils abritent chez eux un membre de la famille, ils s'efforcent de préserver un peu de leur intimité.

Patriarcat et matriarcat

Sur le plan de la parenté et de la filiation, deux systèmes cohabitent, l'un hérité des sociétés traditionnelles, l'autre de la colonisation et de l'Église chrétienne. Traditionnellement,

La cathédrale Saint-Paul à Impfondo (Likouala). © MDMM.

L'école primaire de Boya près de Makoua (Cuvette). © MDMM.

la famille évoluait soit dans un univers matrilinéaire, particulièrement développé dans la partie sud du pays, soit dans un environnement patrilinéaire, davantage présent dans le Nord. Dans le premier cas, les hommes du clan maternel, l'oncle maternel notamment, représentaient l'autorité. La filiation et l'héritage passaient par la famille maternelle. Bien souvent, l'oncle maternel assurait l'éducation de ses neveux et nièces et recevait la dot. Dans le système patrilinéaire, ce sont les hommes du clan paternel, au premier rang desquels le père, qui assumaient la préséance de l'autorité. La transmission du nom et de l'héritage passait par le père.

La colonisation et le christianisme ont apporté un modèle unique, de type patrilinéaire, dans lequel la transmission du nom et l'autorité relèvent du père, qui est le chef de famille. Si ce modèle est inscrit en partie dans la législation et les pratiques aujourd'hui, néanmoins les modes de fonctionnement qui régissaient autrefois les rapports familiaux continuent à opérer, dans les milieux ruraux mais aussi en ville. Ainsi, même si les difficultés économiques actuelles font reposer sur celui qui a le plus de moyens financiers une grande partie des charges et des devoirs envers la famille, dans les sociétés marquées par le matriarcat, l'oncle maternel est bien souvent sollicité pour l'éducation des enfants de ses sœurs et à chaque grande étape de leur vie, quand le père des enfants est peu présent ou absent. Quand un problème se pose dans la famille, notamment à l'une des sœurs ou à l'un des enfants de cette dernière, il est le premier vers lequel on se tourne pour demander conseils, argent et appuis. Dans le système patriarcal, les oncles et les aînés en général jouent également ce rôle.

Persistance des inégalités homme/femme

L'égalité entre hommes et femmes est loin d'être atteinte. Malgré l'adoption de plusieurs textes (Constitution, loi électorale, etc.) consacrant l'égalité juridique de l'homme et de la femme, et la ratification de la plupart des instruments internationaux ayant le même objet, la situation de la femme congolaise est, en effet, caractérisée par des discriminations notoires au plan légal (droit fiscal, droit pénal, code de la famille, droits sociaux et économiques), auxquelles s'ajoutent des inégalités de fait (lévirat, rites de veuvage, successions, violences sexo-spécifiques). En outre, la femme n'acquiert réellement un statut que si elle est mariée et mère de famille, et dans nombre de villages elle fait encore l'objet de toutes sortes de discriminations et de préjugés.

C'est au niveau de la scolarisation que l'inégalité entre hommes et femmes est perceptible. Certes, l'analyse des tendances du rapport filles/garçons dans l'enseignement primaire et secondaire depuis 1960 indique une amélioration de la situation. En effet, même si pour l'ensemble de la période, l'effectif des filles est toujours inférieur à celui des garçons, au fil du temps, les écarts entre les deux sexes se sont resserrés. Pour exemple, l'indice de parité filles-garçons est passé de 92,8 % en 2005 à 97,1 % en 2011, selon le Plan national de développement du Congo 2012-2016. Ainsi, pour l'ensemble du pays, près de 9 filles pour 10 garçons étaient inscrites à l'école primaire en 2011. Toutefois, cette réduction est plus marquée au niveau du primaire que du secondaire. En effet, les filles ont du mal à achever l'école primaire et les écarts entre filles et garçons s'accentuent au fur et à mesure que l'on s'élève dans les études. Cette disparité est corroborée dans une étude sur « Éducation et marchés du travail à Brazzaville et à Pointe-Noire », selon laquelle les femmes sont nettement désavantagées par rapport aux hommes : plus de 20 % d'entre elles n'ont pas achevé l'école primaire (contre 13 % des hommes) – cette proportion grimpe à 24 % à Pointe-Noire – et seulement 7 % d'entre elles s'inscrivent dans un cursus d'études supérieures (contre 17 % des hommes).

De même, en 2011, la proportion des femmes alphabétisées (76,8 %) est inférieure à celle des hommes (90 %). Beaucoup d'efforts restent donc à faire pour éliminer les disparités entre les sexes et éradiquer l'analphabétisme féminin au Congo.

Conséquence de cette situation et reflet de l'image que la société congolaise se fait des femmes, quel que soit le secteur d'activité, ces dernières gagnent en moyenne moins que les hommes, soit 73 000 FCFA contre 113 000 FCFA, selon la même étude. Mais c'est dans les secteurs informel (62 000 FCFA contre 102 000 FCFA) et public (106 000 contre 140 000 FCFA) que les différences sont au maximum. Dans le privé formel, les différences de revenu entre hommes et femmes ne sont que de 9 000 FCFA, faisant de ce secteur le plus égalitaire.

La discrimination dont sont victimes les femmes se manifeste également au niveau de la place qu'elles occupent dans le monde moderne. Autrefois soumise à l'autorité du mari et du groupe, mais en même temps respectée, en particulier pour le nombre de ses enfants, la femme congolaise d'aujourd'hui a perdu une partie de ses pouvoirs et de ses rôles traditionnels, sans pour autant avoir acquis un statut valorisant dans la société moderne. Elle est peu présente dans les instances décisionnelles politiques ou gouvernementales, et on la trouve rarement à des postes de responsabilité dans les entreprises publiques ou privées. À titre d'exemple, de 14 % en 1990, la proportion de sièges occupés par les femmes au Parlement a baissé à 12 % en 2005, pour tomber à moins de 8 % en 2012. L'Assemblée nationale issue des législatives de 2012 ne comptait que 10 élues sur 139 députés.

Pour favoriser une meilleure représentativité des femmes dans les fonctions politiques, électives et administratives, la loi électorale n° 40-2014 du 1er septembre 2014 fait obligation, dans son article 61, aux partis et aux associations politiques de réserver au moins 30 % de candidatures féminines dans les listes électorales. Le respect de ce quota par le Parti congolais du travail (PCT) et l'Union panafricaine pour la démocratie sociale (Upads) aux législatives et aux locales de 2017 a permis l'élection de 17 femmes à l'Assemblée nationale et de 15 femmes au Sénat.

Un effort en faveur d'une plus grande parité entre hommes et femmes a également été fait au niveau gouvernemental, avec la nomination de 8 femmes dans les gouvernements du 30 avril 2016 et du 22 août 2017, sur respectivement 38 et 35 ministres. Une grande avancée dans le pays, notamment sous les présidences de Denis Sassou N'Guesso. Néanmoins, la place des femmes reste encore limitée.

Pourtant, ce sont les femmes qui montrent le plus d'aptitude à s'adapter et à rechercher des solutions. Elles sont en première ligne sur le terrain de l'informel, dans la production vivrière, le commerce, la petite transformation agroalimentaire. Inlassables, elles affrontent tous les problèmes, organisant des tontines, les *likelemba*, pour réunir les fonds nécessaires au démarrage d'une petite activité, aux achats imprévus comme les médicaments, au paiement des frais scolaires ou encore pour offrir un cadeau – pagne ou bière – à l'occasion des cérémonies familiales et sociales.

Chômage des jeunes

Le chômage, en particulier des jeunes, est un problème au Congo. De 13,1 % en moyenne au cours de la période 1960-1980, le taux de chômage était monté à 30,9 % au milieu des années 1990, à la suite de conflits socio-politiques et à la détérioration du tissu économique. À partir des années 2000, la reconstruction avait permis de ramener le taux de chômage à 19,4 % en 2005 et à environ 16 % en 2014.

Outre le fait que des analystes le considèrent comme sous-évalué, ce taux masque plusieurs réalités. Premièrement, il cache la forte précarité de l'emploi car 11 % seulement des demandes d'emplois sont satisfaites dans la Fonction publique (principal employeur) contre 15 % à l'Office national de l'emploi et de la main-d'œuvre (ONEMO). Les emplois sont créés dans les secteurs contribuant faiblement à la richesse nationale : 37,8 % dans l'agriculture, qui ne représente que 5 % du Produit intérieur brut (PIB), 34 % dans le commerce et les services (23 % du PIB), contre 0,9 % dans les mines (près de 60 % du PIB). L'emploi décent, pour sa part, est concentré dans le secteur formel public-privé qui ne représente que 15 % de la population active estimée à plus de 2,5 millions d'individus.

Autre constat, le niveau de sous-emploi reste élevé (27,8 % de la population active), le nombre d'emplois précaires étant important. De plus, le taux de chômage ne prend en compte que les personnes sans travail. Or une majorité de Congolais exercent une activité informelle, qui génère des revenus très bas ne leur permettant pas de vivre décemment. Les travailleurs exerçant à leur propre compte dans le secteur informel seraient plus de 70 %.

Troisième constat, le taux global du chômage masque des disparités selon les zones de vie, le sexe et les classes d'âge. Ainsi, c'est en ville que le chômage est le plus élevé, alors qu'en milieu rural il ne touche qu'une infime partie de la population. Par ailleurs, ce sont surtout les jeunes de 15 à 19 ans qui sont frappés par le chômage. Alors qu'ils forment 51 % de la population active, ils représenteraient 25 % des chômeurs contre 16 % pour l'ensemble de la population active. Ce pourcentage dépasserait même 42 %, si l'on tenait compte des demandeurs d'emplois découragés. Dans la tranche d'âge 15-19 ans, le chômage est trois fois plus élevé que dans celle des 30 à 49 ans et 4,6 fois plus que pour les plus de 50 ans. Chez les 30-54 ans, plus de 90 % des hommes sont actifs alors que seulement 70 % des femmes le sont.

À Brazzaville, les jeunes de 15 à 19 ans rentrent moins vite dans la vie active qu'à Pointe-Noire. Entre 20-24 ans, ces écarts s'accroissent, mais à partir de 55 ans, l'activité à Brazzaville devient plus importante qu'à Pointe-Noire. Ainsi, dans la capitale, 89,6 % des hommes et 36,6 % des femmes de plus de 55 ans ont un emploi, contre respectivement 68,9 % et 19,8 % à Pointe-Noire.

Depuis 2014, la crise économique et financière que traverse le Congo à la suite de la baisse des cours mondiaux du pétrole et de la mauvaise gouvernance, s'est traduite par un recul de la croissance économique, un endettement extérieur abyssal (120 % du PIB) et une baisse des emplois dans la filière des hydrocarbures, le secteur parapétrolier, le BTP et l'hôtellerie. Les secteurs considérés comme porteurs de croissance n'ayant pas encore pris le relais du pétrole, le chômage et la pauvreté touchaient fin 2017 un nombre accru de Congolais.

Selon l'Enquête congolaise auprès des ménages réalisée en 2011 (Ecom), l'incidence de pauvreté était passée de 50,7 % de la population (avec un seuil de pauvreté de 839 FCFA par habitant et par jour) en 2005 à 39,6 % (avec un seuil de pauvreté de 956 FCFA/jour) en 2011. En d'autres termes, quatre Congolais sur dix vivaient en dessous du seuil de pauvreté en 2011, contre cinq sur dix en 2005.

Toutefois, la « pauvreté perçue et vécue » par les ménages semblait plus pesante que celle « mesurée » par les enquêtes. Selon l'Ecom, les populations avaient tendance à se considérer plus pauvres qu'elles ne l'étaient dans l'absolu, parce qu'elles voyaient d'autres Congolais plus riches qu'elles et s'enrichissant davantage. Autant dire que ce sentiment d'injustice sociale ne peut que s'être amplifié.

Magnifique flamboyant dans un village des Plateaux près de Gamboma (Plateaux). © MDMM.

Petit débarcadère de pêcheurs au bord de la rivière Oubangui à Impfondo (Likouala). © MDMM.

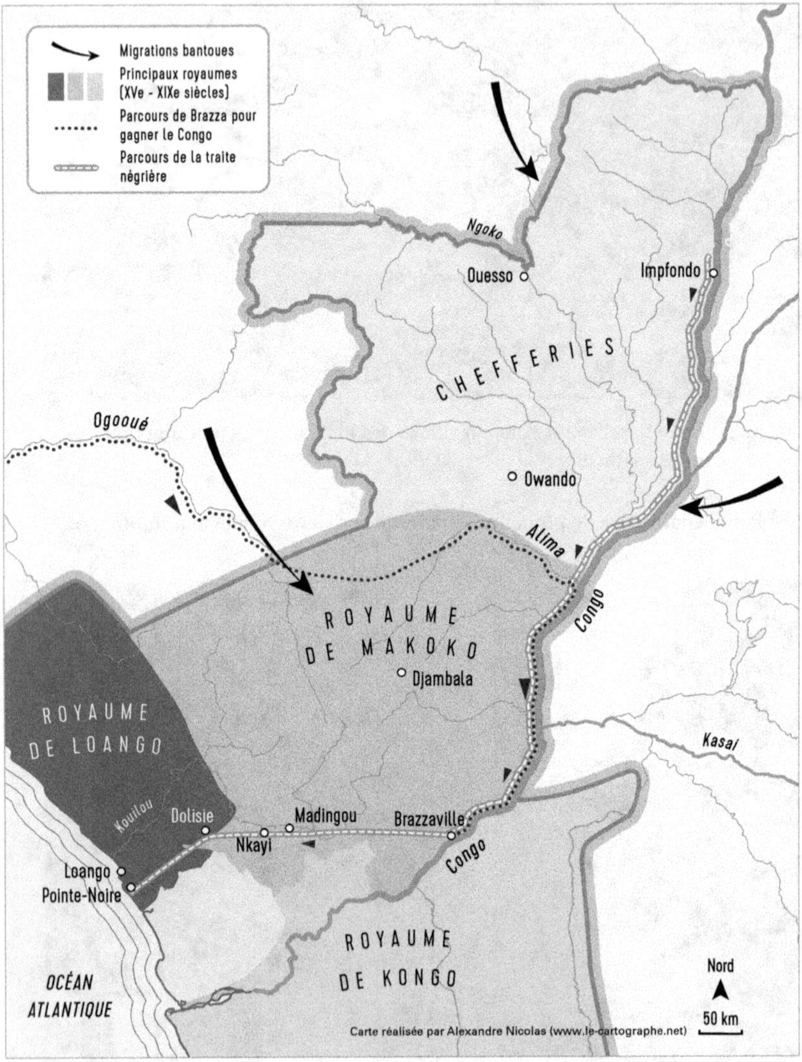

Migrations bantoues
Principaux royaumes (XVe - XIXe siècles)
Parcours de Brazza pour gagner le Congo
Parcours de la traite négrière
Ngoko
Ouesso
Impfondo
CHEFFERIES
Ogooué
Owando
Alima
Congo
ROYAUME DE MAKOKO
Djambala
ROYAUME DE LOANGO
Kasai
Kouilou
Dolisie
Madingou
Brazzaville
Nkayi
Congo
Loango
Pointe-Noire
ROYAUME DE KONGO
OCÉAN ATLANTIQUE
Nord
50 km
Carte réalisée par Alexandre Nicolas (www.le-cartographe.net)

L'histoire précoloniale et coloniale

L'histoire du Congo, c'est d'abord celle des lignages, des chefferies et des royaumes, antérieurs à l'arrivée des colonisateurs, dotés d'institutions, de structures politiques et administratives, reposant sur des traditions culturelles et religieuses riches et complexes, et basées sur des économies florissantes où le commerce, parfois à longue distance, tenait une place de choix.

Puis vient le temps de la conquête et de la colonisation. Une ère qui prend fin en 1960 avec l'indépendance du pays.

Premiers occupants et migrations bantoues

Au Congo, les vestiges mis au jour pour le moment remontent au paléolithique (âge de la pierre taillée, 450 000 à 10 000 ans avant notre ère). Il s'agit de silex taillés et de bifaces trouvés à Pointe-Noire et dans la vallée du Niari, lors des travaux du chemin de fer Congo-Océan.

Au néolithique (âge de la pierre polie), des peuples encore mal connus sont venus s'installer dans le bassin du Congo. Leur succédèrent, à une date indéterminée, ceux que les Égyptiens appelaient le « Peuple des arbres », que l'on désigne aujourd'hui sous le terme de peuples autochtones. Vivant de la chasse, de la pêche et de la cueillette, ces populations de petite taille nomadisent dans la forêt équatoriale (Cameroun, République centrafricaine, Congo, République démocratique du Congo).

Les peuples bantous seraient venus de l'actuel Nigeria au Ier siècle de notre ère. Après avoir atteint l'Angola au Xe siècle, ils font ensuite route vers l'Afrique du Sud.

Des recherches font état, avant l'arrivée des Européens, de l'existence de plusieurs royaumes commerçant entre eux, dont les frontières se sont avérées très mouvantes, car les peuples qui les constituent ne cessent de migrer. Ainsi, les Kongos qui forment les puissants royaumes du Kongo et du Loango, proches de la côte atlantique, remontent vers l'intérieur des terres. Du sud, ils gagnent la vallée du Niari et le Pool, d'où ils repoussent les Tékés vers le nord. Ancrés dans les Plateaux, ces derniers doivent contenir les Mbochis, venus au XVIIIe siècle du nord-est. En s'installant dans la Cuvette, ces Mbochis repoussent eux-mêmes vers le nord le peuple sangha. Quant aux Makouas, ils s'implantent au nord-ouest, après s'être heurtés aux Oubanguiens.

Dans la plupart des cas, ces migrations s'expliquent par la recherche de conditions de vie plus favorables et par un souci de sécurité, notamment à partir de la traite négrière.

Le Congo précolonial : royaumes et chefferies

Le Royaume téké

Les Tékés (Batékés), qui appartiennent au grand peuple bantou, comptent peut-être, avec les Twas (Pygmées, rebaptisés peuples autochtones), parmi les plus anciens occupants du Congo. Ils sont parfois appelés Ntyo, Tyo ou Tio, nom que se donnent les Tékés de la zone des Plateaux, noyau central de ce groupe humain.

Les Tékés forment, avec leurs cousins linguistiques, semblables et assimilés, une grande population disséminée dans les savanes et les forêts depuis le centre de la République démocratique du Congo, jusqu'au pays douma vers le Moyen-Ogooué (Gabon). Au Congo-Brazzaville, les plateaux couverts d'une savane pluvieuse et humide sont leur habitat le plus typique et le centre de leur royaume.

Selon l'historien congolais Abraham Constant Ndinga Mbo, les migrations tékées auraient débuté quelque 1 000 ans avant l'ère chrétienne. Profitant de la supériorité que leur conférait la possession d'armes et d'outils en fer, le peuple téké se serait engagé à travers la vaste forêt équatoriale, en suivant probablement les cours de l'Oubangui et de la Sangha jusqu'au fleuve Congo et, de là, jusqu'à la zone des savanes, où il trouva une nourriture plus abondante grâce à de meilleures terres et à la pêche, ainsi que de plus grandes facilités pour commercer avec les peuples riverains du Congo.

Les Tékés ont, très vraisemblablement, occupé leur habitat actuel dès les IIe et IIIe siècles. Bien qu'il soit difficile de dater sa fondation, on pense que le Royaume téké serait apparu dans les trois premiers siècles de l'ère chrétienne. Il s'est développé avec éclat du IIIe au XVIe siècle, jusqu'à la traite négrière atlantique puis la colonisation française.

Le Royaume téké commence à être connu en Europe grâce aux témoignages des navigateurs portugais débarqués sur les côtes du Congo à la fin du XVe siècle et qui lui donnent le nom d'« Anzicana » ou « Anzikos » (Anziques). Déformation de Anziu-nziu, sous-groupe téké. En langue tékée, *anzi* signifie « les hommes », les Bantous, par opposition au mot *atwa*, qui désigne les Pygmées.

L'Anzicana, ou royaume des Anziques, qui sera dénommé au XVIe siècle royaume de Mucoco (déformation de *makoko*), couvrira près de 90 000 km² à son apogée. Une vaste superficie qui s'explique par le fait que les peuples Tyo se sont installés parmi les premiers en Afrique équatoriale et se sont organisés sans perdre de temps. Selon l'historien congolais Dominique Ngoïe-Ngalla, le royaume se déployait sur tout le centre-sud du Congo actuel, occupant d'importantes surfaces dans les actuels départements du Niari, de la Lékoumou et de la Bouenza, ainsi que dans la zone des grands plateaux depuis la capitale congolaise jusqu'aux rives de l'Alima. Au sud, il était frontalier du royaume du Kongo et, au sud-ouest, du royaume de Loango.

Dans le sens est-ouest, il était encore plus étendu. À l'ouest, il s'étendait au-delà de l'Asuku (Franceville) jusqu'aux affluents de l'Ivindo, dans l'est de l'actuel Gabon. À l'est, il s'étalait le long de la rive gauche du grand fleuve Congo jusqu'au lac Maï-Ndombe, et s'allongeait, selon l'historien congolais Jérôme Ollandet, depuis Yumbi, une localité située presque en face de l'embouchure de l'Alima sur la rive droite, jusqu'à Kinshasa (Nkuna). Soit le territoire que forment aujourd'hui les provinces de l'ex-Bandundu et de Kinshasa, et qui correspond à l'époque aux petits royaumes voisins des Tyos du Giribuma, fondés sur la rive gauche du fleuve et vassaux de l'État central de l'*onkoo* résidant à Mbé. Ce royaume, dont le souverain porte le titre de *Ngobiloma*, est le pays d'un sous-groupe téké, les Abomas, qui peuplent la rive droite du Kasaï et l'embouchure de la rivière Kwango.

Après avoir été mobile pendant longtemps, le changement du siège de décision téké ayant été systématique à chaque succession royale, la capitale du royaume s'est fixée à Mbé, dans le nord du Pool. Sous la reine Ngalifuru, c'est à Ngabé, un village situé sur la rive droite du fleuve Congo, que s'est établie la résidence royale.

L'Anzicana est un État continental, sans contact direct avec la mer, qui ne sera quasiment jamais visité par les explorateurs et les missionnaires européens avant le XIXe siècle. Jusqu'à la fin du XVIIe siècle, selon l'historien Jérôme Ollandet, un seul missionnaire européen avait atteint véritablement le Royaume téké. Ainsi, aucune influence extérieure n'a justifié sa naissance et, fait assez exceptionnel, le royaume s'est rarement appuyé sur une base militaire pour sa fondation, son existence et le maintien de son unité. Il tirait sa cohésion dans sa forêt sacrale et mystique. La conviction des Tékés de partager une même culture et une même religion constitue en effet le fondement de ce royaume. Son autre particularité est la décentralisation du pouvoir dans l'organisation politique et administrative. À son apogée, le Royaume téké comprenait douze provinces, apparues probablement successivement, qui sont passées ensuite à neuf puis à quatre vers la période de déclin.

Le pouvoir forme une pyramide, au sommet de laquelle se trouve l'*onkoo* (ou *makoko*), le roi écouté et vénéré à la manière d'une divinité. Élu par les dignitaires (ministres et chefs), mais choisi par les ancêtres, il est initié à ses futures fonctions. Le futur souverain doit normalement appartenir au lignage d'un défunt roi. Il est choisi en principe dans la lignée maternelle. Bien que le pouvoir monarchique soit héréditaire, le candidat doit néanmoins présenter une bonne constitution physique, une conduite exemplaire, une allure autoritaire et être estimé du peuple et avoir une grande lignée.

Le roi détient les fonctions politiques, administratives et religieuses. Il est théoriquement le maître de la terre et de toutes ses richesses. Son intronisation, sa mort et sa succession font l'objet de tout un cérémonial et d'un ensemble de rites. L'intronisation est l'une des plus caractéristiques de ces cérémonies. Elle dure neuf jours, pendant lesquels se succèdent plusieurs

LE *MAKOKO* DÉCRIT PAR CHARLES DE CHAVANNES

« [...] Préparatifs, déballage et chargement des cadeaux, marche en file indienne qui nous amène dans la cour de la deuxième enceinte où se tient Makoko. Toute cette cour est tendue d'un immense velum fait de tissus colorés. Un dais, que nous avons apporté, abrite l'amoncellement des coussins et des tapis sur lequel le grand chef va s'asseoir tout à l'heure, entouré de ses 9 femmes et de sa famille. À ses pieds, des peaux de lion, auxquelles seul il a droit, ses feudataires et ses vassaux n'ayant droit qu'à des peaux de panthères. [...]

Et voilà Makoko, son long bâton en main, qui s'avance, sortant de sa grande case, entouré des siens, marchant sur la pointe des pieds, à l'abri d'un grand parasol porté par un serviteur. [...] Au cou le lourd collier de cuivre ouvragé, insigne de suprématie ; la figure est sérieuse, la face est ridée, sans tatouages ni peinture ; le buste est nu. Comme ornements, le bracelet de fer en spirale aux biceps, de bronze et de fer aux poignets et aux chevilles ; pour couvrir une calvitie probable, une calotte curieusement brodée sur le côté de laquelle sont épinglées deux plumes noires très fines et très longues qui retombent en arrière ; le vêtement ne comporte qu'un pagne très riche. [...]

L'heure des libations commence pour Makoko [...]. Des enfants s'empressent autour de lui qui est revenu à ses coussins, les uns tendant un velum au-dessus de sa tête, tandis que d'autres présentent une coupe de vin de palme [...] ; Makoko prend la coupe, le velum s'abaisse pour cacher le personnage à la vue du public pendant qu'une cloche de cuivre retentit à intervalles égaux et qu'un chant discret monte de son entourage. La foule s'est prosternée et les premiers feudataires, genou en terre et tête baissée, touchent le sol de leurs mains, paumes aplaties... »

Source : Charles de Chavannes, *Avec Brazza, Souvenirs de la mission de l'Ouest-Africain*, Paris, Plon, 1935, p. 51.

rituels qui font du sacre une cérémonie religieuse mais aussi un acte politique et constitutionnel selon Jérôme Ollandet.

Responsable devant les hommes, l'*onkoo* l'est aussi devant les ancêtres qu'il représente. Il est le seul grand prêtre des Tékés, le grand détenteur des forces vitales et du *nkwe-mbali*, le génie tutélaire du peuple, qui habiterait les chutes de la rivière Léfini, en amont de Mbwabé. Le *nkwe-mbali* repose sur la conviction que le monde est habité d'êtres spirituels – les *nkira*, esprits de la nature, incarnés dans des sites exceptionnels, des lieux sacrés placés sous la responsabilité des *nga-nsyé*, et les *ikwi*, esprits des ancêtres défunts. L'invocation des *nkwe-mbali,* a pour objectif de faire régner l'ordre spirituel parmi les habitants du royaume.

Parmi les insignes royaux, figurent le collier de cuivre, l'*onlwa* dont les douze encoches, égales au nombre de provinces, symbolisent l'unité et le caractère indivisible du royaume, ainsi que le sceptre, un grand bâton orné de cuivre jaune et rouge, le grand pagne et la petite calotte.

Après le roi, le pouvoir politico-administratif est détenu au niveau de chaque province par le *nga-nkobi*, ou gouverneur, le chef du marquisat, qui sert de courroie de transmission des ordres du roi, auquel il apporte tributs et prestations. Chaque *nga-nkobi* détient un *nkobi*, une sorte de coffret de forme ovale, confectionné avec la latte intérieure d'une palme et contenant des ingrédients sacrés (graines de plantes, prélèvements d'animaux totems). Ce *nkobi*, auquel est consacré un culte, témoigne de l'affection et du transfert du pouvoir de l'*onkoo* à ses représentants – princes ou gouverneurs. « C'est la chaîne magique du pouvoir dans sa valeur opératoire qui conditionne la vie des hommes », souligne Jérôme Ollandet dans son ouvrage sur le Nord-Congo.

Le *nga-nkobi* transmet les ordres et les directives du roi aux chefs de lignage, maîtres des terres, les *nga-nsyé*, et, via ces derniers, aux chefs de village, les *ng'olaa*, qui détiennent à la fois le pouvoir politique, administratif et religieux local. Tous ces feudataires rendent constamment compte de leurs actions à la cour de Mbé.

Pour exercer le pouvoir central, l'*onkoo* s'entoure d'un gouvernement comprenant un Premier ministre, le *ngaelino*, aux fonctions multiples (à la fois chef de police, des armées, responsable de justice, percepteur en chef et grand prêtre lors de l'intronisation d'un roi) et une quinzaine de ministres, princes royaux. Parmi ces ministres, le *ngobila*, le maître des eaux, est chargé de surveiller les embarcations du roi et de veiller aux frontières fluviales et au trafic sur le fleuve Congo. Le *ngantsu* est le préposé à la garde des frontières, le *ngambi* est le forgeron du roi tandis que le *mutiri* a en charge de tisser et de donner au roi le bonnet *kao* et les autres insignes royaux. Le *ngampo*, un ministre-prêtre, est chargé, pour sa part, de construire le temple (*fula* ou *lise)* d'intronisation du roi, et le *mapiélé*, de ravitailler la cour du roi en eau, la fameuse *nkwe-mbali* de la source de la Léfini. Font également partie du gouvernement deux femmes royales, la *ngassa*, la première femme, la reine, qui vient généralement des grandes chefferies alliées de la cour, et la *wafiétiéré*, la deuxième femme royale chargée de la cuisson de la nourriture du roi.

À noter que le royaume ne disposait d'aucune organisation militaire, ce qui sera un véritable handicap quand certaines parties du royaume se retireront de Mbé, et avec l'avènement du commerce à longue distance avec les Européens.

L'économie du royaume est assez diversifiée. On y pratique l'agriculture (manioc, ignames, bananes), la chasse, le petit élevage et l'artisanat, dont le tissage de pagnes et de nattes en raphia, ainsi que la vannerie (hotte) et la poterie, des activités exclusivement féminines. La forge (métallurgie), pour sa part, est réservée aux hommes. Le fer, dont les gisements sont à Zanaga dans la Lékoumou et à Mayoko dans le Niari, et le cuivre

(M'Fouati et Boko-Songho dans la Bouenza, Mindouli dans le Pool) sont exploités pour fabriquer des armes et divers outils notamment aratoires.

Le commerce est une autre source de richesse, lié notamment à l'implantation privilégiée du royaume au carrefour des voies navigables du nord et des pistes caravanières du sud aboutissant à l'océan Atlantique. Grâce à cette position géographique, les royaumes tékés jouent, en effet, un rôle d'intermédiaire entre les peuples côtiers et ceux des savanes, et avec ceux des forêts équatoriales. C'est à ce rôle qu'ils doivent leur prospérité. Le passage obligé de ces transactions commerciales est le Pumbo (appelé par la suite Stanley Pool puis Pool Malebo), un point de rupture de charge situé au niveau de l'actuelle Brazzaville, où la navigation, qui assure le transport des marchandises et des hommes sur le fleuve Congo, est relayée par la piste où le portage à dos d'homme pour acheminer les biens se substitue au transport fluvial.

Ce lieu est d'une importance stratégique, comme le souligne Jérôme Ollandet : « c'est la rencontre de la pirogue et de la hotte qui explique tout l'enjeu du Stanley Pool ». Aussi les Tékés se sont-ils rendus maîtres de ce centre névralgique. Pour que les droits de passage sur le fleuve liés à ce commerce ne leur échappent pas, ils ont établi un poste de contrôle à Imbana, près de Ngabé, au bord du fleuve. Impossible d'échapper à leur vigilance, au risque d'être immédiatement poursuivi par d'habiles navigateurs au service du roi téké, qui connaissent tous les recoins du grand fleuve.

Ainsi, par le royaume, transitent, dans un premier temps, l'ivoire, divers produits artisanaux (vannerie, poterie, outils), ainsi que le sel et le poisson. Plus tard s'ajoutera à ce commerce celui des esclaves, qui donnera naissance à une petite « bourgeoisie » d'affaires dont la figure la plus marquante sera celle du Mfumu Makitu, un Kongo.

LE COMMERCE DANS LE POOL

« Le Pool était pour les populations un lieu d'échange. Lors des saisons des pluies (octobre-décembre et avril-mai), les populations des zones forestières et fluviales, les Bobangis et les Bayanzis, descendaient avec du poisson, des viandes, de l'ivoire et des esclaves. Pendant la saison sèche, les Bakongos et les Bazombos empruntaient les pistes caravanières devenues praticables, apportant des étoffes, des fusils et des métaux ouvragés. Le Pool a donc servi d'entrepôt à toutes ces marchandises durant ces saisons intercalées, et a bénéficié de ces échanges commerciaux, notamment les Batékés qui contrôlaient l'endroit et par qui le commerce devait transiter. Ces échanges prenaient le plus souvent la forme de troc, mais il ne faut pas négliger la part du commerce monétaire. Ainsi, "les gens du haut" avaient imposé leur langue, les gens de la côte introduisirent leur monnaie, le *nzimbu* (coquillage kongo), supplanté vers le XVIIIe siècle par le *ngele* (barrette de cuivre tékée). »

Source : Charles Didier Gondola, *Villes miroirs, migrations et identités urbaines à Kinshasa et Brazzaville, 1930-1970*, Paris, L'Harmattan, 1996, p. 25.

Au milieu du XVIIIe siècle, un nouveau groupe, les Bobanguis, originaires de la grande Cuvette congolaise, entre en force dans le commerce des esclaves sur le fleuve, en dominant tout le bief navigable du Congo, depuis Kisangani jusqu'au Pumbo. Le fleuve devient alors la zone d'évacuation vers la côte atlantique des esclaves des zones équatoriales, les Quibangues. Devenus les intermédiaires incontournables des transactions portant sur les esclaves, entre les peuples du haut fleuve et ceux des régions côtières, les Bobanguis ruinent au passage les chefferies tékées.

Le royaume du Kongo

Les ancêtres du Kongo seraient venus du nord, avant de se sédentariser, plus au sud, le long de la côte, autour de l'embouchure du fleuve Congo, une zone déjà occupée par des Mbakas (Pygmées) et des populations bantoues, notamment les Mbundus (ou Ambundus). De ce mélange sortiront divers groupes qui seront dénommés plus tard Kongos.

Le héros fondateur du royaume du Kongo serait Nimi a Lukeni, également connu sous le nom de Ntinu Wene. Bien que « cadet », donc tenu hors de l'espoir d'acquérir autorité et privilèges, l'homme est ambitieux, puissant guerrier et impatient de commander. Il se sépare des siens et, suivi de partisans, forme une bande armée qui perçoit des péages au passage du fleuve Congo ou aux gués du Kwango. Un événement « exceptionnel » va jeter le jeune homme hors de l'ordre normal et lui livrer toutes les ressources de la magie. Il commet un meurtre sur sa tante, qui attend un enfant. À la suite de ce « haut fait », il est proclamé chef.

Ici, la vérité se situe plus au niveau du symbolisme que des faits. Pour avoir tué sa parenté, Lukeni ou Ntinu Wene acquiert l'état de solitude nécessaire à la domination des hommes et à la sacralisation du pouvoir. Ainsi le royaume du Kongo est né, qui va connaître un développement exceptionnel. Le nouveau souverain est le roi forgeron qui dote son peuple des armes de la guerre et des outils de l'agriculture. Avec Ntinu Wene, l'art du métal devient alors un privilège royal et aristocratique. Le fer est d'abord produit et façonné dans la capitale sous le contrôle du roi.

Le royaume du Kongo se serait formé au cours de la seconde moitié du XIVe siècle. Il aurait vu le jour sur le site où sera érigée plus tard sa capitale, Mbanza Kongo Dia Ntotila (Cité du roi), dans la province de Mpemba. Il est l'aboutissement de conquêtes militaires et d'alliances dont on ignore comment et quand elles se firent. À la fin du XVe siècle, il s'étend sur toutes les régions où la langue kikongo est aujourd'hui parlée : du Kwilu-Niari au nord, voire du bas Ogooué (Gabon), à l'actuelle province Zaïre en Angola au sud. Ainsi son espace géographique recouvre partiellement les territoires actuels de l'Angola et des deux Congo. Il se compose de six provinces : le Soyo (ou Sohio), le Mpemba, le Mbamba, le Mpangu, le Mbata et le Nsundi. Aux marches du royaume, les provinces côtières du nord – le Ngoyo, le Kakongo et le Loango – semblent échapper à l'emprise royale. On ne sait pas grand-chose des relations entretenues par le royaume du Kongo avec les régions situées à l'est et au sud.

Jusqu'au début du XVIe siècle, tout descendant mâle de Nimi a Lukeni peut être désigné *mani Kongo*. C'est Affonso Ier, le premier roi chrétien, qui limite ce droit à ses seuls descendants. La préférence va à la succession matrilinéaire. Le roi, avant de mourir, indique en général son choix. Le futur roi est désigné par le corps électoral qui comprend, à l'origine, quatre membres, représentant les *kanda* (lignages) les plus puissants, notamment celui des *mani Soyo* et le *kitomi* de Mbanza Kongo. Issu du *kanda* Nsaku Vunda, ce dernier qui a reçu le titre de *mani Vunda*, est le personnage le plus important du royaume jusqu'au XVIIIe siècle. L'autre personnage clef de l'élection est le chef du *kanda* Nsaku Lau, *mani Mbata*, dirigeant à titre héréditaire l'une des premières provinces du royaume. Plus tard, le nombre d'électeurs passera entre neuf et douze. Les vaincus sont réincorporés dans le système de manière à ne pas le remettre en cause.

Une fois élu, le nouveau *mani* revêt les insignes du pouvoir, dont un couvre-chef, une corbeille des ancêtres, un trône, un tambour sacré et un sceptre. Conduit dans un lieu de retraite par les douze *kanda* associés au mythe de fondation du royaume, il rompt toute attache avec sa propre parenté et pose une série d'actes rituels (meurtre rituel d'un parent, relations sexuelles avec une sœur...) qui lui confèrent une deuxième légitimité.

Au cours de ces cérémonies, il s'approprie une troisième légitimité : celle des chefferies anciennes fondées sur le culte des ancêtres. Il invoque également les rois défunts auxquels une généalogie le rattache de manière claire. Ces trois légitimés confèrent au roi une puissance exceptionnelle.

Du XIVe au XVIe siècle, le *mani Kongo*, qui s'appuie sur le centralisme du système, régente la vie de ses sujets. L'État, c'est d'abord lui, le chef suprême. Son pouvoir est toutefois limité par une série de mécanismes et d'institutions mis en place pour empêcher les dérives autoritaires et absolutistes du pouvoir monarchique. Ainsi un conseil royal, réparti en trois groupes de quatre, donne son accord pour déclarer la guerre, nommer à des charges importantes ou en écarter quiconque, et ouvrir ou fermer les routes. Le premier groupe est composé d'hommes très importants dont le *mani Vangu*, premier juge du royaume, et le *mani Lumbu*, responsable des quartiers royaux de la capitale. Le troisième, également très influent, est formé de femmes, notamment des reines veuves et des tantes, dont l'une, qui porte le titre de *nzimbu mpungu*, est le double du roi.

Chaque province, subdivisée en sous-provinces, est dirigée par un gouverneur (*mani*, chef, suivi du nom de la province), investi par le roi qui lui donne les insignes du pouvoir. Aux échelons inférieurs – sous-provinces, districts et sous-districts – se trouvent des agents nommés, qui dépendent du pouvoir central ou régional, suivant les périodes. Pour parer tous risques de sécession ou d'autonomisation des provinces, les rois ont mis en place tout un système : désignation de fils et de proches parents du roi à la tête d'une province, remplacement des gouverneurs par leur prédécesseur, obligation pour les gouverneurs de se présenter à Mbanza Kongo à la requête du roi ou tous les trois ans au moins, nomination de responsables à la cour royale chargés d'assurer la communication entre la cour royale et la cour provinciale, rotation rapide des gouverneurs, etc.

N'ayant pas d'armée permanente, le *mani Kongo* dispose, en revanche, d'une garde rapprochée constituée d'esclaves. En cas de guerre, les gouverneurs sont habilités à recruter les soldats parmi les populations valides. Chaque année, le monarque reçoit le tribut des fonctionnaires du royaume. Payé en nature, il est constitué de tissus, de produits des taxes et amendes, voire de vierges et de captifs.

L'économie du royaume est assez diversifiée. Elle repose sur l'agriculture (palmier à huile, igname, banane plantain et manioc, des cultures qui sont la base de l'alimentation), la cueillette, la chasse, la pêche et l'artisanat. Pratiqué par des spécialistes, tels que les tisserands et les forgerons qui fabriquent des armes et divers outils, l'artisanat fournit la plus grande partie des produits destinés aux marchés locaux et aux transactions à longue distance, notamment avec le Portugal, après l'arrivée des Portugais sur la côte. Ce commerce est à l'origine de la puissance et du rayonnement du royaume. Il porte sur l'ivoire, le cuivre, des produits agricoles, des étoffes, des peaux et des coquillages. Plus tard, il intégrera les esclaves.

Le système économique combine deux modes de production qui s'intègrent l'un dans l'autre : l'économie villageoise et l'économie urbaine. Au village, la terre est propriété commune. Le travail agricole repose sur des techniques rudimentaires. En ville, la production est directement contrôlée par le groupe dirigeant qui dispose d'une main-d'œuvre servile, les esclaves, utilisés à des fins économiques et militaires. Les villages, réserves d'esclaves pour les villes, fournissent également les produits rares, faciles à transporter, notamment les métaux, les objets utilitaires ou rituels en fer et en cuivre, le sel, les tissus, les animaux et les coquillages, les *nzimbu*, qui tiennent lieu de monnaie et dont l'exploitation est sous le contrôle direct des autorités de l'État. Les chefs de village ont en charge, par le moyen du tribut et des taxes diverses, l'acheminement de tous ces produits vers les villes et la capitale. Le pouvoir politique s'articule directement sur ce système économique. La structure de l'économie concentre à Mbanza Kongo les biens de luxe et de prestige tirés des zones rurales, ainsi que des vivres le plus souvent produits sur place. C'est ici également que se trouve la plus forte concentration de la main-d'œuvre libre ou servile.

Le royaume de Loango

Parmi les petits royaumes de la côte atlantique, vassaux du royaume du Kongo, dont ceux de Kakongo et de Ngoyo, qui occupaient le territoire de l'actuel Cabinda (province angolaise), le royaume de Loango est le plus important. Il s'étendait sur tout le sud du Congo et du Gabon, ainsi que sur le Cabinda. Vassal du royaume du Kongo, il s'en détache et devient indépendant.

L'émergence du royaume de Loango est liée à l'apparition, sur les côtes de Loango, de Woyos (pluriel Bawoyos), habitants de l'actuel Cabinda. La présence dans leurs rangs, de guerriers entreprenants et de forgerons organisés en une puissante confrérie, les Bouvandjis, leur permet de s'imposer aux populations locales. Les Bouvandjis érigent ainsi un État du nom de Loandjili (*loa* signifiant « le commandement politique » et *ndjili*, « l'écureuil », symbole du pouvoir) dont la capitale est Loandjili, aujourd'hui 4e arrondissement de Pointe-Noire. La dynastie des Bouvandjis est née. Mais très tyranniques, les Bouvandjis sont chassés du pouvoir par une insurrection populaire.

Après leur départ, s'installe une longue période de vacance du pouvoir, minée par les querelles entre *fumu si*. Sur les conseils des autorités religieuses, le mariage d'un Kono avec une Aka met fin à la crise de succession. La jeune femme baptisée Nombo-Sinda par les prêtres du royaume donne naissance à une fille, Ntumba, et à un fils, Moe Poaty, qui ouvre la liste d'une longue dynastie vilie. Le royaume de Loango (*loa*, « commandement politique », et *ngo* qui signifie « panthère », symbole de force et de puissance, en langue vilie) est né. Sous Moe Poaty Ier et ses successeurs, le royaume engage un processus d'organisation et de structuration sociale et du pouvoir qui lui vaut d'être rangé parmi les systèmes politiques à pouvoir étatique.

À la fin du XVIe siècle, le royaume de Loango se détache du royaume du Kongo, dont il est vassal, pour devenir indépendant. Le prince gouvernant le Loango pour le compte du *mani Kongo* rejette en effet l'autorité de ce dernier et abandonne son titre de *moéné*, pour celui de *mani*, devenant ainsi le *mani Loango* ou *Ma-Loango*. Le royaume atteindra son apogée aux XVIIe et XVIIIe siècles.

Dans le royaume de Loango, la succession au trône est matrilinéaire. Les rois ne transmettent généralement pas le trône à leurs propres fils mais à leurs neveux, fils de leurs sœurs. D'après le professeur Laurent Costode Mackosso, le futur souverain est choisi par les chefs du clan royal (Tchimongo-Lumbu-Tchinkondi). Le choix est agréé par un conseil de notables et de dignitaires (*fumu si*) et soumis à l'approbation des génies du royaume. Les rois sont généralement issus des clans kondis, bouvandjis et nkatas.

Le *Ma-Loango* n'obtient ce titre toutefois qu'après sept ans de règne exemplaire durant lesquels il doit fournir les preuves de ses hautes vertus morales, physiques et spirituelles, et après un « voyage de couronnement », qui peut durer plus d'un an, dans les sept provinces qui composent le royaume. Pendant tout son périple, une vierge partage sa couche, mais il ne doit la toucher en aucun cas, montrant ainsi sa force de caractère.

De retour dans sa capitale, Bouali (l'actuelle Diosso, près de Pointe-Noire), il doit encore démontrer sa force physique et son agilité en faisant le tour de la petite forêt de Tchibila à cloche-pied et en grimpant à un des plus hauts palmiers en s'aidant des deux bras et d'une seule jambe ! C'est alors qu'on pouvait procéder aux fastueuses cérémonies du couronnement.

Une fois intronisé, le *Ma-Loango* devient le chef spirituel et temporel du royaume, doté de pouvoirs considérables, puisqu'il est capable de contrôler le rythme des saisons et de décider de l'abondance des récoltes, de la pêche et de la chasse. En effet, en devenant roi, le *Ma-Loango* est l'unique représentant sur terre des puissances supérieures : Dieu (Nzambi), les ancêtres et les génies.

Dès qu'il est intronisé, le souverain est vénéré comme une divinité. Il lui est interdit de paraître fréquemment en public. Aussi, lorsqu'il le fait, c'est en grand apparat, notamment lors de la réception de personnalités étrangères, de la chasse au léopard, animal sacré, et du labour rituel du champ royal. Coiffé d'un chapeau en raphia (*ngundu*) et tenant un énorme sceptre sculpté (*buta matali*), le roi est juché en haut d'un trône immense recouvert d'un tapis. De chaque côté sont disposées des corbeilles pleines de philtres magiques. Toute la cour est assise en tailleur sur le tapis, tandis que les musiciens de l'orchestre royal sonnent de la trompe et de grandes cloches, et frappent des tambours.

Le roi dispose d'un gouvernement, composé d'un Premier ministre (*Ma M'Boma Si Loango*) et de ministres. Il établit son pouvoir judiciaire en s'appuyant sur la Cour royale dont les juges sont reconnus pour leur grande sagesse et leur capacité à régler les litiges avec impartialité. Le règlement d'une affaire de justice est effectué au son du tam-tam (*ngoma*) sous un hangar en paillote du village autour duquel sont massés de nombreux spectateurs. Le lieu occupé par le tribunal et la foule est appelé *N'ganda lu fundu lu*. Dans chaque province, les affaires importantes sont portées en deuxième instance devant le représentant du roi. À Bouali, le Premier ministre préside le tribunal du pays (*N'gada si*) mais porte le cas litigieux devant la cour suprême (*N'gade Me Loangu*), dirigée par le roi.

LA MAIN AUX 7 ÉTOILES

Les armoiries du royaume de Loango sont figurées par « une paume de main qui tient sept étoiles » (*Li kande likoko li simbe mbote sambwali*), symbolisant la main royale.

Outre leur représentation géographique (les sept provinces qui composent le royaume), les sept étoiles correspondent, dans un langage ésotérique, aux qualités du pouvoir temporel et spirituel. Ainsi, guidée par son esprit, la main royale s'impose sur les sept provinces, en gouvernant avec justice et pour le bien de tous, en faisant appel à ses sens, symbolisées par les organes du visage :

– deux étoiles représentent les deux yeux du souverain qui veille en permanence sur son royaume ;

– deux étoiles figurent les deux oreilles du souverain qui prête attention aux doléances de ses conseillers et de son peuple ;

– deux étoiles figurent les deux narines du souverain très sensible aux problèmes de son peuple. Doté d'un flair très subtil, le roi est capable d'établir un lien entre le présent et l'avenir ;

– une étoile représente la bouche du souverain. Cet organe lui permet de rendre une justice impartiale. Le roi est infaillible dans son jugement.

La tâche du roi est donc complexe et difficile. Mais les mânes des ancêtres et les génies l'assistent sans relâche, tant qu'il respectera les lois divines.

L'institution la plus importante après le *Ma-Loango* est représentée par les *fumus* (princes), membres des deux branches N'Kondi et Nkata du clan royal issu de la vague des Bouvandjis.

Le royaume de Loango compte sept provinces placées sous l'autorité de gouverneurs : Me M'Pili, dont Bouali, son chef-lieu, est la capitale du royaume ; Me Tchilunga, la plus grande de toutes ; Me Tchi Loandjili ; Me Nga Kanu ; Me Yombi ; Me N'kugni-MBanza (Diangala ou Grand Niari) et Me Nkokango (Setekana).

L'économie du royaume repose sur l'agriculture, la chasse, la pêche, l'artisanat (vannerie, poterie et métallurgie du cuivre) et le commerce. Loango doit sa prospérité à sa position sur la côte atlantique, au terminus de la piste des caravanes qui traverse tout le Congo en direction de l'est et permet de fructueux échanges avec les navigateurs européens et le Royaume téké. C'est ainsi qu'avec le développement au XVIIIe siècle de la traite négrière, un commerce très juteux, le royaume de Loango devient, avec l'Angola, l'un des plus grands centres du « commerce du bois d'ébène » d'Afrique centrale. Venus de l'intérieur du pays, par la « piste des caravanes » qui relie le Pumbo à Loango, les esclaves embarquent dans cette baie pour un voyage sans retour.

Les chefferies du Nord

Dans la partie nord de l'actuel Congo, les populations se sont organisées en formations politiques différentes des royaumes, mais tout aussi complexes dans leur fonctionnement, telles que les chefferies et les cités-États, principalement implantées dans la Cuvette congolaise. L'économie de ces sociétés a largement dépassé le stade de la survie et la division sociale y est poussée. À côté des cultivateurs, on rencontre des chasseurs, des pêcheurs et des artisans (saliniers, potiers, tisserands, forgerons), ainsi que des commerçants. Le commerce est local et à longue distance, et les transactions se font à l'aide de plusieurs sortes de monnaies de cuivre, de perle, de fer ou de coquillage.

Les chefferies, ou *okani* (pluriel *ikani*), constituent la formation spécifique des « Ngalas Terriens », notamment des Mbochis et des Kouyous. Elles sont indépendantes les unes des autres. Quant aux cités-États, elles sont propres aux « gens d'eau » comme les Bobanguis, les Likoualas et les Likoubas.

Selon l'historien congolais Abraham Constant Ndinga Mbo, l'*okani* est un espace géopolitique délimité sur lequel s'exercent tous les pouvoirs d'un chef investi, dénommé *Kani*. Ce dernier détient en effet les pouvoirs agraires (répartition des terres à cultiver en cas de conflits), politiques, administratifs (dont la levée des troupes pour assurer la défense de la communauté contre les agressions extérieures), mystiques et judiciaires.

Le *Kani*, qui détient son pouvoir de Dieu (Nzambe), est le chef, le guide moral et politique du pays sur lequel s'exercent ses droits et pouvoirs qui sont en général héréditaires, transmis d'oncle maternel à neveu ou de père en fils. Maître de la terre, qui lui appartient, le *Kani* est responsable de toutes les calamités qui surviennent sur celle-ci. À cause de ses pouvoirs, les Mbochis lui doivent respect et soumission.

Gardien des coutumes ancestrales, il incarne la sagesse, et sa prestance magnétique le place au centre de la vie politique. Il est le maître de la famille et de la justice. Dans les procès, c'est lui qui préside la cour constituée de *twere*, sortes de juges. Quand il rend la justice, il tient dans ses mains une sorte de balai, le *mwanzo ma okani*, qui symbolise la sagesse, la parole et la justice.

C'est au cours d'une longue cérémonie que le *Kani* reçoit tous les attributs de son rang, ses insignes de souveraineté et qu'il est initié par les anciens à l'*otwere*, une philosophie fondée sur la justice sociale. La cérémonie a lieu dans le bois sacré, à l'intérieur d'un enclos préparé à cet effet, le *kinda*. Parmi les insignes de son pouvoir figurent, entre autres, une couronne recouverte de peau de léopard (*ingamba*), une coiffure (tête de léopard), un collier fait de dents de léopard, un pagne en raphia, un spectre, ainsi que diverses armes, dont une lance qui symbolise le pouvoir spirituel. À sa mort, on exécute toute une série de danses spécifiques pour célébrer ses vertus.

Les cités-États

Les « gens d'eau », pour leur part, se sont structurés en petites cités-États. La cité-État est d'abord une fondation d'habitat à base de rapports lignagers et d'alliances. À l'intérieur de la cité, le village forme l'unité politico-sociale de base de la société. Chaque communauté est une chefferie autonome au sein de la cité qui est gouvernée par le conseil des aînés, dont chaque membre représente un lignage. Chaque village s'occupe de ses propres affaires.

Le chef du village, *mokondzi o mboka*, a des attributions d'ordre politique, judiciaire et religieux à l'instar du *Kani*. En dehors des palabres opposant les membres de la cité-État, le *mokondzi* n'a pas d'autres occupations particulières. Il ne reçoit aucune redevance de la part des habitants, même si ceux-ci lui rendent parfois hommage avec des présents. L'une de ses qualités est de savoir partager les biens avec ses hommes et ses hôtes. Les relations qu'il entretient avec les membres de la cité relèvent davantage de la régulation de la vie en commun que d'un pouvoir sur le groupe.

À partir du XVIe-XVIIe siècle, les Bobanguis, qui sont venus de la vallée de l'Oubangui et se sont installés de part et d'autre du fleuve Congo dans la Cuvette congolaise, s'impliquent fortement dans les échanges commerciaux. Ils forment avant tout un peuple de commerçants spécialisés dans la pêche et les activités annexes comme la fabrication de pirogues et de poteries. Entre leurs mains passent des produits qui descendent le fleuve, comme l'ivoire, le poisson, l'huile et les poteries, et des marchandises qui remontent vers le nord (sel, produits européens vendus sur la côte). Avec leurs frères « terriens », ils échangent poissons, poteries et autres biens contre du manioc, des patates, de l'huile, du sel et des fruits.

LES BOBANGUIS

« Au cours du dix-neuvième siècle, les Bobangi s'ajouteront aux Batéké dans les jeux de l'échange au Pool Malebo. Ils se déplacèrent de la rivière Ubangi où ils étaient d'abord établis, vers le cours moyen du fleuve Congo, puis vers le Pool Malebo, vers la fin du dix-huitième siècle et le début du dix-neuvième siècle. Ils n'étaient pas une horde de conquérants, mais furent plutôt attirés par la vivacité commerciale de la zone du Pool. Les "gens d'eau", comme ils aimaient à s'appeler eux-mêmes, peuples riverains, les Bobangi vont donner une impulsion décisive aux échanges. Ils arrivaient à faire passer au minimum une tonne de marchandises au Pool, et au plus fort des échanges, quarante tonnes par jour. »

En note, l'auteur ajoute : « Les Bobangi ont d'abord occupé la rivière Ubangi qui leur doit son nom (U'bangi ou l'eau des Bobangi), puis le cours moyen du fleuve Congo, la section du fleuve Congo où viennent se jeter la plupart des affluents. Ce qui leur avait permis d'être des intermédiaires incontournables du commerce fluvial. Leurs principales cités sur le cours moyen du fleuve Congo étaient Bolobo, Basoko, Bonga, Mushie, Makandza, Irebu, Upoto, etc. (M'Bokolo, 1992). »

Source : Ayimpam Sylvie, *Vie matérielle, échanges et capitalisme sur la rive méridionale du Pool du fleuve Congo (1815-1930)*, Aix-en-Provence, Clio en @frique, n° 18, été 2006, p. 8.

Quand la traite négrière se développe, les Bobanguis prennent une part active à ce commerce, en se positionnant en véritables courtiers des commerçants de la côte atlantique que sont les Vilis, les Pombeiros (métis du royaume du Kongo) et les Nzombos. Ils ne sont pas les seuls. D'autres communautés du nord du pays s'impliquent aussi dans ce commerce. La Cuvette congolaise est alors divisée en zones commerciales sur lesquelles les « gens d'eau » exercent des monopoles d'exploitation. Les Likoubas exploitent l'Alima et son principal affluent, la Mpama. Les Bongas contrôlent le trafic sur la Sangha et les Buenyis celui sur le Kouyou tandis que les Likoualas, installés en amont de Loboko, organisent leurs convois sur la Likouala-Mossaka et la Mambili. À tous les points de confluence, des cités péagères permettent à leurs chefs de percevoir des droits de passage de la part des commerçants. Parmi ces points de passage figurent entre autres Loboko, à la confluence de la Likouala-Mossaka et du Kouyou, Nkonda à la confluence de l'Alima et du fleuve Congo, et Bonga, à l'embouchure de la Sangha et du Congo.

Les « terriens », qui fournissent en amont des vivres du terroir, établissent également des systèmes de monopole et de péages aux endroits stratégiques. La transaction s'opère obligatoirement entre les mains des professionnels coutumiers, les *ibela*.

Ainsi se développe au sein de ces différentes communautés une sorte de bourgeoisie d'affaires. À la veille du XIXe siècle, les « gens d'eau », notamment les Bobanguis, seront, parmi les populations de la Cuvette, les mieux préparés à l'arrivée des Européens, pour avoir pris l'habitude de descendre jusqu'au Pumbo et d'acquérir des biens venant d'Europe : fusils, quincaillerie, couvertures, draps, cotonnades et autres tissus largement utilisés dans les rites religieux, les enterrements et autres cérémonies prestigieuses, ou portés par les chefs de villages et les nobles. Ils ont ouvert la Cuvette congolaise aux échanges avec l'Europe, par l'introduction de produits manufacturés, contre des produits locaux et des esclaves, qui seront remplacés, au XIXe siècle, par de l'ivoire et du tabac. Fondateurs d'une civilisation urbaine, les gens d'eau sont à l'origine du développement du lingala, langue de commerce par excellence, dans une grande partie de l'Afrique centrale.

Les contacts avec les Européens

L'arrivée des Portugais

Les premiers contacts connus entre le royaume du Kongo et l'Europe remontent à 1482, avec l'expédition du navigateur portugais Diego Cao, un amiral du roi Jean II du Portugal, qui fut le premier Européen à avoir découvert l'embouchure du fleuve Congo. La quête de l'or, devenu plus rare en Europe mais nécessaire pour régler les achats d'épices à l'Asie, et le désir de court-circuiter les marchands arabes, âpres au gain, qui font monter les prix, poussent les Européens à chercher une nouvelle route vers l'Inde. D'où l'idée de contourner l'Afrique par la mer pour atteindre l'Orient lointain. Les premiers à se lancer dans cette aventure sont les Portugais, sous la houlette du roi Henri le Navigateur, qui envoie dans les années 1420 les premières caravelles longer les côtes d'Afrique.

Diego Cao est accompagné de missionnaires qui restent en terre africaine pour prêcher la foi chrétienne. Au cours d'un deuxième voyage en 1487, il embarque avec lui des notables kongos pour le Portugal, où ils passent quelques mois à apprendre le mode de vie portugais, avant de rentrer au pays. À la suite de son troisième voyage au Kongo, Diego Cao repart au Portugal avec une ambassade royale, dûment mandatée, cette fois-ci.

Dans la foulée, le *mani Kongo* Nzinga a Nkuwu ainsi que ses plus proches collaborateurs consentent à se faire baptiser. Une église est construite dans la capitale du royaume, rebaptisée du nom de San Salvador. Les deux parties établissent des relations diplomatiques avec nominations d'ambassadeurs.

Le brassage culturel et religieux n'est pas du goût de tout le monde. Les milieux religieux traditionnels voient d'un mauvais œil les fondements de l'autorité kongo mis à mal par l'évangélisation et l'européanisation. Conscient de la tournure prise par les événements et craignant que le royaume ne bascule dans un cycle de violence, le monarque renoue avec les traditions. Mais cela ne suffit pas à freiner l'expansion du christianisme. Sous le règne d'Affonso Ier, successeur de Nzinga a Nkuwu sur le trône, les échanges de toutes sortes s'intensifient entre le Kongo et le Portugal, alors dirigé par le roi Manuel. La première école est érigée à San Salvador en 1509. Lisbonne accueille de plus en plus de jeunes Congolais désireux d'entreprendre des études de théologie. Le *mani Kongo* envoie deux de ses fils, Don Henrique et Don Affonso, au Portugal. Ordonné prêtre après une quinzaine d'années d'études en Europe, notamment au couvent Saint-Éloi des chanoines de Saint-Jean-l'Évangéliste, Don Henrique regagne la terre de ses aïeux en 1521.

Le commerce du « bois d'ébène »

Parallèlement aux changements qui s'opèrent dans le royaume au contact des Portugais, un vaste commerce se développe, alimenté par des produits comme l'or, l'ivoire, le cuivre et autres biens qui prennent le chemin du Portugal en échange de produits d'origine européenne qui commencent à inonder les marchés locaux. Mais une autre marchandise, de plus en plus convoitée, prend également la direction de l'Europe : les esclaves.

Certes, l'esclavage n'est pas un phénomène nouveau dans la région. Le Bassin congolais, comme toute la côte ouest-africaine, connaît son institution. Les esclaves sont classés en plusieurs catégories : ceux qui appartiennent à une maison ou à un lignage (les plus nombreux), les prisonniers de guerre, les esclaves achetés, les débiteurs insolvables et ceux qui ont été contraints de se mettre sous la dépendance d'un « grand ». Dans tous les cas, l'esclave africain est un bien intégré au lignage de son maître, avec lequel il finit toujours par faire corps. Avec le contact européen, le phénomène prend une autre signification. L'esclave devient une marchandise qui sera déportée très loin de sa région et de son continent d'origine.

Au fil des siècles, le trafic négrier, dont les Portugais sont les premiers acteurs en Afrique centrale, va s'organiser et prendre une grande ampleur. Dénommé « commerce triangulaire », tout un système, utilisé par toute l'Europe, est mis en place, qui atteindra son apogée au XVIIIe siècle. Partant de ports européens spécialisés (Saint-Malo, Nantes et Bordeaux en France, Liverpool et Bristol en Angleterre), les navires négriers chargés de produits manufacturés touchent les côtes africaines où ils troquent leurs marchandises contre des esclaves. Puis ils traversent l'océan Atlantique et échangent leur « bois d'ébène » contre du sucre et du rhum. Enfin, ils rentrent en Europe, fermant ainsi le triangle, pour y vendre leur dernière cargaison. Armateurs et capitaines font des bénéfices à chaque escale...

À l'origine, le grand point de traite, sur la côte d'Afrique centrale, est l'île de São Tomé où la culture de la canne à sucre, implantée par les Portugais, est en extension. Malgré la présence de quelques colons qu'ils sont parvenus à attirer sur l'île, les Portugais, qui manquent de main-d'œuvre pour défricher les plantations, ont donc recours aux esclaves. Au départ, c'est un esclavage de plantation qui se met en place. Mais, progressivement, les Portugais développent une sorte de commerce triangulaire dans le golfe de Guinée avec le royaume du Kongo et ses voisins. Ainsi, São Tomé devient, à partir de 1514, le lieu de transit obligatoire des esclaves, qui sont réexportés vers le golfe de Guinée et le Portugal.

Progressivement, d'autres nations européennes, dont la France, prennent part à ce « négoce » odieux qui alimente peu à peu un vaste trafic triangulaire entre l'Afrique, l'Europe et les Amériques. Au fur et à mesure du développement de ce trafic, les circuits commerciaux vont se déplacer à l'intérieur des terres, les zones d'approvisionnement en esclaves se modifier pour s'étendre au centre de la Cuvette congolaise, et les intermédiaires africains de ce commerce vont changer. Sur la côte atlantique d'Afrique centrale, trois sites sont particulièrement actifs dans ce trafic : Loango (Congo), Malimba (actuelle RD Congo) et Cabinda (Angola).

La traite négrière va bouleverser profondément les structures sociales, politiques et économiques des royaumes et des chefferies en place, et, plus généralement, de toutes les sociétés de la région.

Réactions en désordre

Les victimes de la traite réagissent dans le désordre. Tandis qu'une partie de la population s'enfuit dans la forêt, une autre continue à vénérer comme des dieux les rois qui les pourchassent. Dans cette confusion, émergent des mouvements politico-religieux populaires, d'inspiration messianique. Véritables sursauts du sentiment national, ils revendiquent le retour à un royaume du Kongo réunifié et prêchent le boycott des enseignements des prêtres blancs accusés d'avilir l'âme noire. L'un des plus importants est connu sous le nom d'antonien, en référence à Saint-Antoine de Padoue, protecteur traditionnel des mères et des enfants. Il est dirigé par la prophétesse Ndona Béatrice, appelée également Kimpa Vita (*kimpa* : ruse, *vita* : guerre). Élevée à la fois dans la religion catholique et dans les croyances du terroir, devenant même prêtresse du culte de Marinda, Kimpa Vita invente cette nouvelle forme de christianisme pour redonner au royaume une grandeur. Elle connaîtra une fin tragique sur le bûcher. Arrêtée, condamnée à la peine capitale par un tribunal d'exception, cette femme, qualifiée de Jeanne d'Arc africaine, est brûlée vive en 1706.

Le temps de la conquête

En dehors de la traite négrière et de tentatives missionnaires, la plupart malheureuses, le Congo ne fait pas l'objet avant la deuxième moitié du XIXe siècle d'une occupation européenne significative et permanente.

À l'instar des autres futures colonies françaises, l'occupation du Congo puis sa colonisation par la France se feront graduellement. Précédant l'arrivée des militaires et des colons, ce sont d'abord les « explorateurs » qui reconnaissent les territoires des futurs empires coloniaux européens.

Loin d'être un phénomène isolé, la conquête du Congo s'inscrit dans le contexte plus vaste de la compétition entre les puissances européennes en Afrique et, plus particulièrement, entre la France et le roi des Belges, Léopold II. Elle sera ainsi symbolisée et marquée par la rivalité entre Pierre Savorgnan de Brazza, un officier de la Marine française, d'origine italienne, agissant pour le compte de la France, et Henri Morton Stanley, œuvrant pour le compte du roi des Belges. Une course aux territoires, et notamment au bassin du Congo – point de mire de la pénétration économique –, se joue alors entre les deux hommes. Le Congo est, en effet, la voie par laquelle on pense alors pouvoir drainer les richesses de l'Afrique centrale et ouvrir au commerce d'importantes perspectives. L'enjeu est donc important.

La reconnaissance de l'Ogooué et de l'Alima

Pour Pierre Savorgnan de Brazza, l'atteinte du fleuve Congo se fera en deux étapes. Entre 1877 et 1879, Brazza entreprend la reconnaissance de l'Ogooué supérieur, que l'on confondait alors avec le fleuve Congo. Il remonte le fleuve Ogooué, à partir du Gabon, « à la recherche des lacs ou du fleuve par où doit s'écouler la masse d'eau qui tombe sous l'équateur » et pour aider le commerce français à se développer. Puis il commence la descente de la rivière Alima dans la cuvette congolaise. Mais, attaqué par les « Apfourous », nom donné aux Likoubas, il doit rebrousser chemin et rentrer en France. Maîtres de la navigation sur la moyenne et basse Alima et sur le fleuve Congo, les Likoubas redoutaient une concurrence déloyale des Européens, qui risquait de nuire à leur activité économique.

Mais Brazza n'a pas tout perdu. Au cours de ce périple, il s'est, en effet, rendu compte que l'Ogooué est un cours d'eau distinct du Congo et que la liaison entre les deux était possible. C'est au cours de sa deuxième expédition, qu'il effectue entre 1879 et 1882, qu'il atteindra son objectif final. Fin décembre 1879, Brazza repart, depuis Liverpool (Angleterre), au Gabon. Il arrive à Lambaréné en mars 1880 et fonde Francheville (actuelle Franceville) le 13 juin. Puis il se rend dans l'actuel Congo, traversant sans problème le haut plateau qui sépare le bassin de l'Ogooué de celui des rivières tributaires du Congo, dont l'Alima. Il fonde alors Lékéti, la première station créée dans ce qui deviendra le Congo français. Plus tard, alors qu'il descend la rivière Léfini, un envoyé du *makoko* l'invite à rencontrer ce dernier.

Signature de traités

Le 10 septembre 1880, Brazza signe, à Ndoua, près de Mbé, un traité d'alliance avec le *makoko* Iloo Ier, qui abandonne à la France « son territoire et ses droits héréditaires de suprématie ». Il obtient également, le 3 octobre de la même année, des chefs de Ntamo, vassaux du *makoko*, le territoire qui s'étend entre Impila (Mpila) et la rivière Djoué. C'est ainsi que Brazza prend possession du village de Mfoa, où il plante, le 3 octobre 1890, le drapeau français. Il confie la garde des lieux au sergent

Malamine, un laptot qu'il avait ramené du Sénégal. Celui-ci ne se laissera pas intimider par l'explorateur Henri Morton Stanley installé de l'autre côté du Pool, qui tentera avec des soldats de s'emparer de la rive droite du Pool pour le compte de Léopold II, roi de Belgique. En juillet 1881, la petite station est baptisée Brazzaville, du nom de son fondateur. En 1984, les fondations de Brazzaville sont jetées sur un nouveau site, près du fleuve, à l'ouest de Mfoa. Les cases et les plantations qui occupent le terrain convoité sont cédées aux Français contre une modeste indemnité.

Dans un déchaînement passionnel, le Parlement français ratifie, le 22 novembre 1882, les traités « makoko ». Ces traités marqueront le déclin du royaume des *makoko* et déstabiliseront toutes les autres structures traditionnelles d'Afrique centrale. En 1883, le roi Makosa Ma Nsangu (1879-1885) accueille le lieutenant de vaisseau français Cordier envoyé par Savorgnan de Brazza. Ils signent tous deux un traité qui place le royaume sous la souveraineté et le protectorat de la France.

Création de missions catholiques

À partir de 1883, plusieurs missions catholiques sont fondées, dont celle de Linzolo créée par le père spiritain Prosper Augouard, et celle de Loango instituée en 1884 par le père Hippolyte Carrie, un missionnaire français de la Congrégation du Saint-Esprit. Un peu plus tard, Mgr Augouard établira trois autres missions catholiques sur la rive gauche de l'Alima (dans la Cuvette-Ouest et la Cuvette) : Sainte-Marie de Lékéty (Haute-Alima) en 1897, Sainte-Radegonde de Tsambitso, à 7 km d'Oyo (Basse-Alima) en 1898, puis Saint-François-Xavier de Boundji (Moyenne-Alima) en 1900. Ne subsistera que cette mission qui donnera naissance à la ville de Boundji où écoles et internats seront construits.

Avec le développement de la colonisation, les rois de Loango perdent une bonne partie de leurs prérogatives. L'un d'entre eux, Moe Pwati II, est même destitué en 1926 pour avoir rétabli une épreuve par le poison (ordalie) dans la justice coutumière.

Jusqu'en 1883, les quelques possessions françaises d'Afrique équatoriale sont placées sous l'autorité d'un commandant militaire (chargé des établissements français du golfe de Guinée).

L'Ouest africain

Le 11 janvier 1983, Brazza est nommé lieutenant de vaisseau et reçoit le titre de « commissaire général de la République française dans l'Ouest africain ». La Mission de l'Ouest africain (MOA) est une mission civile. Elle se veut pacifique, commerciale, scientifique et humanitaire. Mais elle est aussi politique, Brazza « devant jeter les bases de l'établissement de la France ». Pendant de longs mois, il va s'agir d'organiser les postes le long de l'Ogooué, jusqu'à Brazzaville et de s'assurer aussi un débouché vers la mer.

Sur le terrain, « l'Ouest africain » de Savorgnan de Brazza est un puzzle incomplet de terres placées sous le protectorat français par les traités avec des rois africains (Téké, Loango) et de régions entières quasi inexplorées et souvent occupées par des populations réfractaires à l'occupation étrangère.

La Conférence de Berlin

Il restait à ratifier officiellement toutes ces parts du butin africain ; c'est l'œuvre de la Conférence de Berlin (1884-1885) qui réunit les représentants de quatorze pays européens et des États-Unis, sous l'égide du chancelier allemand Bismarck.

Aucun dignitaire africain signataire d'un traité avec des Européens n'est invité. La conférence reconnaît les droits de la France sur la rive droite du Congo.

En même temps qu'il entérine le partage de l'Afrique entre grandes puissances européennes, ce congrès établit un nouveau principe : par « l'occupation effective », les États occidentaux n'ont plus besoin de signer des traités pour devenir propriétaires de territoires en Afrique.

Ayant ainsi les mains libres, les grandes puissances vont redoubler d'efforts pour conquérir de nouvelles terres, mais aussi pour organiser celles dont elles se croient propriétaires. En effet, beaucoup de territoires ne sont acquis que sur la carte et leurs frontières restent imprécises.

Pour Brazza, il s'agira d'unifier les territoires acquis et de limiter avec précision la frontière entre Congo français et Congo belge. Plusieurs expéditions dans le nord-ouest du Congo français et du Cameroun vont également fixer les territoires respectifs des possessions allemandes et françaises. Enfin, Brazza va essayer de réaliser sa grande idée : conquérir le Tchad et le Haut-Nil, ce qui permettrait à la France d'être maîtresse d'une gigantesque plaque tournante de communications en Afrique.

Le Congo français

Le 27 avril 1886, un décret nomme Pierre Savorgnan de Brazza « commissaire général du gouvernement », confiant à ce dernier la direction des possessions françaises que les actes de la Conférence de Berlin ont consacrées dans les bassins du Congo, du Niari-Kouilou et de l'Ogooué. Le Congo et le Gabon dépendent du ministère de la Marine et des Colonies. Brazza rejoint son poste à Libreville en février 1887.

Par le décret du 11 décembre 1888 qui donne les pleins pouvoirs au commissaire général, le Gabon et le Congo sont fusionnés administrativement et budgétairement en une seule colonie dont le chef-lieu est Libreville, fondée en 1849. Trois ans plus tard, un décret du 30 avril 1891 change le nom de la colonie du Gabon et du Congo en celui de Congo français.

La pénétration du Congo

Fort de ses pouvoirs, Brazza met en pratique son plan d'action et organise plusieurs missions de conquête de l'intérieur du Congo français. L'un de ses objectifs – et l'une de ses obsessions – sera la conquête de la Haute-Sangha. Les résultats de cette conquête seront essentiellement la découverte de cours d'eau, de nouvelles voies de communication, la création de postes administratifs et autres centres, la signature de traités avec des chefs locaux et l'installation de factoreries. Dans la Haute Sangha, le poste de Ouesso est créé en février 1894.

La pénétration/conquête française du Congo ne s'est pas accomplie sans heurts et sans violences. Les réactions des populations sont diverses, allant de l'acceptation passive aux révoltes et rébellions, fuites et résistances parfois armées, qui seront suivies de répressions violentes du côté français, en forme de représailles.

En 1887, par exemple, Gaillard, un agent de Brazza, est blessé au cours d'une reconnaissance de la Sangha ; l'expédition de Foureau dans le nord du Congo est stoppée après une embuscade tendue par les peuples de l'Oubangui ; Crampel, le propre secrétaire de Brazza, périt avec toute sa mission, en 1890, lorsqu'il se heurte aux Sénoussis sur les territoires du Tchad et de l'Oubangui.

Statue et mémorial de Pierre Savorgnan de Brazza, à Brazzaville. © MDMM.

Plaque figurant sur la stèle. © MDMM.

Stèle commémorant la création du poste de Ouesso en 1891 (Sangha). © MDMM.

L'expansion territoriale

C'est à partir du Congo que s'est faite l'expansion française vers le Tchad et le bassin du Nil. Plusieurs expéditions s'y emploieront, en particulier la Mission Congo-Nil conduite par le capitaine Marchand, qui débarque à Loango en juin 1896. Après quelques échauffourées avec les populations du Niari et de nombreux problèmes logistiques à résoudre pour transporter armes et bagages à travers le pays, la mission remonte le fleuve Congo sur une baleinière démontable, puis l'Oubangui, et atteint enfin le cours supérieur du Nil Blanc en juillet 1898.

En prenant possession du fort de Fachoda, les Français commencent en août par combattre les populations du Haut-Nil. Après les avoir défaites, ils voient apparaître les troupes britanniques conduites par Kitchener qui vient de prendre possession du territoire de l'actuel Soudan en battant les Mahdistes. L'affrontement entre les deux puissances impérialistes paraît inévitable. Craignant de voir cette lointaine bataille dégénérer en une guerre mondiale, le gouvernement français donne à la mission Marchand l'ordre de se replier le 7 décembre 1898. Ce qu'elle fait non en rebroussant chemin mais en gagnant Djibouti via l'Éthiopie. Dans l'opinion française, cette décision suscite la consternation et fait le jeu des mouvements politiques les plus réactionnaires.

Après Marchand, d'autres colonnes militaires françaises essaieront de suivre la vieille idée de Brazza et de prendre pied au Tchad. Le prétexte leur sera fourni lorsque le conquérant Rabah se taille un empire au Tchad dans les années 1880 et contrarie les visées coloniales françaises. Trois colonnes, celle de Joalland et Meynier, celle de Foureau et Lamy et celle de Gentil, lui donnent la chasse et le battent à Kousséri, à l'ouest du lac Tchad, en 1900.

La cendrillon des colonies françaises

La mise en exploitation du Congo français se révélera un échec. Développant l'idée qu'une colonie ne doit rien lui coûter, la métropole n'y investit aucun argent afin d'y créer des routes, des chemins de fer, des équipements sociaux, des commerces ou des industries. La pauvreté est telle qu'on a surnommé le Congo la « Cendrillon des colonies françaises » ! Pire, la France se désengage complètement en octroyant à des sociétés privées des privilèges exorbitants : les « concessions », tristement célèbres. Malgré ses projets tels que la construction d'une voie ferrée, Brazza ne réussit pas à convaincre le gouvernement. Fortement attaqué sur la gestion de la colonie, il est mis en disponibilité le 14 janvier 1898.

Le régime des concessions est introduit de façon massive à partir 1899 au Congo français. De vastes territoires sont ainsi concédés, de mars à juillet 1899, à une quarantaine de sociétés privées. C'est principalement la partie septentrionale du Congo qui est soumise au grand concessionnat. L'État français se réserve quelques zones, notamment minières, pour y appliquer le petit concessionnat.

Les obligations des sociétés concessionnaires sont fixées dans quatre décrets publiés entre le 8 février et le 28 mars 1899. L'État français conserve le monopole foncier. Les sociétés concessionnaires bénéficient, pour une période de 30 ans, d'un droit de jouissance et d'exploitation sur les territoires concédés, leur permettant d'inventorier et d'exploiter les richesses de la forêt, de créer des activités industrielles et de commercialiser les produits sauf d'éventuelles ressources minérales. En échange du monopole de l'exploitation, elles paient une redevance annuelle à l'État et un pourcentage de 15 % sur les bénéfices.

Parmi ces sociétés concessionnaires figurent entre autres la Société de l'Afrique française, la Compagnie de la Ngoko-Sangha,

LE MOYEN-CONGO ENTRE 1911 ET 1914

À la suite de l'accord franco-allemand du 4 novembre 1911, les Allemands avaient obtenu l'accès au fleuve Congo, en échange de la liberté d'action de la France au Maroc. Ainsi leur était revenu tout le bassin de la Sangha, sauf le cours supérieur de la rivière Likouala-aux-Herbes. Soit une bande de territoire, en forme de triangle allongé, de 100 à 250 km de large, s'étendant entre Ouesso, Bonga, sise au bord du fleuve Congo, et Berandjokou, situé dans l'extrême nord de l'actuel département de la Likouala. À cela s'ajoutait une partie de l'actuelle Sangha, notamment les districts de Ngbala, Souanké et Sembé.

Autant de régions soustraites au territoire du Moyen-Congo, que les Français vont chercher à récupérer. La Première Guerre mondiale (1914-1918), qui les oppose aux Allemands, va leur donner l'occasion de reprendre et/ou de conquérir des territoires en Afrique. Au prix de combats souvent féroces, auxquels prendront part les « tirailleurs indigènes ». Au Moyen-Congo, après avoir perdu, fin août 1914, la bataille de M'Birou (Sangha) contre les Allemands, les Français, aidés des Belges du Congo belge, lancent une grande offensive. Le 29 octobre, le poste de N'Zimou, situé au nord de Ouesso, tombe, définitivement perdu pour les Allemands tandis que la colonne Morisson enlève les postes de Zinga, M'Baïki, Bania, Carnot. À la fin octobre, tous les territoires de la Sangha étaient redevenus français. Plus rien n'arrêta alors les Français et les Belges qui se rendirent maîtres de la vallée de la Sangha avant de s'élancer vers Yaoundé.

la Compagnie des produits de la Sangha, la Compagnie française du Congo, la Société de l'Ibenga, la Compagnie forestière Sangha-Oubangui, ainsi que la Compagnie française du Haut-Congo et l'Alimaïenne qui fusionneront pour devenir la Compagnie française du Haut et du Bas-Congo (CFHBC) des frères Tréchot.

Quelque 665 000 km² de terres arables, de forêts et de plantations deviennent une zone de non-droit. Loin d'investir et d'organiser la production, les compagnies concessionnaires se sont contentées d'organiser la cueillette de produits naturels (caoutchouc, ivoire, copal, noix de palme, peaux de bêtes). Le système repose sur le travail forcé (portage, corvées), la fourniture obligatoire de produits de traite, et les réquisitions autoritaires de main-d'œuvre auprès des chefs de village ou de tribus, ainsi que sur la généralisation de l'impôt de capitation. Toute résistance est sanctionnée par les pires abus (exécutions sommaires, mauvais traitements, prises d'otages dans les familles).

Les excès des sociétés concessionnaires indigneront en France l'opinion publique et provoqueront la venue, en 1905, d'une commission d'enquête, dirigée par Brazza. Reste qu'aucune mesure concrète n'est vraiment prise. Le bilan des sociétés concessionnaires sera d'autant plus négatif que, se contentant des produits de ramassage, elles investiront très peu. Elles ne créeront ni infrastructure ni appareil de production, retardant ainsi le développement du Congo. Seule la CFHBC des frères Tréchot passe pour avoir effectivement mis en valeur son domaine. Elle s'y maintiendra jusqu'en 1965.

Le Moyen-Congo et l'AEF

Au début du XXe siècle, l'ensemble colonial français en Afrique équatoriale est nommé « Congo français ». Suite au décret du 29 décembre 1903, il se compose de quatre territoires (Gabon, Moyen-Congo, Oubangui-Chari et Tchad), qui auront chacun leur autonomie administrative et financière le 11 février 1906. Le 26 juin 1908, le commissariat général du Congo français est érigé en gouvernement général. Puis, par le décret du

15 janvier 1910, sur le modèle de l'Afrique occidentale française (AOF) érigée en 1895, est créée l'Afrique équatoriale française (AEF), qui comprend le Gabon, le Moyen-Congo, l'Oubangui-Chari et le Tchad. La capitale du gouvernement général de l'AEF est fixée à Brazzaville où s'installe donc le Gouverneur général.

En 1910, le nombre de compagnies concessionnaires est réduit et leur statut modifié. Néanmoins, malgré ces mesures, l'économie de traite et de pillage demeure en place et conserve tous ses caractères. Ainsi, les quelques droits conférés aux travailleurs se heurtent aux mesures arbitraires des grandes sociétés privées.

Au cours de la guerre de 1914-1918, quelques contingents d'Africains sont envoyés sur le front, tandis que les rares grands projets prévus pour le Congo sont arrêtés, en particulier le chantier du chemin de fer Congo-Océan (CFCO). C'est durant cette guerre que la France récupère, entre autres, la vallée de la Sangha, qui avait été donnée en 1911 à l'Allemagne, alors puissance coloniale du Cameroun, suite à la crise marocaine.

En 1919, l'ancienne colonie allemande du Cameroun est placée sous protectorat français par la Société des Nations. Parfois assimilée à l'AEF, elle jouit en fait d'un statut spécial (commissariat autonome) qui la distingue de la fédération proprement dite.

CFCO et port de Pointe-Noire

Les pratiques de travail forcé atteindront leur point culminant lorsque le chemin de fer Congo-Océan (CFCO) reliant Pointe-Noire à Brazzaville sera mis en construction. Le premier coup de pioche du CFCO est donné en février 1921 par l'épouse du Gouverneur général Augagneur. Mais il faudra encore plusieurs mois pour décider à quel endroit le train, partant de Brazzaville,

LA GRANDE HURLE

« J'ai vu construire des chemins de fer, on rencontrait du matériel sur les chantiers. Ici que du nègre ! Le nègre remplaçait la machine, le camion, la grue ; pourquoi pas l'explosif aussi ? Pour porter les barils de ciment de cent trois kilos "les Batignolles" n'avaient pour tout matériel qu'un bâton et la tête de deux nègres ! [...] J'arrivai au sentier de fer. La glaise était une terre anthropométrique ; on n'y voyait que des empreintes de doigts de pied. Là, trois cents nègres des Batignolles frappaient des rochers à coups de marteau. C'était la grande hurle. Des capitas transmettaient des ordres idiots avec fureur [...] le tout scandé des ordinaires "Allez ! Saras, allez !" [...] Les capitas et les miliciens tapaient sur les Saras à tour de bras. Et les Saras, comme par réflexe, tapaient alors sur les rochers ! [...] Les Saras me regardaient avec des yeux de chiens souffrants comme si je leur apportais de l'huile pour adoucir les brûlures de leur dos ! [...] Épuisés, maltraités par les capitas, loin de toute surveillance européenne, blessés, amaigris, désolés, les nègres mouraient en masse. [...]

C'était la grande fonte des nègres ! [...] D'Ouesso sur la Sangha, cent soixante-quatorze hommes furent mis en route. Quatre-vingt arrivèrent à Brazzaville, soixante-neuf sur le chantier. Trois mois après, il en restait trente-six. »

Source : Albert Londres, *Terre d'ébène (La traite des Noirs)*, Paris, Albin Michel, 1929, p. 234-246.

aboutira sur la côte atlantique. Pas moins de dix tracés seront proposés. Finalement, le terminus est fixé à Pointe-Noire, où un grand port moderne sera à son tour construit à partir de 1934, année de l'inauguration, en grande pompe, du CFCO.

Plus de 150 000 Africains déportés de tous les coins de l'AEF, et plus particulièrement des Saras du Tchad, travailleront à la réalisation du CFCO dans des conditions souvent terribles, au point qu'un grand nombre d'entre eux mourront. Des conditions de travail que décrira, avec beaucoup de réalisme, Albert Londres dans *Terre d'ébène*.

Ces abus de toutes sortes sont également dénoncés par certains intellectuels français comme André Gide. Lors d'un voyage au Congo français en 1925-1926, André Gide témoigne du régime de terreur appliqué aux « indigènes » (assassinats, bastonnades, emprisonnements arbitraires) qu'il consignera dans son ouvrage *Voyage au Congo*.

Jusqu'à la Seconde Guerre mondiale, l'économie de l'AEF se développe très lentement. Le caoutchouc et l'ivoire en déclin sont remplacés par la culture du coton, des palmistes, du café et du cacao, tandis que l'exploitation du bois d'okoumé, dans la partie sud du pays, connaît un grand essor.

L'AEF se rallie à de Gaulle

Lors de l'armistice de juin 1940, les colonies françaises sont tiraillées entre deux camps : Vichy et le maréchal Pétain ou le général de Gaulle et la France libre. Se rendant en Afrique, de Gaulle obtient le ralliement de toute l'AEF, grâce à Félix Éboué, Gouverneur du Tchad, qui rallie le Tchad à de Gaulle. Le 28 août 1940 les partisans de la Résistance s'emparent de Brazzaville par la force des armes.

Félix Éboué est nommé Gouverneur général de l'AEF par de Gaulle, le 12 novembre 1940, avec résidence à Brazzaville où il arrive ce même mois. S'installant à Brazzaville, qui devient symboliquement sinon officiellement la capitale de la France libre, Éboué s'attache à lever des troupes coloniales qui s'illustreront sur les champs de bataille d'Afrique du Nord sous le commandement du général Leclerc.

Pour les populations locales, les années de guerre sont difficiles : recrutement de soldats, efforts de production, perquisitions de vivres pour nourrir les troupes, durcissement des conditions d'imposition, multiplication des contributions obligatoires... Les ponctions de toutes sortes s'alourdissent.

En même temps, Félix Éboué, qui est le descendant d'esclaves affranchis en Guyane française, songe à l'avenir de tous ces peuples noirs qu'il administre. Le 8 novembre 1941, il rédige une célèbre circulaire dans laquelle il trace les grandes lignes d'une nouvelle politique coloniale caractérisée par le souhait d'associer les populations autochtones à la vie politique et de revaloriser les structures traditionnelles. Ainsi, les Africains doivent être traités comme des personnes respectables, profiter du progrès pour améliorer leur niveau de vie et se voir confier des responsabilités dans la société sans pour autant renier leur culture et leurs traditions.

Passant à l'action, le Gouverneur général amène une certaine prospérité économique en développant une agriculture diversifiée, des industries et de nouveaux circuits commerciaux. Il crée également un Office du travail indigène – en ébauchant

---

LE MATSOUANISME

Le mécontentement suscité par la place de strapontin laissée aux Congolais dans la gestion de la colonie, va donner naissance à de multiples mouvements de résistance, dont le matsouanisme, qui prend vite un caractère messianique. Son nom vient d'André Matsoua, un fonctionnaire qui crée, en 1926 à Paris, la « Société Amicale des originaires de l'AEF ». Dès qu'elle veut recruter au Congo, l'amicale se heurte à la répression de l'administration française. Soutenue par les gens de Brazzaville et du Pool, elle prend l'allure d'un mouvement politique de résistance très forte à l'administration. Traduit deux fois en justice, Matsoua devient un martyr, en l'honneur duquel s'édifie un culte et dont se réclameront par la suite plusieurs prophètes et hommes politiques.

un Code du travail – et un Office immobilier indigène. Il met au point un statut pour les notables africains « évolués ».

La Conférence de Brazzaville

Les idées de Félix Éboué inspirent la future Conférence de Brazzaville qui est organisée à l'instigation du général de Gaulle, en janvier-février 1944, à la fin de la guerre, dans la « capitale de la France libre ». Les historiens ont vu dans cette importante réunion les premiers pas de la décolonisation. Des premiers pas plutôt timides mais sans équivoque. Cette conférence réunit les responsables français de la colonisation, sous l'autorité de Charles de Gaulle, René Pleven et Félix Éboué. Mais aucun Africain n'y est invité.

Dans son discours, le général de Gaulle souligne notamment à l'adresse des gouverneurs rassemblés à Brazzaville : « Vous étudierez ici, pour les soumettre au gouvernement, quelles conditions morales, sociales, politiques, économiques et autres vous paraissent devoir être progressivement appliquées dans chacun de nos territoires pour que, par leur développement même et le progrès de leur population, ils s'intègrent dans la communauté française avec leur personnalité, leurs intérêts, leurs aspirations, leur avenir. » Et le général d'ajouter : « Il appartient à la nation française et il n'appartient qu'à elle de procéder, le moment venu, aux réformes impériales de structure qu'elle décidera dans sa souveraineté. »

La Communauté française

Il n'est donc pas question d'indépendance, mais d'intégration dans une Communauté française où le sort des « indigènes » serait amélioré. Ainsi, des mesures doivent être prises dans les

Bâtisse coloniale, à Dolisie (Niari). © MDMM.

Fresque représentant de Gaulle et Félix Éboué en 1940 à Brazzaville (dans la commune de Bacongo). © MDMM.

domaines du travail (durée, repos hebdomadaire, régime de retraite), de l'éducation (scolarisation), de la santé (médecins et soins pour tous), de l'agriculture et de l'industrie qu'il s'agissait de développer et de moderniser, etc.

Si la Conférence déclare clairement que « la constitution éventuelle, même lointaine, de *self governement* dans les colonies est à écarter », le changement est toutefois à l'ordre du jour. Plusieurs réformes évoquées vont en effet voir le jour au cours des dix ou quinze années suivantes : droit de vote des Africains, représentations des territoires d'outre-mer dans les Assemblées françaises, abolition des statuts spéciaux et discriminatoires, promotion sociale et culturelle, avec création de collèges et de lycées, de cercles culturels et de la célèbre revue *Liaisons* dans laquelle les écrivains africains vont faire leurs premiers pas.

La marche vers l'indépendance

L'indépendance du Congo sera le produit de deux logiques autonomes : celle de la colonisation amenée à se réformer et celle des groupes sociaux africains hostiles au principe même de la colonisation ou mécontents de la place que celle-ci leur réserve.

Naissance des partis politiques

Après-guerre, les premiers mouvements politiques africains vont s'organiser et, en octobre 1946, sera créé à Bamako le Rassemblement démocratique africain (RDA), présidé par Félix Houphouët-Boigny (Côte d'Ivoire) et dont un des vice-présidents est Jean-Félix Tchicaya, instituteur originaire de Pointe-Noire (Moyen-Congo).

Au Congo, outre les syndicats qui joueront un rôle important, trois grands partis figurent parmi les forces politiques en présence : le Parti progressiste congolais (PPC) de Jean-Félix Tchicaya, le Mouvement socialiste africain (MSA) de Jacques Opangault, affilié à la Section française de l'Internationale ouvrière (SFIO), tous deux proches des socialistes français, et l'Union démocratique de défense des intérêts africains (UDDIA), créée le 17 mai 1956 par l'abbé Fulbert Youlou, qui réussit à la faire reconnaître comme section du RDA aux dépens du PPC.

L'Union française

Ces nouveaux hommes politiques africains (encore en petit nombre par rapport à leurs collègues français : 9 sur 586 députés) siègent aux deux Assemblées constituantes chargées d'élaborer la Constitution de 1946, d'où naîtra l'Union française.

Au sein de cette Union, les colonies, devenues des Territoires d'outre-mer, sont dirigées par des Assemblées territoriales. Devenus citoyens français, les Africains peuvent élire des représentants à l'Assemblée nationale, à Paris, et au Conseil de la République. Toutefois, le vote de l'électorat africain est limité par le système du « double collège ».

Le 23 juin 1956, un nouveau pas est fait en direction de l'indépendance avec la loi-cadre de Gaston Defferre. Elle donne le droit de vote à tous les citoyens africains sans restriction et institue des Conseils de gouvernement élus par les Assemblées territoriales. Si ces conseils, élus en mars et mis en place en avril-mai 1957, donnent à une centaine de notables africains l'occasion d'apprendre le métier de ministre, ils n'entament guère les pouvoirs des chefs de territoire (gouverneurs) nommés par Paris et responsables uniquement devant le ministre de la France d'outre-mer.

Au Congo, les élections territoriales sont très disputées entre le MSA (23 députés) et l'UDDIA (22). En mai 1957, Jacques Opangault est élu chef de gouvernement sous le titre de « vice-président du conseil gouvernemental ».

Revenu au pouvoir en 1958, de Gaulle entame une grande tournée africaine, avant de faire voter la Constitution de 1958. À cette occasion, il prononce cette phrase historique : « L'indépendance, quiconque la voudra pourra la prendre aussitôt ! » Le Congo répond « oui » à 99,15 % au référendum sur la Constitution de la Ve République instituant la Communauté.

Statue de
Fulbert Youlou,
placée devant
la mairie centrale
de Brazzaville.
© MDMM.

Denis Sassou N'Guesso et Jacob Zuma lors du 25e anniversaire du protocole de Brazzaville en février 2014. © MDMM.

Le Congo indépendant

L'accession à l'indépendance

Après le succès du référendum du 28 septembre 1958 (seule la Guinée de Sékou Touré dira non à de Gaulle), les Territoires d'outre-mer sont abolis, de même que l'Afrique équatoriale française (AEF). Le Gabon, le Congo, le Tchad et l'Oubangui – aujourd'hui République centrafricaine (RCA) – deviennent des Républiques associées à la Communauté française.

Au Congo, l'Assemblée territoriale opte, le 28 novembre 1958, pour le statut d'État membre de la Communauté, proclame la République du Congo et s'érige en Assemblée constituante. À l'unanimité des 23 députés, l'abbé Fulbert Youlou est porté à la tête d'un gouvernement provisoire. Le 8 décembre, il devient officiellement Premier ministre et chef du gouvernement. Dénonçant cette élection, qu'ils considèrent comme truquée, et le transfert de l'Assemblée territoriale à Brazzaville, qu'ils qualifient de coup d'État constitutionnel, les militants du Mouvement socialiste africain (MSA) réclament l'organisation de nouvelles élections partielles ou nationales. Youlou, leader de l'Union démocratique de défense des intérêts africains (UDDIA), s'y oppose.

Les tensions nées de cette situation politique déboucheront les 17, 18 et 19 février 1959 sur des violences opposant, à Brazzaville, des populations de Bacongo à celles de Poto-Poto. Le bilan est très lourd : plusieurs centaines de morts et de blessés.

Ces massacres marquent la naissance d'une radicalisation entre communautés mbochies et laries.

Après les élections législatives de juin 1959, qui enregistrent la victoire de l'UDDIA, l'Assemblée devient « nationale ». Elle reconduit Youlou dans ses fonctions de Premier ministre puis, le 21 novembre, l'élit président de la République du Congo.

Un président en soutane

En 1960, la plupart des États d'Afrique francophone accèdent à l'indépendance. Partout on fête les « soleils des indépendances », comme l'écrira l'écrivain ivoirien Ahmadou Kourouma.

Capitale du Congo indépendant, Brazzaville pavoise et célèbre dans la liesse ce jour tant attendu, le 15 août 1960. Le 2 mars 1961, une nouvelle constitution est adoptée qui consacre le régime présidentiel. Le président de la République, chef de l'État, est élu pour cinq ans au suffrage universel direct. Il est rééligible. L'élection a lieu au scrutin uninominal majoritaire à un tour.

À l'élection présidentielle du 26 mars 1961, l'abbé Fulbert Youlou est réélu à la tête du pays avec 97,56 % des voix. Il n'y restera que trois ans.

Partisan du libéralisme économique, le nouveau président s'efforce de relancer les activités en faisant appel aux capitaux privés, notamment étrangers, auxquels le code des investissements promulgué en juin 1961 et modifié en septembre 1962 accorde facilités et garanties. En politique extérieure, Youlou reste très lié à l'ancienne puissance coloniale et se range du côté de l'Occident contre le monde communiste. Il soutient ainsi la sécession de Moïse Tshombe hors du Congo-Léopoldville et affiche ses sympathies pour le dictateur portugais Salazar, qui mène une guerre dure contre les nationalistes des colonies portugaises (Angola, Guinée-Bissau et Mozambique).

Les premiers pas du monopartisme

Sur le plan politique, le régime évolue peu à peu vers l'autoritarisme. En 1962, le président Fulbert Youlou décide d'abolir le système démocratique en vigueur au Congo, en lançant le projet de création d'un parti unique, qui regrouperait les trois formations politiques existantes (MSA, UDDIA-RDA, PPC), mais dans lequel l'UDDIA-RDA se réserverait 75 % des postes de direction. Le 13 avril 1963, l'Assemblée adopte le monopartisme.

C'était compter sans les syndicats congolais : la Confédération africaine des travailleurs croyants, la Confédération générale africaine du travail et la Confédération congolaise des syndicats libres. Très actifs, les syndicats s'interrogent notamment sur la place qui serait faite au mouvement syndical au sein de ce parti unique. Le mécontentement grandit et malgré leurs divergences, les syndicats font front.

Le 6 août 1963, le président Youlou engage l'épreuve de force (interdiction des réunions publiques, suppression du droit de grève). Certains syndicalistes sont arrêtés à la suite de la publication, le 15 juillet 1963, d'une déclaration qualifiée de « véritable petite charte du syndicalisme révolutionnaire ».

Les Trois Glorieuses

La réaction ne se fait pas attendre. Des syndicalistes et des jeunesses protestantes et catholiques, auxquels se ralliera l'armée le dernier jour de l'insurrection, descendent dans la rue, contraignant le président Fulbert Youlou à démissionner après trois

QUI ÉTAIT FULBERT YOULOU ?

Youlou est né le 9 juin 1917 à Madibou (Pool). À l'âge de neuf ans, il est baptisé et reçoit le prénom de Fulbert. En 1929, il entre au Petit Séminaire de Brazzaville puis il est envoyé à Akono (Cameroun), pour y terminer ses études secondaires. Il intègre ensuite le Grand Séminaire de Yaoundé où il fait la connaissance de Barthélémy Boganda (Centrafrique). Revenu au pays, il enseigne un temps au Séminaire de Mbamou avant de se rendre à Libreville terminer ses études de théologie. Il achève son cycle d'études à Brazzaville. Le 9 juin 1946, il est ordonné prêtre. Il est affecté à la paroisse Saint-François de Brazzaville où il exerce pendant une dizaine d'années.

Dès 1955, il se lance en politique. Il se présente aux élections législatives mais sans succès. Il sera suspendu *a divinis*, avec notamment l'interdiction de dire la messe, après que son supérieur hiérarchique, Mgr Bernard, s'est opposé au dépôt de sa candidature aux élections à l'Assemblée territoriale du Moyen-Congo. En mai 1956, il fonde le parti de l'UDDIA et, en novembre, il est élu à la mairie de Brazzaville, puis conseiller territorial du district de Djoué, en 1957. En novembre 1958, Fulbert Youlou succède à Opangault, à la présidence du Conseil de gouvernement, et décide le transfert de la capitale congolaise à Brazzaville. Le 21 novembre 1959, il est élu président de la République du Congo et réélu en 1961. Après son éviction du pouvoir, il est arrêté et incarcéré, mais il s'évade. Il s'exile en RD Congo, en France et en Espagne, où il meurt le 5 mai 1972. Il repose dans son village natal de Madibou.

jours d'émeutes, les 13, 14 et 15 août 1963, devenus les « Trois Glorieuses ». Le bilan est de trois morts (« martyrs de la révolution »). Youlou est interné dans un camp militaire puis au camp de gendarmerie du « Djoué » dont il s'évadera en mars 1965 pour se réfugier au Congo voisin. Il est condamné à la peine capitale par contumace en juin de la même année.

Le socialisme de Massamba-Débat

Le 16 août 1963, au lendemain de la démission de Youlou, l'armée fait appel à l'ancien président de l'Assemblée nationale et ancien ministre du Plan, Alphonse Massamba-Débat, qui est promu Premier ministre. La nouvelle Constitution, adoptée par référendum le 8 décembre 1963 avec 84,95 % des suffrages exprimés, institue un Conseil national de la Révolution (CNR) et proclame le « caractère républicain, laïc, démocratique et social de l'État ».

Candidat unique à l'élection présidentielle du 19 décembre 1963, Alphonse Massamba-Débat est élu président de la République au suffrage indirect. Pascal Lissouba devient Premier ministre. Après sa démission en avril 1966, il sera remplacé par Ambroise Édouard Noumazalaye.

Création du MNR

Massamba-Débat oriente le pays dans la voie du socialisme scientifique, instaure le parti unique, avec la création, par une loi du 20 juillet 1964, du Mouvement national de la révolution (MNR), dont il est le secrétaire général. Selon Massamba-Débat, le parti unique est le seul moyen pour assurer l'unité et la cohésion nationales des jeunes États, consolider l'autorité de leurs institutions et raffermir l'autorité du pouvoir et le prestige de l'État. Dans le sillage du MNR, plusieurs organisations de masse voient le jour : la JMNR (Jeunesse du MNR) en août ; la Confédération syndicale congolaise, regroupant les trois anciens syndicats, en novembre ; l'Union révolutionnaire des femmes du Congo, en mars 1965 ; et le Mouvement national des Pionniers en septembre de la même année. Les forces armées sont rebaptisées Armée populaire nationale le 22 juin 1966.

Sur le plan économique, Massamba-Débat opte pour le développement non capitaliste, combinant un « socialisme adapté aux réalités du pays » et laissant une large initiative au secteur privé.

Rapprochement avec les pays socialistes

Parallèlement à la réorganisation interne de l'État et de l'économie, les nouveaux dirigeants procèdent à une révision des relations du Congo avec le monde extérieur dans le sens d'une très large ouverture vers les pays s'inspirant du socialisme comme modèle de développement. Ainsi, le Congo établit des relations avec la Chine populaire (22 février 1964), l'URSS (18 mars 1964), la Tchécoslovaquie (23 mars 1964) et le Vietnam du Nord (31 août 1964). Dans le même temps, il rompt ses relations diplomatiques avec la Chine nationaliste (17 avril 1964), la Corée du Sud (11 mai 1965), les États-Unis d'Amérique (13 août 1965) ainsi que la Grande-Bretagne et le Portugal (16 août 1965).

Massamba-Débat apporte également un soutien au Mouvement pour la libération de l'Angola (MPLA) d'Agostinho Neto dans sa lutte contre le Portugal et pour l'indépendance de l'Angola. Au plan international, son action mènera à la reconnaissance par l'ONU du MPLA comme mouvement de libération et se traduira par diverses initiatives au sein de l'Organisation de l'Unité africaine (OUA) pour tenter de réconcilier les différentes formations angolaises – MPLA, Unita (Union nationale pour l'indépendance totale de l'Angola) et FNLA (Front national de libération de l'Angola).

La fin du régime de Massamba-Débat est marquée par des crises. Alors que la classe politique conteste de plus en plus ses décisions, Massamba-Débat fait arrêter le capitaine Marien Ngouabi et le lieutenant Eyabo pour activisme politique trop prononcé. Ngouabi est libéré par un détachement de para-commandos.

Entre le 31 juillet et le 4 août 1968, l'armée dépose Massamba-Débat, pour le rappeler quelques jours plus tard. Après une journée de consultations, Massamba-Débat forme un gouvernement provisoire de 13 membres.

ALPHONSE MASSAMBA-DÉBAT

Alphonse Massamba-Débat est né en 1921 à Nkolo, dans le district de Boko (Pool). Formé d'abord dans une école protestante, il poursuit ses études à l'école primaire supérieure de Brazzaville puis à l'école des cadres de l'AEF. Il sert comme instituteur puis comme directeur d'école au Moyen-Congo avant de partir pour le Tchad, où il enseigne de 1945 à 1948. C'est durant son séjour dans ce pays qu'il devient secrétaire général de l'Association des écoliers du Tchad et membre du Parti progressiste tchadien (section du Rassemblement démocratique africain-RDA). Rentré au Congo en 1947, il s'engage aux côtés de Jean-Félix Tchicaya, fondateur du Parti progressiste congolais (PPC, section RDA), puis adhère à l'UDDIA.

Après la victoire de l'UDDIA aux élections de 1957, il devient secrétaire du ministère de l'Éducation. En 1959, il est élu député et président de l'Assemblée nationale. En 1961, le président Youlou l'appelle aux fonctions de ministre sans portefeuille puis de ministre du Plan. Après le renversement de Fulbert Youlou, il est nommé chef du gouvernement provisoire puis est élu président de la République. Après sa démission le 4 septembre 1968, il est arrêté en octobre 1969. Il se retire dans son village. Il est à nouveau arrêté en mars 1977. Présenté comme l'instigateur du complot ayant conduit à la mort du président Ngouabi, il est condamné à mort et exécuté le 25 mars 1977.

Le Conseil national de la Révolution

Le 16 août 1968, la Constitution de 1963 est abrogée et remplacée par l'Acte fondamental du 5 août 1968 qui institue légalement le Conseil national de la révolution (CNR). Ce dernier dirige, oriente et contrôle l'action de l'État (art. 4). Selon les articles 5 et 6 de cet Acte fondamental, le président du CNR est chef de l'État et nomme le Premier ministre sur proposition du CNR. Le CNR est présidé par le capitaine Marien Ngouabi, alors qu'Alphonse Massamba-Débat n'en est que simple membre.

Le capitaine Alfred Raoul est nommé Premier ministre du gouvernement de transition. Le 4 septembre, Massamba-Débat démissionne. On lui reprochait entre autres d'avoir dévié par rapport aux choix effectués en août 1963 par le peuple congolais. Loin d'établir un socialisme scientifique, il aurait mis en place un socialisme « bantou ».

Après la démission de Massamba-Débat, Alfred Raoul est chargé d'assurer l'intérim à la tête de l'État, jusqu'à la mise en place d'institutions définitives. Il restera au pouvoir jusqu'à la fin décembre 1968.

Les années Marien Ngouabi

Président du CNR, le commandant Marien Ngouabi est placé à la tête de l'État le 1er janvier 1969. Avec lui, le Congo entre dans la phase supérieure du discours marxisant. Le 30 décembre de la même année, une nouvelle Constitution est adoptée par le congrès constitutif du Parti congolais du travail (PCT), qui s'est tenu du 28 au 30 décembre 1969. Le MNR est dissous.

La Constitution de 1969 réintroduit la fonction de président de la République. Selon ses articles 36 et 37, le président du PCT est président de la République et chef de l'État. Il est élu pour cinq ans par le Congrès du PCT. La fonction de Premier ministre disparaît.

La République populaire du Congo

Avec la nouvelle Constitution, le Congo se transforme en République populaire du Congo. L'hymne national, *La Congolaise*, adopté en 1960 après l'indépendance, est remplacé par *Les Trois Glorieuses*, en mémoire des 13, 14 et 15 août 1963. Au drapeau tricolore succède un drapeau rouge frappé du côté de la hampe de deux palmes vertes croisées vers le bas. Au milieu, figurent une houe et un marteau jaune or, et le tout est surmonté d'une étoile à cinq branches de la même couleur.

Sur le plan diplomatique, un soutien plus marqué est apporté aux mouvements de libération des pays encore sous domination coloniale, notamment ceux des colonies portugaises d'Afrique, tandis que l'appartenance du Congo au groupe francophone, à laquelle faisait référence Massamba-Débat, est reléguée au second plan. Ainsi, Brazzaville offre une base arrière au MPLA d'Agostinho Neto dans sa lutte contre le Portugal, puis, après l'indépendance de l'Angola, en 1975, contre les mouvements rivaux de l'Unita et du FNLA. De même, le Congo apporte un soutien multiforme à la Namibie en accueillant notamment des dirigeants de la SWAPO.

Sur le plan économique, le régime se caractérise par l'étatisation poussée de l'économie, avec la création de sociétés d'État et d'économie mixte, de fermes, de ranches et d'offices en tout genre. Quelques projets d'envergure sont mis sur pied comme la construction de la raffinerie de pétrole et de la centrale hydroélectrique de Moukoukoulou.

BRÈVE BIOGRAPHIE DE MARIEN NGOUABI

Marien Ngouabi est né le 31 décembre 1938 à Ombélé, un village situé à une dizaine de kilomètres près d'Owando (Cuvette) en pays kouyou. Il est le fils de Dominique Osséré M'Opoma et d'Antoinette Mboualé-Abemba. Il fait ses études primaires à Fort-Rousset (actuel Owando). En 1953, il entre à l'École militaire préparatoire Général Leclerc à Brazzaville, d'où il sort en 1957. Il est affecté à Bouar en Oubangui-Chari. De 1958 à 1960, il fait partie du deuxième bataillon des tirailleurs du Cameroun avec le grade de sergent.

En 1960, il est admis à suivre une formation d'officier en France, d'abord à l'École militaire préparatoire de Strasbourg puis à l'École militaire interarmes de Saint-Cyr-Coëtquidan. Il rentre au Congo en 1962 avec le grade de sous-lieutenant. Il est affecté à la garnison de Pointe-Noire en qualité d'adjoint au commandant du bataillon d'infanterie, avant d'être promu au grade de lieutenant.

Au début des années 1960, il épouse Clotilde Martin, de nationalité française. De cette union naissent deux garçons. En secondes noces, il épouse Céline Mvouka avec qui il aura plusieurs enfants, dont un posthume.

En 1965, de retour à Brazzaville, Marien Ngouabi devient capitaine et commande le tout nouveau bataillon parachutiste des Forces armées congolaises (FAC). L'armée le désigne pour être son représentant au Comité central du MNR.

En 1966, l'Assemblée nationale vote une loi transformant les FAC en Armée populaire nationale (APN). Une direction politique à l'armée et un haut-commandement collégial sont créés. Les deux sont dirigés par une commission civile coiffée par un officier membre du parti, qui a rang de commandant en chef de l'APN. Le capitaine Ngouabi s'insurge contre cette inféodation de l'armée au politique et émet de vives critiques à l'endroit du président Massamba-Débat. En juillet 1968, il prend la tête d'une mutinerie de l'armée qui crée, à la place du MNR, le Conseil national de la révolution. Il devient commandant en chef de l'armée. En septembre, Massamba-Débat démissionne. Nouvel homme fort du pays, Ngouabi devient, le 31 décembre, président de la République.

Une succession de crises politiques

Les années Ngouabi sont marquées par ailleurs par des mouvements d'opposition au régime en place, apparus dès 1970. Sept complots et plusieurs mouvements de protestation (révoltes d'étudiants, grèves générales…) vont conduire Marien Ngouabi à considérer que la révolution est « bloquée dans une impasse dangereuse » ; d'où un processus de radicalisation qu'il tente de mettre en place.

Parmi ces crises, la tentative de coup d'État du lieutenant Ange Diawara, le 22 février 1972, est l'une des plus sérieuses. Baptisé M22, ce mouvement, qui réunit les tenants de la gauche radicale au sein du PCT, reproche au président Marien Ngouabi la tendance de son clan à « l'embourgeoisement », au tribalisme et au non-respect des principes marxistes. L'échec du coup d'État se solde par de nombreuses arrestations et la mort de certains conjurés. Replié dans la brousse, Diawara crée un maquis qui ne sera liquidé qu'en avril 1973. Le 24 juin 1973, une nouvelle Constitution est adoptée. Elle réinstaure notamment la fonction de Premier ministre.

Le président Marien Ngouabi est assassiné le 18 mars 1977. Quatre jours plus tard, le 22 mars, le cardinal Émile Biayenda est arrêté et exécuté à Djiri. Après l'assassinat de Ngouabi, le cardinal avait invité les croyants du Nord, du Centre et du Sud à « garder leur calme et à sauvegarder la fraternité ».

L'état-major spécial révolutionnaire, instance suprême créée par le président Marien Ngouabi en 1975, s'auto-dissout et crée le Comité militaire du Parti congolais du travail (CMP), qui prend en charge la direction du pays. Promulgué le 5 avril 1977, un Acte fondamental abroge la Constitution de 1973, et le Parlement est dissous le 6 avril 1977. Avec cet Acte, tous les pouvoirs sont concentrés dans les mains du président du CMP. Ce dernier est président de la République, chef de l'État et président du Conseil des ministres. Il dirige, oriente et contrôle l'action du PCT. Il nomme le Premier ministre sur proposition du CMP et préside le Conseil des ministres.

Le général Yhombi Opango

Marien Ngouabi est remplacé à la tête du Congo le 3 avril 1977, par le général Yhombi Opango. Né le 12 janvier 1939 à Fort-Rousset (actuel Owando), ce dernier entre à l'École militaire préparatoire Général Leclerc à Brazzaville, puis de 1960 à 1962 intègre l'École militaire interarmes de Saint-Cyr-Coëtquidan. À son retour d'URSS, où il a été affecté comme attaché militaire, de 1965 à 1968, il est nommé commandant du premier bataillon para-commando puis, de 1969 à 1973, chef d'état-major général, et enfin colonel. Il occupe ensuite plusieurs postes ministériels avant d'être porté à la présidence par les militaires en 1977, après l'assassinat de Marien Ngouabi.

Yhombi est destitué au 5 février 1979 lors d'un plénum du PCT. On lui reproche principalement un divorce entre son discours marxiste et sa pratique politique, notamment sa politique extérieure jugée pro-occidentale. Il sera arrêté pour « crime de haute trahison » à la demande du 3e Congrès extraordinaire du PCT qui se tiendra du 26 au 31 mars 1979.

Après la destitution de Yhombi Opango, les membres du Comité central du PCT mettent un terme au pouvoir du CMP. De nouvelles institutions provisoires sont mises en place.

Le colonel Sassou N'Guesso au pouvoir

Lors de la session extraordinaire du Comité central du PCT qui se réunit du 5 au 8 février 1979, le colonel Denis Sassou N'Guesso est élu président du comité central du PCT. Le 9 février 1979, il devient donc, de droit, président de la République, pour un mandat de cinq ans. Le 4 avril, sur avis du Comité central, le colonel Louis Sylvain Goma est nommé Premier ministre. Une loi électorale du 10 mai organise une consultation du corps électoral fixée au 8 juillet 1979.

À la date prévue, les électeurs élisent les députés de l'Assemblée nationale et les membres des Conseils populaires de régions, de districts et de communes. Ils se prononcent, dans la foulée, en faveur de la nouvelle Constitution du 8 juillet 1979.

Sur le plan économique, le nouveau président poursuit grosso modo la politique de ses prédécesseurs : création de sociétés d'État, d'économie mixte, d'offices, etc. En 1982 est lancé le premier plan quinquennal (1982-1986), financé en majorité par les recettes du pétrole en plein « boom », et 1984 voit se terminer les travaux de réalignement du chemin de fer Congo-Océan reliant Brazzaville à Pointe-Noire.

Le bilan du premier plan quinquennal et de l'étatisation de l'économie est mitigé. Le 12 mai 1987, à l'ouverture de la 6e session ordinaire administrative de l'Assemblée nationale populaire, le président congolais constate non sans amertume que « le secteur économique d'État contribue à son appauvrissement, à l'aggravation des difficultés du peuple et de l'État, affaiblit le secteur bancaire, assombrit les perspectives de notre jeunesse. Il ne donne rien à l'État, mais lui demande tout ».

S'inscrivant dans celle mise en œuvre par le président Marien Ngouabi, la politique extérieure du régime opte pour une ouverture vers les pays socialistes et un soutien aux mouvements africains d'émancipation de la tutelle coloniale et de lutte contre l'apartheid (Angola, Namibie et Afrique du Sud notamment). Ainsi, le Congo s'engage diplomatiquement en faveur du président angolais Edouardo Dos Santos dans sa lutte contre l'Unita, soutenue par l'Afrique du Sud notamment. Toutes les facilités seront offertes aux Soviétiques et aux Cubains pour l'acheminement du matériel militaire destiné au MPLA. Vis-à-vis de la Namibie, le Congo intervient diplomatiquement pour l'application de la résolution 435 des Nations unies. Il jouera un rôle important, bien qu'officieux, dans les négociations entre l'Afrique du Sud, l'Angola, Cuba et les États-Unis, qui aboutiront à la signature, le 13 décembre 1988, à Brazzaville, du Protocole de Brazzaville.

Ce protocole mettra fin à la domination sud-africaine en Namibie et se traduira par le retrait des troupes cubaines d'Angola. Sur ces questions, l'action du président Denis Sassou N'Guesso interviendra à deux niveaux : en application de la politique extérieure du pays et en tant que président de l'Organisation de l'Unité africaine, une fonction qu'il assume de juillet 1986 à juin 1987.

La Conférence nationale souveraine

Le début des années 1990 est marqué, dans la quasi-totalité des pays d'Afrique subsaharienne, en particulier francophones, par de puissants mouvements revendicatifs dont la plupart aboutissent à des « Conférences nationales ». Leur tenue est liée à des facteurs internes, notamment aux crises politiques et socio-économiques que traversent de nombreux pays africains, mais également à des facteurs externes tels que la fin de la guerre froide, les changements démocratiques qui ont lieu dans les pays de l'Est et des pays africains, comme le Bénin, et le discours de La Baule du président français, François Mitterrand, qui invite les pays africains, notamment francophones, à adopter le multipartisme.

BRÈVE BIOGRAPHIE DE DENIS SASSOU N'GUESSO

Denis Sassou N'Guesso est né en 1943 à Édou, près d'Oyo, dans l'actuel département de la Cuvette. Il fréquente l'école primaire de son village et celle de Fort Rousset (Owando), avant d'être admis en 1956, au collège normal Raymond Paillet de Dolisie, un établissement qui forme les hauts cadres congolais et ceux de l'Afrique équatoriale française.

En 1960, il obtient le brevet d'études élémentaires. Il s'engage au centre d'instruction de Bouar en République centrafricaine. Puis il entre à l'École interarmes des officiers de réserve de Cherchell, en Algérie (1961), où il est admis major avec le grade de sous-lieutenant. En 1964, il sort lieutenant de l'École d'infanterie de Saint-Maixent en France.

Rentré au Congo, en 1965, il fait partie des premiers officiers qui vont encadrer la nouvelle armée congolaise. Promu capitaine en 1968, commandant en 1973, colonel en 1978 et général d'armée en 1989, Denis Sassou N'Guesso est, successivement, commandant du Groupement aéroporté de Brazzaville, commandant de la zone militaire de Brazzaville et commandant des forces terrestres.

Il est l'un des membres fondateurs du Parti congolais du travail (PCT). Il entre au Comité central du Parti en décembre 1969 et au Bureau politique en avril 1970. À ce poste, il est l'un des proches de Marien Ngouabi.

En décembre 1975, un réaménagement du directoire politique aboutit à la création d'un État-major spécial révolutionnaire du PCT, où Denis Sassou N'Guesso est reconduit comme secrétaire du Comité central chargé de la commission permanente à l'armée, poste qu'il assume depuis 1972.

Après l'assassinat du président Marien Ngouabi, Denis Sassou N'Guesso devient vice-président du Comité militaire du Parti (CMP) chargé des activités du PCT, ministre de la Défense et de la Sécurité.

Le 5 février 1979, lors d'une session extraordinaire du CMP, Denis Sassou N'Guesso est élu président du Comité central du PCT.

Le troisième Congrès extraordinaire du Parti de mars 1979 confirme son élection à la tête du Parti et par conséquent à celle de l'État.

En 1992, Denis Sassou N'Guesso quitte le pouvoir. Il reviendra à la tête du pays en octobre 1997 au terme d'un conflit armé. Élu en 2002, puis réélu en 2009, il aurait dû quitter le pouvoir en 2016, la Constitution de 2002 n'autorisant que deux mandats présidentiels. Mais celle adoptée par référendum le 25 octobre 2015 ne prévoyant ni limite d'âge ni limitation du nombre des mandats, il se fait réélire en mars 2016 pour un troisième mandat.

Père de nombreux enfants issus de plusieurs femmes, il est marié à Antoinette Tchibota, avec laquelle il n'a pas eu d'héritiers.

Au Congo, la Conférence nationale souveraine, convoquée par décret présidentiel, se tiendra du 25 février au 10 juin 1991. Sa tenue est précédée par diverses mesures prises par le gouvernement. Ainsi, le PCT autorise le multipartisme à terme lors de son IVe Congrès ordinaire. La décision est confirmée par le chef de l'État dans son discours du 31 décembre 1990, entraînant, au passage, une révision de la Constitution par l'Assemblée nationale populaire pour inclure le multipartisme. Par ailleurs, la dépolitisation de l'armée est proclamée et un nouveau Premier ministre nommé, à la suite de la démission de S. Pouaty.

Du 31 janvier au 9 février, des concertations se tiennent entre le Premier ministre et les partis politiques, et une commission préparatoire de 150 membres, présidée par le Premier ministre, est mise en place.

Près de 1200 délégués

La Conférence nationale débute le 25 février 1991. Près de 1200 délégués représentant les partis politiques, les syndicats de travailleurs, la société civile (ONG, fondations, associations scientifiques et sociétés savantes, confessions religieuses), les administrations et structures publiques, les forces de l'ordre, les représentants des grands corps de l'État et des individualités politiques et administratives y prennent part. Le 12 mars, Mgr Ernest Kombo est élu président de la Conférence qui, de nationale, se déclare souveraine. Ainsi, ses décisions s'imposent à tous.

Des débats houleux

Tout au long des travaux de la CNS, les débats sont houleux. Tout y passe. Les délégués font le procès du régime marxiste et du parti unique, dressent un bilan négatif de la situation politique, économique, sociale et culturelle, dénoncent les assassinats politiques, les biens mal acquis et les détournements de biens

LA PARTICIPATION DES ÉGLISES À LA CNS

« Sous le monopartisme en 1987, 77 Églises dans l'ensemble du pays (dont 56 à Brazzaville) avaient demandé leur reconnaissance, seules 7 d'entre elles étaient officiellement autorisées. En 1990, à la veille de la Conférence nationale, 354 Églises (dont 155 à Brazzaville) se sont manifestées. En plus des 7 Églises reconnues en 1987, membres du "conseil œcuménique", toutes les autres Églises et mouvements religieux et philosophiques qui formeront la Ligue congolaise des Associations messianiques et ésotériques (LICAME) seront, selon une certaine répartition interne, présentes à la Conférence nationale. »

Source : Abel Kouvouama, « Conférence nationale et modernité religieuse au Congo », in CURAPP, *Questions sensibles*, PUF, 1998, p. 391.

publics. Nombreux veulent en découdre avec le président en place. Toutefois, le 1er avril, quand certains délégués exigent la démission du chef de l'État, Mgr Ernest Kombo s'y opposera fermement.

Les nouveaux acteurs politiques qui s'expriment durant la Conférence sont constitués en majorité d'universitaires et de « diplômés sans emploi ». Ce sont eux qui dirigent les principales commissions. Très actifs et formant un bloc relativement homogène, ils disqualifient les « aînés » politiques et prônent haut et fort la « moralisation de la vie politique » nationale. Si les divergences entre les participants n'ont pas manqué sur plusieurs points, il y a toutefois unanimité sur la nécessité de régler pacifiquement le passage du monopartisme au régime démocratique pluraliste, comme en témoigne l'adoption par tous du règlement intérieur de la Conférence.

Dans ce contexte de forte dénonciation, le rôle d'apaisement joué par Mgr Nkombo est déterminant. Dans « Conférence nationale et modernité religieuse », Abel Kouvouama souligne en effet que, « refusant d'inscrire la Conférence nationale dans une nouvelle forme d'exclusion politique, Mgr Ernest Kombo et les participants ont cherché de tout temps à canaliser la violence de la dénonciation politique dans un espace "pacifiant" celui de la réconciliation par la pratique des rituels symboliques puisés dans les cultures congolaises anciennes, comme : nettoyer les cimetières le 7e jour après le début de la Conférence nationale ; offrir des libations aux morts, faire planter par chaque participant un arbre qui portait son nom, dans un espace public baptisé "jardin de l'unité nationale" ; clore les assises par le rite de lavement des mains par tous les participants y compris le Président de la République Denis Sassou N'Guesso. La séance se déroula dans la cour du Palais des Congrès à l'intérieur duquel s'était tenue la Conférence nationale comme signe de réconciliation nationale ».

Le 4 juin 1991, soit six jours avant la clôture de la Conférence nationale souveraine, un Acte fondamental portant organisation des pouvoirs publics durant la période de transition est adopté. Le 6 juin, Mgr Kombo est élu à l'unanimité président du Conseil supérieur de la République (CSR), qui fait office de Parlement transitoire et remplace l'Assemblée nationale populaire. Selon l'article 51 de l'Acte fondamental, le CSR a plusieurs missions : suivre et contrôler l'exécution des décisions de la Conférence nationale, exercer la fonction législative et contrôler l'exécutif, examiner, après un débat national, le projet de constitution à soumettre au référendum, superviser le référendum constitutionnel et les élections, garantir l'accès équitable des partis politiques aux médias officiels et assurer le rôle de médiateur.

La période de transition

Au sortir de la Conférence nationale souveraine, une structure bicéphale est mise en place pour gouverner le pays pendant la transition. Elle est composée de Denis Sassou N'Guesso, président de la République à titre honorifique, de Mgr Ernest Kombo, président du CSR, et de André Milongo, élu Premier ministre, chef de gouvernement et chef des armées. Au nombre des institutions devant diriger la transition figurent également la Cour suprême, qui exerce le pouvoir judiciaire, le Médiateur et le Conseil supérieur de l'information et de la communication.

Cette période transitoire est émaillée de plusieurs incidents, dont ceux relatifs à l'application des Actes votés à la CNS. Le gouvernement de transition avait, en effet, pour mission d'appliquer ces Actes afin d'assainir l'espace politique congolais, dont l'« Acte 227 qui ordonne la communication au Gouvernement de Transition des dossiers des biens mal acquis et des scandales économiques et financiers, qui étaient entre les mains du

Conseil Supérieur de la République, et prescrit des poursuites pénales contre les auteurs de ces crimes et délits ». Cet Acte sera démantelé par l'acte 018, qui annonce l'impunité de tous ceux qui avaient commis des crimes de sang et des crimes économiques de l'indépendance à 1991.

Le 14 janvier 1992, André Milongo procède à des nominations dans l'armée, qui mettent fin aux fonctions de chef d'état-major général du général Jean-Marie Michel Mokoko.

Le 15 mars, la nouvelle Constitution, prévue par l'Acte fondamental de 1991, est approuvée par référendum, avec 96,26 % de oui. Elle institue un régime semi-parlementaire, avec un exécutif où le Premier ministre, nommé par le président de la République, est chef du gouvernement et responsable devant l'Assemblée nationale qui peut le renverser par le vote d'une motion de censure. Le Parlement est bi-caméral. La République populaire du Congo est rebaptisée République du Congo.

L'ÉCLOSION DES PARTIS POLITIQUES

Dans la foulée du multipartisme et de la Conférence nationale souveraine, plusieurs partis ont vu le jour au Congo. Le premier en ordre d'arrivée est le Mouvement congolais pour la démocratie et le développement intégral (MCDDI) fondé par Bernard Kolélas. André Milongo crée, pour sa part, l'Union pour la démocratie et la république (UDR)-Mwinda, et Pascal Lissouba instaure l'Union panafricaine pour la démocratie sociale (UPADS). Parmi les autres partis nés durant cette période figurent, entre autres, le Rassemblement pour la démocratie et le progrès social (RDPS) de Jean-Pierre Thystère Tchicaya, l'Union des forces démocratiques (UFD) de Charles Ganao, le Rassemblement pour la démocratie et le développement (RDD) fondé par Jacques Joachim Yhombi Opango, et le Parti social-démocrate congolais (PSDC) de Clément Miérassa.

Les années Lissouba

Au premier tour de l'élection présidentielle, qui a lieu le 2 août 1992, Denis Sassou N'Guesso n'arrive qu'en 3e position. Au deuxième tour, il appelle à voter pour le candidat en tête, Pascal Lissouba, leader de l'UPADS. Ce dernier est élu, le 16 août, au second tour, avec 61,33 % des suffrages exprimés, devant Bernard Kolélas, président du MCDDI, qu'il a fondé en 1990.

L'élection est immédiatement suivie de la prestation de serment du président sans que toutes les institutions démocratiques soient mises en place. Le président Lissouba n'installe que l'Assemblée et le Sénat. Il n'installera les autres institutions, comme la Cour suprême, le Conseil supérieur de la magistrature, le Conseil économique et social et le Conseil constitutionnel, que vers la fin de son mandat.

La guerre civile

Très vite des tensions politiques vont apparaître et évoluer en conflits armés, opposant les milices créées par les trois hommes forts du Congo : les Cobras de Sassou N'Guesso, les Ninjas de Bernard Kolélas, maire de Brazzaville et éphémère Premier ministre, et les Cocoyes de Pascal Lissouba, le président.

Le premier conflit débute en novembre 1993, à la suite de la contestation des résultats des législatives de mai et juin 1993, par l'opposition, à laquelle s'est rallié le PCT, considérant que Lissouba n'avait pas respecté les accords de partage du pouvoir. En novembre, des troubles éclatent dans les quartiers sud de la capitale, opposant les partisans de Lissouba à ceux de Kolélas. Ce premier conflit s'achève en janvier 1994 avec la signature d'un cessez-le-feu.

PASCAL LISSOUBA, L'AGRONOME

Pascal Lissouba est né le 15 novembre 1931 à Tsinguidi, à quelque 70 km de Mossendjo, dans le département du Niari. Ses parents sont d'ethnie nzabi, un sous-groupe téké représenté au Congo et au Gabon. Il fait ses études primaires à Mossendjo et à Boko (Pool). Il commence ses études secondaires à Brazzaville, qu'il poursuit à Nice (en France), où il obtient son baccalauréat en 1952. Il fait des études d'agronomie à l'École supérieure d'agriculture de Tunis, où il obtient en 1956 un diplôme d'ingénieur agronome. Revenu en France, il obtient une licence en sciences naturelles. En 1961, il soutient sa thèse et accède au grade de docteur ès sciences, avec félicitations du jury, mention très bien. À compter de juin 1961, il est chargé de recherches à l'ORSTOM puis promu maître de conférences en biologie végétale, par arrêté du 3 novembre 1961 du ministère français de l'Éducation nationale.

De retour au Congo en 1962, il occupe plusieurs postes sous Fulbert Youlou et Massamba-Débat, dont celui de ministre de l'Agriculture et des Eaux et Forêts. Il est nommé par Massamba-Débat Premier ministre, poste dont il démissionne en 1966. De 1966 à 1977, il se consacre à l'enseignement et à la recherche au Centre d'études supérieures de Brazzaville et à l'Université de Brazzaville. Il revient en politique en 1968, comme ministre chargé du Plan sous Massamba-Débat puis comme ministre de l'Agriculture et des Eaux et Forêts sous Marien Ngouabi. Après l'assassinat de ce dernier, il est accusé de complicité, jugé et condamné à mort le 25 mars 1977. Gracié en 1979, il s'exile en France où il enseigne la génétique. Fonctionnaire à l'Unesco à Paris et à Nairobi de 1985 à 1991, il revient au Congo en 1991 et fonde l'UPADS. Il est élu président de la République en 1992.

D'abord marié à Annette Chantegreil puis à Jocelyne Pierrot, une Française, il est père de onze enfants. Sa première fille, Mireille Lissouba, a été sa directrice de cabinet de 1993 à 1996. En octobre 1997, après la victoire de Sassou N'Guesso, il se réfugie à Londres et à Paris. Condamné pour haute trahison, il sera gracié en 2009.

Démarré le 5 juin 1997, avant la tenue de la présidentielle prévue pour le 27 juillet, le deuxième conflit oppose le président Lissouba, allié à Kolélas, à Denis Sassou N'Guesso. Concentré sur les quartiers nord de Brazzaville, il prend fin en octobre 1997, avec la victoire de Denis Sassou N'Guesso, aidé par l'armée angolaise.

Sassou N'Guesso II

Vainqueur des affrontements, Denis Sassou N'Guesso est proclamé président de la République le 25 octobre 1997. Il organise du 5 au 14 janvier 1998 un Forum national pour la réconciliation, l'unité, la démocratie et la reconstruction du Congo. Ce dernier fixe à trois ans la durée de la nouvelle période de transition, esquisse les grandes lignes de la future constitution et élit les membres du Conseil national de transition.

Nouveaux conflits

Mais les conflits reprennent en décembre 1998, opposant alors son camp à celui de Kolélas et affectant principalement les quartiers sud de Brazzaville et une partie des départements du Pool, du Niari, de la Lékoumou et de la Bouenza. Ils s'achèvent après la signature, en novembre et décembre 1999, de deux accords de cessation des hostilités, qui seront réaffirmés en mars 2003.

Le bilan des conflits est lourd : entre 5 000 à 10 000 morts, 500 000 personnes déplacées, 6 000 expatriés évacués et d'importants dégâts à Brazzaville et dans des villes de la partie sud du pays.

1960-2015 : 8 CONSTITUTIONS ET 7 ACTES FONDAMENTAUX

- **2 mars 1961** : 1re Constitution du Congo indépendant (Loi n° 22-61 du 2 mars 1961)
- **8 décembre 1963** : Référendum sur la Constitution (2e) de la République du Congo
- **5 août 1968** : Acte fondamental modifiant la Constitution du 8 décembre 1963
- **7 septembre 1968** : Aménagement de l'Acte fondamental qui supprime la fonction de président de la République.
- **31 décembre 1968** : Modification de l'Acte fondamental qui réintroduit la fonction de président de la République
- **31 décembre 1969** : Constitution (3e) de la République populaire du Congo (Ordonnance n° 40-69 du 31 décembre 1969)
- **24 juin 1973** : Constitution (4e) de la République populaire du Congo approuvée par le peuple congolais lors du scrutin du 24 juin 1973
- **5 avril 1977** : Acte fondamental de la République populaire du Congo
- **7 février 1979** : Acte fondamental de la République populaire du Congo
- **30 mars 1979** : Acte fondamental de la République populaire du Congo qui abroge l'Acte fondamental du 7 février 1979
- **8 juillet 1979** : Constitution (5e) de la République populaire du Congo
- **4 juin 1991** : Acte fondamental portant organisation des pouvoirs publics durant la période de transition
- **15 mars 1992** : Référendum sur la Constitution (6e) de la République du Congo
- **24 octobre 1997** : Acte fondamental portant organisation des pouvoirs publics durant la période de transition
- **20 janvier 2002** : Approbation d'une nouvelle Constitution (7e) de la République du Congo par référendum
- **25 octobre 2015** : Approbation d'une nouvelle Constitution (8e) de la République du Congo par référendum

Une nouvelle transition

Le Congo sort profondément meurtri de la guerre civile. À partir de 1999, une période de transition politique est mise en place. Gérée par un gouvernement d'union nationale et de salut public, elle est marquée par la tenue, en mars 2001, d'un Dialogue national sans exclusive.

La période de transition s'achève avec l'organisation de différents scrutins en 2002. Le 20 janvier, un référendum constitutionnel approuve la nouvelle Constitution, la 7e qu'a connue le Congo depuis son indépendance.

Sassou N'Guesso III

Le 10 mars 2002, Denis Sassou N'Guesso remporte la présidentielle avec 89,4 % des suffrages exprimés, devant Joseph Kignoumbi Kia Mboungou, le candidat de l'UPADS. Enfin, clôturant ce cycle électoral, les législatives des 16 mai et 30 juin assurent au seul PCT 53 des 153 sièges de l'Assemblée nationale (chambre basse du Parlement). Après ces élections, les institutions démocratiques issues de la Constitution de janvier 2002 sont progressivement mises en place. En 2007, les législatives donnent 47 sièges au PCT sur 137. L'UPADS en obtient 11.

Cap sur la reconstruction

Une fois élu, le président congolais lance un programme de reconstruction du pays, basé sur les orientations de son projet de société, « la Nouvelle Espérance ». La libéralisation de l'économie est affirmée et un programme de réhabilitation et de construction d'infrastructures économiques, administratives et sociales de base, d'intérêts national et sous-régional, est lancé. Plusieurs chantiers sont ainsi engagés, dont la construction de barrages hydroélectriques, de routes et d'aéroports, la réhabilitation du chemin de fer Congo-Océan et d'autres infrastructures de transport.

Parallèlement, un programme dit de municipalisation accélérée démarre en 2004, dont l'objectif est, selon le pouvoir, d'améliorer les conditions de vie des populations et d'impulser le développement économique au niveau local par la réalisation de plusieurs infrastructures socio-économiques et administratives de base d'intérêt départemental.

Sur le plan politique, malgré les mesures prises pour garantir la paix, la situation sécuritaire reste tendue. Le début des années 2000 est marqué par la rébellion armée de Frédérik Bitsamou, dit « pasteur Ntumi », dans le département du Pool. Ses miliciens ninjas entretiendront un climat de terreur dans la région. Des engagements croisés, signés entre la rébellion et le gouvernement en mars 2003, mettent un terme aux hostilités armées dans le département du Pool. Un comité de suivi est mis en place. La paix restera toutefois fragile. En mars 2007, Ntumi est nommé, par décret présidentiel, « délégué général auprès du président de la République, chargé de la promotion des valeurs de paix et de la réparation des séquelles de guerre ».

Victoires électorales en 2009, 2012 et 2014

Le 12 juillet 2009, Denis Sassou N'Guesso, candidat à sa propre succession, est réélu à la tête du pays, au premier tour du scrutin, avec 78,61 % des suffrages exprimés, loin devant Joseph Kignoumbi Kia Mboungou (7,54 %), qui s'est présenté sans étiquette, et Nicéphore Fylla de Saint-Eudes du Parti républicain libéral (PRL) qui obtient 6,98 % des suffrages.

Nouvelle victoire électorale de la majorité présidentielle lors des législatives de 2012 : sur les 136 sièges, le PCT et ses alliés en obtiennent 117, dont 89 sièges pour le seul PCT, soit la majorité absolue. Les indépendants proches du PCT remportent 12 sièges et le MCDDI, 7. L'UPADS ne compte que 7 députés.

Les élections locales de 2014, destinées à renouveler pour cinq ans les 12 conseils départementaux du pays et les conseils municipaux des six communes de plein exercice, donnent vainqueurs le PCT et ses alliés, qui raflent 820 des 860 sièges de conseillers départementaux ou municipaux, dont 356 sièges reviennent au PCT. L'UPADS, unique formation d'opposition à avoir accepté de participer au scrutin, gagne 40 sièges, essentiellement dans le sud du pays.

Équiper le pays et diversifier l'économie

Dans son projet de société, « le Chemin de l'avenir », qui prolonge la Nouvelle Espérance et sur lequel il a basé sa campagne électorale de 2009, le président Denis Sassou N'Guesso présente les grandes lignes de sa politique économique et sociale. Les équipements doivent soutenir la politique de diversification économique et de modernisation du pays.

Les efforts faits pour améliorer la gouvernance économique et financière, conditions *sine qua non* de la coopération des organisations financières internationales, débouchent en janvier 2010 sur l'atteinte du point d'achèvement de l'Initiative en faveur des pays pauvres très endettés (PPTE), qui permet d'annuler près de 90 % de la dette publique congolaise évaluée à 9,2 milliards de dollars.

Adopté en 2012, un Plan national de développement 2012-2016, qui définit les grandes orientations économiques à moyen terme, est lancé. Ses objectifs visent à diversifier le tissu économique du pays hors pétrole, à lutter contre la pauvreté et à faire du Congo un pays émergent à l'horizon 2025.

Une nouvelle Constitution

Selon les dispositions de la Constitution de 2002, le mandat du président Denis Sassou devait prendre fin en juillet 2016. Toutefois, à partir de 2014, un débat est engagé, à l'initiative du PCT, sur un changement de constitution. Ce changement est approuvé lors du congrès du PCT qui se réunit en décembre 2014. Il s'ensuit la tenue, du 13 au 17 juillet 2015, à Sibiti (département de la Lékoumou), d'un dialogue national, chargé de faire des propositions sur l'avenir des institutions congolaises, notamment sur le changement de constitution. Le Dialogue rassemble quelque 300 participants, mais il est boycotté par l'opposition radicale, dont le Front pour le respect de l'ordre constitutionnel et l'alternance démocratique (Frocad). Selon les conclusions du Dialogue, les réformes à engager portent sur la gouvernance électorale (en particulier la révision du découpage électoral et l'introduction de la biométrie) et le changement de constitution.

La question constitutionnelle fait donc l'objet d'un référendum, qui se déroule le 25 octobre 2015 dans un climat de contestation, l'opposition appelant à la désobéissance civile et au boycott du scrutin. Selon les résultats officiels, le « oui » l'emporte avec 92,96 % des suffrages exprimés et un taux de participation de 72,44 %. L'opposition conteste les résultats, dénonce des tricheries, estimant que la participation n'aurait pas dépassé 10 %. Maints observateurs et médias déclarent également que les électeurs ont largement boudé les urnes le jour du vote.

La nouvelle Constitution instaure un exécutif bicéphale, avec un Premier ministre « chef du gouvernement », alors que jusque-là le président de la République était chef de l'État et du gouvernement. Elle fixe à cinq ans la durée du mandat présidentiel, limite à trois le nombre de mandats présidentiels, et aucune limite d'âge n'est fixée pour le candidat à la magistrature suprême.

Elle définit l'État comme une entité décentralisée, abolit la peine de mort et prohibe la censure. Elle stipule aussi qu'« aucune poursuite pour des faits qualifiés crime ou délit ou pour manquement grave à ses devoirs commis à l'occasion de l'exercice de sa fonction ne peut plus être exercée contre le Président de la République après la cessation de ses fonctions ».

2016 : une présidentielle aux résultats contestés

Le 20 mars 2016, le scrutin présidentiel voit s'affronter neuf candidats : le président en exercice, Denis Sassou N'Guesso, le général Jean-Marie Michel Mokoko, ancien chef d'état-major de l'armée, Guy Fabrice Parfait Kolélas (MCDDI), Pascal Tsaty Mabiala (UPADS), André Okombi Salissa, Claudine Munari (Mouvement pour l'Unité, la Solidarité et le Travail-MUST), Joseph Kignoumbi Kia Mboungou, Nganguia Engambé Anguios et Michel Mboussi Ngouari.

La campagne électorale se déroule dans un climat délétère et s'accompagne de fortes tensions. Le régime multiplie les mesures d'intimidation contre certains candidats de l'opposition regroupée au sein de la plateforme Frocad-IDC (Initiative pour la démocratie au Congo), qui sont assignés à résidence ou interdits de voyager à l'intérieur comme à l'extérieur du pays. Parmi ces derniers, le général Mokoko fait l'objet de multiples mesures d'intimidation.

Le scrutin se déroule à « huis clos ». Pendant cinq jours, en effet, avant, pendant et après le vote, toutes les communications téléphoniques, les sms et l'internet mobile sont coupés.

Selon la cour constitutionnelle, qui proclame les résultats le 4 avril 2016, le taux de participation se serait élevé à 68,92 %. Denis Sassou N'Guesso l'emporte avec 60,19 % des suffrages exprimés, suivi de Kolélas (15,04 %) et de Mokoko (13,74 %).

L'opposition, qui avait mis en place une Commission technique électorale, conteste vigoureusement ces résultats. Il s'ensuit une période de fortes tensions et d'affrontements. Un dispositif militaire musclé est mis en place dans le sud de la capitale, à Bacongo et Makélékélé notamment, fiefs de l'opposant Guy Fabrice Parfait Kolélas, où des affrontements ont lieu dans la nuit du 3 au 4 avril 2016, entre des milices Nsiloulou et les forces armées, et dans le quartier de Diata.

Des opérations militaires sont menées également dans le Pool, notamment dans le district de Mayama, fief du pasteur Ntumi, qui est accusé d'avoir appelé la population à l'insurrection et d'être à l'origine des violences armées à Bacongo et Makélékélé. La zone est bombardée et des civils sont touchés. Des mandats d'arrêt sont émis contre le pasteur Ntumi et trois de ses proches, accusés notamment de « détention illégale d'armes et munitions de guerre, de vols et d'incendies volontaires d'édifices publics, d'assassinat et de tentative d'assassinat et d'atteinte à la sûreté intérieure de l'État ».

Dans la foulée, des membres de l'opposition sont arrêtés et mis en garde à vue prolongée. Ainsi, le 16 juin 2016, le général Mokoko, qui dénonçait « le coup d'État électoral » du président Denis Sassou N'Guesso, est inculpé pour atteinte à la sûreté de l'État et détention illégale d'armes ; il est déféré à la prison de Brazzaville. Il sera condamné le 11 mai 2018 par la cour d'appel de Brazzaville à vingt ans de prison ferme.

D'autres personnalités politiques subissent le même sort. Parmi eux figure André Okombi Salissa. Accusé de « détention d'armes et munitions de guerre et d'atteinte à la sûreté de l'État », cet ancien ministre de DSN qui avait rejoint l'opposition en 2015 a été arrêté en janvier 2017. Il n'y a pas eu de procès.

Le général Norbert Dabira, ex-inspecteur général des Forces armées congolaises (FAC), poursuivi pour avoir voulu abattre l'avion du chef de l'État, ce qu'il a toujours nié, a, pour sa part, été condamné le 19 mai 2018 à cinq ans d'emprisonnement.

Cette vague de répression a été vivement dénoncée par l'Église catholique, notamment par l'évêque de Kinkala, Mgr Louis Portella Mbuyu.

2017 : victoire du PCT aux élections législatives, locales et sénatoriales

Poursuivant sur la lancée de la présidentielle, le PCT gagne haut la main les élections législatives, locales et sénatoriales organisées en juillet et août 2017 dans l'ensemble du pays, à l'exception de 9 circonscriptions sur 14 dans le département du Pool où le scrutin est reporté en raison de la situation d'insécurité liée aux violences qui y ont éclaté après la présidentielle contestée de 2016.

Il faudra attendre la signature, le 23 décembre 2017, d'un accord de « cessez-le-feu et de cessation des hostilités » entre le gouvernement et les représentants du pasteur Ntumi pour que cessent les combats et les violences contre les populations civiles, en particulier les viols de femmes. Le 15 août 2018, à l'occasion de la fête nationale, Denis Sassou N'Guesso lèvera le mandat d'arrêt émis contre le chef rebelle Ntumi.

Au terme des législatives de 2017, marquées selon de nombreux observateurs, tant congolais qu'étrangers, par des violences et des fraudes, le PCT obtient 90 sièges sur 151. Parmi les députés PCT figure Clément Mouamba, élu à Sibiti avec 100 % des suffrages exprimés. En deuxième position arrivent, ex-aequo, avec huit députés chacun, l'Union panafricaine pour la démocratie sociale (UPADS), présidée par Pascal Tsaty Mabiala, et les indépendants élus sous le label de l'Union des démocrates et humanistes (UDH-Yuki), une formation fondée le 19 mars 2017 par Guy-Brice Parfait Kolélas.

Succès tout aussi écrasant du PCT aux élections locales, qui selon l'opposition ont été elles aussi entachées de fraudes. Avec 450 sièges de conseillers sur 1400, le PCT dirige la majorité des grandes villes et des départements du pays. L'UPADS, arrivée deuxième avec 54 sièges, reste la première force d'opposition devant l'UDH-Yuki.

Le PCT clôture ce cycle électoral en obtenant 44 sièges sur 66 aux sénatoriales, un suffrage indirect qui se déroule le 31 août. Loin derrière, les indépendants, tous ou presque proches du PCT, ne comptent que 11 sièges. D'autres alliés se partagent le reste des sièges. L'UPADS ne remporte que 2 sièges, contre 4 dans le Sénat sortant où le PCT comptait 68 élus.

Le 27 décembre 2017, le Conseil des ministres désigne Pascal Tsaty Mabiala, premier secrétaire de l'UPADS, comme chef de l'opposition, un statut reconnu par la Constitution de 2015 dans son article 63 et assorti de quelques droits et privilèges. Pascal Tsaty Mabiala est par ailleurs encouragé à « respecter et observer les devoirs et obligations de sa charge, conformément à la loi n° 28-2017 du 7 juillet 2017, déterminant le statut de l'opposition politique ».

Un Premier ministre PCT

Peu après la présidentielle de 2016, la Constitution de 2015 ayant instauré un régime parlementaire, le président congolais nomme un Premier ministre, chef du gouvernement, en la personne de Clément Mouamba. Un gouvernement comprenant 38 ministres est mis en place le 30 avril 2016.

Après les législatives, un nouveau gouvernement, dit de « l'efficacité », dirigé par Clément Mouamba qui a été reconduit dans ses fonctions, est installé le 22 août 2017. Le nombre de ministres passe à 35 membres. Cette fois-ci, le statut du Premier ministre Clément Mouamba, redevenu membre du PCT, est conforme à la Constitution de 2015, qui stipule que le Premier ministre doit être issu de la majorité parlementaire à l'Assemblée nationale.

Clément Mouamba hérite d'une situation économique et financière difficile. Les caisses de l'État sont vides, l'endettement extérieur du pays est abyssal, atteignant quelque 8,08 milliards d'euros, soit 110 % du PIB, selon le Fonds monétaire international (FMI). Ce qui représente un taux bien supérieur au troisième

CLÉMENT MOUAMBA

Né en 1944 à Sibiti, dans le département de la Lékoumou, Clément Mouamba est docteur en sciences économiques (Paris). Il intègre la Banque des États d'Afrique centrale (BEAC) à Yaoundé en 1973. Six ans plus tard, il en est le sous-directeur. Denis Sassou N'Guesso, qui vient d'accéder au pouvoir, en fait son conseiller économique et financier, avant de le propulser à la tête de la Banque internationale du Congo (BIDC), puis de la Banque commerciale du Congo (BCC), en 1985. Mouamba intègre le PCT, qu'il quittera pour rejoindre l'UPADS de Pascal Lissouba, dont il sera membre du bureau politique. Élu président de la République, Pascal Lissouba le nomme ministre de l'Économie et des Finances de 1992 à 1993. Non reconduit à son poste en 1995, il regagne la BEAC, en tant que conseiller du gouverneur. Durant la guerre civile de 1997, il reste en retrait et s'exile en France. Il rentre au Congo en 2001. En juillet 2015, il est exclu de l'UPADS pour avoir participé au dialogue de Sibiti.

LISTE DES PRÉSIDENTS DE LA RÉPUBLIQUE, DES CHEFS D'ÉTAT ET DES PREMIERS MINISTRES DU CONGO DE 1959 À 2018

- Premier ministre : Fulbert Youlou (28 novembre 1958-3 juillet 1959 ; 3 juillet-29 novembre 1959)
- **Président : Fulbert Youlou, juin 1959-26 mars 1960-15 août 1963**
- Vice-présidents : Stéphane Tchichelle ; Jacques Opangault
- Premier ministre : Alphonse Massamba-Débat (16 août-24 décembre 1963)
- **Président : Alphonse Massamba-Débat, 19 décembre 1963-2 août 1968**
- Premiers ministres : Pascal Lissouba (24 décembre 1963-6 juin 1966) / Ambroise Édouard Noumazalaye (6 juin 1966-20 août 1968) / Alfred Raoul (20 avril 1968-21 juin 1969)
- **Chef d'État par intérim : Alfred Raoul, 7 septembre-31 décembre 1968**
- **Président : Marien Ngouabi, 7 janvier 1969-18 mars 1977**
- Premier ministre/Vice-président du Conseil d'État : Alfred Raoul (Premier ministre et président du Conseil d'État : 21 juin 1969-3 janvier 1970 ; vice-président du Conseil d'État : 4 janvier 1970-12 décembre 1971) / Aloïse Moudileno Massengo (vice-président du Conseil d'État : 16 décembre 1971-11 août 1972) / Ange-Édouard Poungui (vice-président du Conseil d'État : 11 août 1972-3 janvier 1973 ; 3 janvier 1973-26 août 1973) / Henri Lopes (26 août-30 août 1973 ; 30 août 1973-12 décembre 1975) / Louis Sylvain Goma (12 décembre 1975-3 avril 1977 ; 3 avril 1977-5 août 1984)
- **Président : Joachim Yhombi-Opango, 3 avril 1977-5 février 1979**
- Premier ministre : Louis Sylvain Goma (3 avril 1977-5 août 1984)
- **Président : Denis Sassou N'Guesso, mars 1979-30 août 1992**
- Premiers ministres : Ange-Édouard Poungui (8 août 1984-7 août 1989) / Alphonse Souchlaty-Poaty (7 août 1989-8 janvier 1991) / Louis Sylvain Ngoma (8 janvier 1991-15 juin 1991)

Transition :

- Premier ministre : André Milongo (15 juin 1991-7 septembre 1992)
- **Président : Pascal Lissouba, 31 août 1992-15 octobre 1997**

– Premiers ministres : Maurice Stéphane Bongho-Nouarra (7 septembre-25 décembre 1992) / Claude Antoine Dacosta (25 décembre 1992-24 juin 1993) / Jacques Joachim Yhombi Opango (24 juin 1993-27 juillet 1996) / David Charles Ganao (27 juillet 1996-8 septembre 1997) / Bernard Kolélas (8 septembre-15 octobre 1997)
– **Président : Denis Sassou N'Guesso, 25 octobre 1997-11 avril 2016**
– Premier ministre : Isidore Mvouba (7 janvier 2005-3 mars 2007 ; 3 mars-30 décembre 2007 ; 30 décembre 2007-15 septembre 2009)
– **Président : Denis Sassou N'Guesso, 15 avril 2016 jusqu'en 2021**
– Premier ministre : Clément Mouamba (30 avril 2016-16 août 2017 ; 22 août 2017)

---

critère de convergence des pays de la Cemac qui plafonne l'encours de la dette publique à 70 % du PIB. Une situation liée certes à la baisse des cours mondiaux du pétrole intervenue à la mi-2014, mais surtout à une mauvaise gestion, un manque d'orthodoxie financière et à des détournements de fonds publics.

Entamées en octobre 2017, les discussions avec le FMI en vue de la signature d'un programme de redressement économique et financier n'avaient toujours pas abouti en septembre 2018. C'est ainsi que l'examen du dossier par le Conseil d'administration du FMI a été reporté six fois.

Plusieurs raisons expliquent ces reports successifs. Dans un premier temps, la mission du FMI a eu du mal à identifier certains prêts, leur montant et leur destination, et à dresser un état précis de l'endettement du pays. D'ailleurs le ministère des Finances et son organe technique, la Caisse congolaise d'amortissement (CCA), chargée du suivi et de la gestion de la dette, ne maîtrisaient pas non plus l'ampleur des prêts contractés. La raison ? La dette, dont une partie a été gagée sur le pétrole, a été négociée par trois acteurs : le ministère des Finances, en principe seul habilité à engager le Congo à l'extérieur sur le plan financier, ainsi que le ministère de l'Aménagement du territoire et des Grands Travaux et la Société nationale des pétroles, tous deux ayant caché pendant longtemps les créances qu'ils avaient contractées.

D'autres freins à la finalisation d'un programme avec le FMI sont liés à des mesures non encore finalisées, comme l'audit de la dette intérieure, aux tentatives, vaines, du régime d'obtenir des financements auprès de pays étrangers, notamment des Émirats arabes unis, et à la lenteur des négociations avec les traders Glencore, Trafigura et UBA. Le quatrième verrou bloquant viendrait de la difficulté pour le Congo d'obtenir de son partenaire chinois des facilités de remboursement de la dette congolaise (annulation partielle et moratoire de remboursement), dont la Chine est le principal créancier, afin de rendre celle-ci soutenable. À l'issue du Sommet Chine/Afrique, qui s'est tenu les 3 et 4 septembre 2018, à Pékin, aucun accord dans ce sens n'a été annoncé.

L'économie

Au Congo, le secteur privé est considéré comme le moteur de la croissance économique. Il n'en fut pas toujours ainsi. De 1963 à 1990, l'étatisation de l'économie fut la règle. Durant près de trois décennies, les régimes socialiste et communiste qui se sont succédé ont découragé l'initiative privée et réglementé certaines activités, concédant de fait le monopole d'une filière aux entreprises publiques et mixtes. Autant dire que ces options et l'image valorisante donnée par l'administration coloniale puis congolaise au statut de fonctionnaire ont fortement freiné l'esprit d'entreprise et handicapé l'essor du secteur privé national.

Option libérale et diversification économique

C'est à la fin des années 1980 que la libéralisation de l'économie est prônée. Cette option s'est d'abord réalisée dans le cadre des politiques d'ajustement structurel, avec notamment la mise en œuvre d'un important programme de privatisation des entreprises d'État, puis elle s'est affirmée à partir des années 2000.

Du coup, la montée du chômage aidant (l'emploi, auparavant garanti par la fonction publique, n'étant plus guère assuré

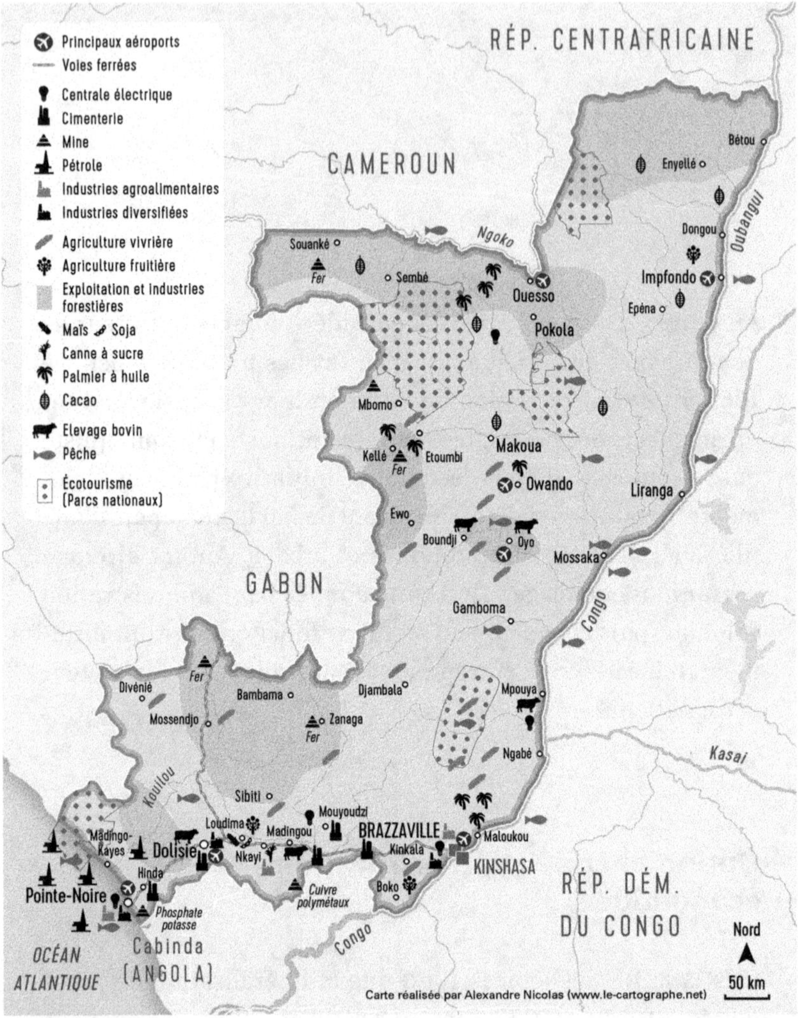
Principaux aéroports
Voies ferrées
Centrale électrique
Cimenterie
Mine
Pétrole
Industries agroalimentaires
Industries diversifiées
Agriculture vivrière
Agriculture fruitière
Exploitation et industries forestières
Maïs Soja
Canne à sucre
Palmier à huile
Cacao
Elevage bovin
Pêche
Écotourisme (Parcs nationaux)
RÉP. CENTRAFRICAINE
CAMEROUN
GABON
RÉP. DÉM. DU CONGO
Cabinda (ANGOLA)
OCÉAN ATLANTIQUE
Bétou
Enyellé
Dongou
Impfondo
Epéna
Souanké
Fer
Sembé
Ngoko
Ouesso
Pokola
Oubangui
Mbomo
Kellé
Etoumbi
Makoua
Owando
Liranga
Ewo
Boundji
Oyo
Mossaka
Congo
Gamboma
Djambala
Mpouya
Ngabé
Kasai
Divénié
Mossendjo
Bambama
Zanaga
Sibiti
Kouilou
Mouyoudzi
Loudima
Madingou
Madingo-Kayes
Dolisie
Nkayi
BRAZZAVILLE
Maloukou
Kinkala
KINSHASA
Hinda
Pointe-Noire
Boko
Cuivre polymétaux
Phosphate potasse
Nord
50 km
Carte réalisée par Alexandre Nicolas (www.le-cartographe.net)

par cette institution), les comportements ont progressivement évolué. Ainsi, l'esprit d'entreprise et la réussite entrepreneuriale, autrefois considérés comme suspects, ont été valorisés. Les Congolais, les jeunes notamment, se sont engagés dans les affaires, en faisant de plus en plus preuve d'imagination pour créer une activité. S'ils ne manquent pas d'initiatives, la manière de conduire un projet et de gérer une entreprise, et surtout l'accès au financement leur font néanmoins encore défaut. En outre, l'option libérale a ouvert largement le pays aux investisseurs étrangers, souvent mieux positionnés en termes de moyens financiers, de réseaux et de savoir-faire. D'où la difficulté du privé national à structurer de vraies entreprises, à être compétitif et à se tailler une place de choix dans le tissu entrepreneurial du pays.

Prédominance des TPE

Le tissu entrepreneurial congolais est composé de trois types d'entreprises : les grandes entreprises, les petites et moyennes entreprises (PME), qui évoluent toutes les deux dans le secteur formel, et les très petites entreprises (TPE). Les premières, peu nombreuses, sont principalement des filiales de groupes internationaux (pétrole, mines, BTP, télécommunications), des entreprises publiques ou mixtes congolaises (SNPC, PAPN, etc.) et quelques sociétés privées d'envergure, appartenant en majorité à des ressortissants étrangers. Celles à capitaux majoritairement congolais sont rares. Elles opèrent dans le pétrole et le trading pétrolier, ainsi que dans l'agro-industrie (palmier à huile, cacao), la filière bois et le BTP.

Les PME majoritairement détenues par des Congolais sont également peu nombreuses. Toutefois les choses commencent à changer. Davantage de nationaux, des jeunes diplômés notamment, tendent, en effet, à formaliser leurs activités, aidés sur ce plan par des structures publiques ou privées. Traditionnellement représentés dans l'agroalimentaire et les services (transport, gardiennage, hôtellerie, communication), les Congolais investissent plus largement dans des secteurs nouveaux, comme l'agriculture vivrière et de rente, et les nouvelles technologies de l'information.

C'est dans l'informel que les Congolais sont les plus nombreux. Ils sont majoritairement représentés dans les TPE, des micro-entreprises, individuelles ou familiales, qui sont qualifiées d'informelles car elles échappent à l'impôt, au contrôle et, plus globalement, à la réglementation de l'administration, ne tiennent pas de comptabilité avec bilan et n'ont pas de compte d'exploitation. Ces TPE forment la masse du tissu économique du pays. Tournées vers la demande locale et l'acquisition rapide de revenus, elles occupent une place importante dans la production de biens et de petits services marchands (commerce, restauration, maraîchage, petite transformation et artisanat) et jouent un rôle non négligeable dans la survie et la création de revenus et d'emplois, même si ces derniers sont souvent précaires et mal rétribués.

La place marginale qu'occupent les Congolais dans le tissu économique formel est fréquemment soulignée. Le cadre institutionnel, administratif, réglementaire et financier y est pour quelque chose, décourageant plus d'un petit entrepreneur à formaliser son activité. Pour sortir de cette situation, diverses dispositions sont prises à leur égard, avec la mise en place de structures destinées à les appuyer pour structurer et gérer leurs activités, ou encore l'instauration du « *local content* », dans le cadre de la sous-traitance minière et pétrolière notamment, qui devrait s'étendre à l'agro-industrie et à la filière bois.

Diversification économique, un pari difficile à relever

Le renforcement des PME/PMI, tant en nombre qu'en qualité, est d'autant plus nécessaire que ces dernières sont jugées comme les acteurs majeurs de la diversification économique, prônée par le Plan national de développement (PND) 2012-2016 pour sortir le pays du tout pétrole. C'est autour de sept « grappes », considérées comme porteuses de croissance, qu'a été bâtie cette stratégie : agriculture et agroalimentaire ; forêts et industries du bois ; hydrocarbures ; mines ; bâtiments et matériaux de construction ; tourisme et hôtellerie ; services financiers.

Toutefois, la diversification est loin d'avoir atteint ses objectifs sur le terrain. La transformation structurelle de l'économie n'en est qu'à ses débuts et, à l'exception de la filière matériaux de construction, qui a enregistré l'implantation de cinq cimenteries, peu de « grappes » ont réellement décollé. Pour preuve, bien que son poids dans l'économie soit en recul de 10 % depuis le début des années 2010, le secteur pétrolier représente encore près de 50 % du PIB. En outre, ce recul est davantage dû à la baisse de la production de pétrole et à celle des cours du baril, plutôt qu'à l'émergence et à une croissance soutenue des filières de diversification. D'ailleurs, la part des industries extractives dans le PIB risque de remonter, avec la hausse de la production pétrolière et le développement du secteur minier, notamment des filières phosphate et potasse.

Par ailleurs, l'exécution du PND 2012-2016 a privilégié l'octroi de vastes concessions à de grandes entreprises, au détriment des petits et moyens producteurs locaux. Adopté en août 2018, le plan national de développement (PND) 2018-2022, qui vise à diversifier l'économie et à valoriser le capital humain, devrait rectifier le tir. Les principales filières de diversification retenues sont l'agriculture (agroforesterie, pêche, élevage), le tourisme et l'industrialisation. Pour améliorer la qualité des ressources humaines et les adapter aux enjeux économiques et sociaux du pays, une réforme en profondeur du système éducatif et de la formation qualifiante et professionnelle sera engagée. Une attention particulière sera portée sur la structuration des petits producteurs et des PME-PMI.

L'autre volet du PND 2012-2016 portait sur le développement et la modernisation des infrastructures de base, qui étaient peu développées et en partie détériorées au début des années 2000. Ces réalisations ont été en grande partie financées par les revenus tirés du pétrole. Néanmoins, malgré les efforts déployés, on peut déplorer des choix peu judicieux, comme la multiplication des aéroports, des palais présidentiels, des stades ou des hôpitaux généraux qui ont été faits au détriment d'autres équipements, le nombre élevé d'ouvrages inachevés et un manque de coordination dans le lancement des programmes de réhabilitation de la chaîne des transports qui peut compromettre la vocation de transit du pays.

En outre, la baisse des cours mondiaux de l'or noir à partir de la mi-2014, conjuguée à un recul de la production, qui a fait baisser drastiquement les recettes budgétaires, et la crise financière que traverse le pays suite à un fort taux d'endettement ont fortement ralenti le programme d'équipement du Congo. La remontée de la production et des cours mondiaux des hydrocarbures ne devrait pas pour autant relancer massivement les investissements publics dans les infrastructures. Si tel était le cas toutefois, une sélection rigoureuse des équipements à réaliser devra être faite.

Électricité, une offre portée à 600 MW

En matière de production d'électricité, la stratégie retenue privilégie le développement des grandes centrales hydroélectriques et à gaz, deux sources d'énergie très disponibles au Congo, pour alimenter les centres urbains et industriels. Bien que préconisés, l'essor des énergies renouvelables (solaire, biomasse, hydrolien et éolien), l'exploitation des dénivelés des torrents ou la construction de microcentrales hydroélectriques dans les villages et les zones périurbaines sont marginaux et relèvent davantage du secteur privé que public.

Avec le lancement de chantiers de réhabilitation et de construction de centrales, l'offre en électricité a été portée à plus de 600 MW en 2017, contre 89 MW en 2000. Fin 2017, le parc public se composait de centrales hydroélectriques, à gaz et thermiques. Inaugurée en 1979, mais fortement endommagée en 1998 lors des conflits armés, la centrale hydroélectrique de Moukoukoulou, située sur la rivière Bouenza, dans le département éponyme, a été remise en état en 2007. D'une capacité de production de 74 MW, cette centrale, fruit de la coopération sino-congolaise, alimente une partie des départements de la Bouenza et de la Lékoumou.

Construite sur la rivière Léfini dans le Pool, non loin de Ngabé, à 215 km au nord de la capitale, par la China National Machinery and Equipment, et inaugurée en 2011, la centrale hydro-électrique d'Imboulou a une capacité de 120 MW. Elle dessert des villes des départements des Plateaux (Ngo, Djambala, Gamboma, Ollombo), de la Cuvette (Oyo, Édou, Boundji, Owando, Makoua, Tchikapika). Mossaka (Cuvette) et Ewo (Cuvette-Ouest) devraient être connectées au réseau électrique national.

Dernière née des centrales hydroélectriques, celle de Liouesso, réalisée par la China Gezhoula Group Company limited, sur la rivière Lengoué dans le département de la Sangha, dispose de 19,5 MW. Sa production alimente Ouesso et des petites villes du département de la Sangha. Une fois réhabilitée, la centrale hydroélectrique du Djoué, située près de Brazzaville et inaugurée en 1954, aura une capacité de production de 30 MW contre 16 MW.

Situées dans le sud du pays, les centrales à gaz sont au nombre de deux. Construite à la suite d'une convention signée, le 17 mai 2006, entre la compagnie pétrolière Eni Congo et l'État congolais, et opérationnelle depuis décembre 2011, la Centrale électrique du Congo (CEC), logée à Côte Matève, près de Pointe-Noire, a une puissance installée de 300 MW. Alimentée par le gaz, elle dessert la ville de Pointe-Noire. Elle est gérée par un consortium composé d'Eni Congo (20 %) et de l'État congolais (80 %). Sa capacité devrait être portée à 450 MW, voire 900 MW. Également alimentée par du gaz, la centrale électrique de Djéno, près de Pointe-Noire, mise en service en 2002, a une puissance de 50 MW. Une centrale solaire (3 MW) devrait être édifiée à Impfondo.

Outre des groupes électrogènes établis dans des centres secondaires, dans le cadre notamment du Projet d'électrification rurale initié par le ministère de l'Énergie et de l'Hydraulique, le parc de production compte de nombreux groupes électrogènes et des panneaux solaires installés par des privés.

Trois projets de centrales hydroélectriques sont à l'étude : Cholet (600 MW) dans la Sangha, sur la rivière Dja-Ngoko, en partenariat avec le Cameroun, Sounda (500 MW), dans le Kouilou et Kouembali (150 MW), dans les Plateaux. Le projet le plus avancé est celui de Sounda. Suite à un accord conclu le 11 octobre 2014 entre la Société financière internationale (Groupe Banque mondiale) et le gouvernement congolais, des études de faisabilité ont été lancées pour évaluer le potentiel. Des échanges ont eu lieu fin 2015 entre le Cameroun et le Congo pour mettre en place des organes de gestion du projet Cholet.

L'ouverture de centrales s'est accompagnée de la construction et du renforcement du réseau de transport d'électricité THT (très haute tension) et moyenne tension. Parallèlement, des postes de transformation et de dispatching THT ont été mis en service. L'ensemble des réalisations a permis de faire passer le réseau de transport interconnecté de 718 km en 1990 à plus de

1600 km en 2015. Ce dernier s'étend de Pointe-Noire à Ouesso, et de nombreuses localités autres que Brazzaville, Pointe-Noire, Dolisie et Nkayi y sont connectées.

La construction de lignes THT et moyenne tension est à finaliser, l'objectif, à terme, étant d'interconnecter l'ensemble du dispositif et de construire un véritable boulevard énergétique, reliant le sud au nord du pays et formé de plusieurs maillons, dont la CEC au sud, Imboulou au centre, et Liouesso au nord.

Le deuxième volet de la politique énergétique porte sur la réhabilitation, la modernisation et la densification des réseaux de distribution des villes de Brazzaville et de Pointe-Noire, qui datent des années 1950. Un volet qui se réalise avec l'appui d'Électricité de France (EDF) à Brazzaville.

Enfin, autre volet de la politique énergétique, la réforme du secteur de l'eau et de l'électricité prévoit la privatisation de la société Énergie-Électricité du Congo (EEC), qui a pris le relais de la Société nationale d'électricité (SNE), une entreprise publique transformée en société commerciale, qui accumule un déficit de 45 milliards de FCFA.

Toutefois, alors que l'offre en électricité s'est globalement accrue, les délestages restent importants et de nombreux foyers urbains sont encore privés d'électricité ou alimentés par intermittence. La raison de cette situation est à mettre sur le compte du retard pris dans la réhabilitation et l'extension des réseaux de distribution, notamment dans les grandes villes du pays, qui sont en mauvais état et dont la plupart datent des années 1950. Ces chantiers ont souvent été lancés après la construction des centrales ou juste avant leur finalisation.

Barrage hydro-électrique d'Imboulou sur la rivière Léfini
dans le département du Pool. © MDMM.

Village alimenté en eau potable par le programme « Eau pour tous »
dans le district d'Abala (Plateaux). © MDMM.

Accès à l'eau potable, un bilan très mitigé

La desserte en eau potable est loin de répondre à la demande. En 2012, les taux de couverture n'étaient que de 51 % en ville et de 14 % en zone rurale. Pour pallier les déficits, la tendance a été de forer des puits et d'utiliser des surpresseurs. Des équipements qui augmentent les charges des opérateurs économiques et des ménages.

Pour faire passer le taux de couverture à 90 % en milieu urbain et à 75 % en milieu rural, divers chantiers ont été lancés. Dans la capitale, des unités compactes de potabilisation d'eau (potablocs) ont été installées sur les sites de Djiri et du Djoué, où se trouvent les usines de traitement d'eau. En outre, une deuxième unité de traitement d'eau à Djiri, d'une capacité de 5000 m³ par heure, a été construite et l'ancienne usine de traitement d'eau de Djiri, réhabilitée. À Pointe-Noire, des potablocs ont également été mis en place et une usine de traitement d'eau potable de la Louémé est en cours de construction.

Dans les chefs-lieux de districts, des ouvrages de traitement et de production d'eau potable (forages, châteaux d'eau) sont progressivement établis. En milieu urbain, la réalisation de ces chantiers s'accompagne de travaux de modernisation et d'extension des réseaux de transport et de distribution d'eau. Toutefois un arrêt a été mis à ces chantiers suite à la forte baisse des recettes budgétaires à partir de 2017 qui a mis entre parenthèses la réalisation de nombreux investissements publics.

En milieu rural, un projet de réalisation de 4000 forages d'eau potable dans 2000 villages dans le cadre du projet « eau pour tous » a été lancé en août 2013. Le bilan reste mitigé, de nombreux forages n'étant plus opérationnels faute de maintenance.

Le PAPN, port de transit ou de transbordement ?

Sa position géographique au cœur de l'Afrique centrale confère au Congo une vocation de transit, qui ne prend tout son sens que grâce à un système de transport multimodal efficace et moderne. Pour rendre effective cette vocation, un programme de modernisation et d'extension des infrastructures de transport a été engagé. Au-delà du désenclavement interne du Congo, ce programme répond également à des impératifs d'intégration sous-régionale.

Situé au bord de l'océan Atlantique, le Port autonome de Pointe-Noire (PAPN), un établissement public à caractère industriel et commercial depuis 2000, a été ouvert au trafic le 1er avril 1939. Premier maillon du système de transport multimodal du pays, ce port en eau profonde (7,30 à 13 m), aux accès faciles, qui dispose d'un bassin d'une superficie de 84 ha s'ouvrant sur la haute mer par une passe d'entrée large de 180 m et prolongée par un chenal d'accès long de 1 200 m, offre d'excellentes conditions de navigation. Il joue un rôle primordial dans les échanges économiques tant au plan national que sous-régional et fait de Pointe-Noire le principal centre de l'activité économique et commerciale du Congo.

700 M€ pour rénover les installations portuaires

Pour reconstruire, étendre et moderniser les installations portuaires et, ainsi, renforcer la position de Pointe-Noire en tant que principale porte d'entrée et de sortie du bassin du Congo, et première plateforme du trafic de transbordement vers les pays d'Afrique centrale, un Programme d'investissements prioritaires, d'un montant de 450 milliards de francs CFA (700 M€), a été engagé. Sur ce montant, 370 milliards de francs CFA (570 M€) sont à la charge de Congo Terminal, la société concessionnaire du terminal à conteneur depuis le 23 décembre 2008, dont l'actionnaire majoritaire est le groupe français Bolloré Africa Logistics (BAL), à côté de Socotrans, Samariti et Translo. Les 80 milliards de francs CFA restants sont assurés par le PAPN, sur ses ressources propres, par la Banque de développement des États de l'Afrique centrale, l'Agence française de développement et la Banque européenne.

Les travaux réalisés ont permis d'améliorer sensiblement le trafic, qui est passé de 4,1 millions de tonnes (Mt) en 2007, à 9,6 Mt en 2014 pour décliner légèrement à 8,5 Mt en 2016. Prévu à 1,5 Mt, le trafic conteneur global (transbordement, transit et trafic local) s'est établi à environ 700 000 conteneurs équivalent vingt pieds (EVP, unité représentant environ 38,5 m^3) en 2016 contre 265 942 EVP en 2008.

Lorsque les travaux seront achevés, Congo Terminal disposera de 32 ha de terre-pleins (contre 17 ha auparavant) et de 1500 m de quai, dont 800 m qui lui permettront d'accueillir des navires à très fort tirant d'eau (15 m, contre 13,2 m auparavant). Il devrait devenir ainsi le point d'accueil et de transbordement des navires trop lourds pour Douala (Cameroun), Luanda (Angola) ou encore Matadi (RD Congo), ainsi que la porte principale des transits hinterland (import et export) du bassin du Congo (Centrafrique, Tchad), ouvrant sur les principaux corridors terrestres et fluviaux de la sous-région.

Reste que le rôle de transit du port de Pointe-Noire est indissociable de la réhabilitation de l'ensemble de la chaîne de transport, en particulier du chemin de fer Congo-Océan et des voies fluviales. Or la modernisation de ces deux maillons a pris du retard. Ce qui limite le PAPN à être seulement un port de transbordement, le réseau routier (RN1 et RN2) ne pouvant pas supporter les charges très lourdes et n'étant pas adapté à l'intensification du trafic. Ce retard est d'autant plus préjudiciable que, dans la sous-région, d'autres ports en eau profonde sont en service (Kribi au Cameroun, Malabo en Guinée équatoriale), en construction ou prévus (Caio à Cabinda en Angola, Banana en RD Congo, etc.).

Un port minéralier à Pointe-Noire

Dans la perspective de l'essor du secteur minier, la construction d'un port minéralier à Pointe-Noire a fait l'objet, en février 2018, d'un accord de financement entre le gouvernement congolais et la société chinoise China Road and Bridge Corporation (CRBC), qui sera chargée de l'exécution des travaux.

Ce port sera destiné au stockage et à l'évacuation des ressources minérales (potasse et fer notamment) et forestières, ainsi qu'à l'importation d'équipements, de produits de consommation courante et de matériaux de construction. D'une superficie de 9 km^2 et doté de 31 nombreux postes à quai, il pourra recevoir des navires d'une capacité allant jusqu'à 300 000 tonnes.

Un parc industriel, de 25 000 ha, sera installé à proximité du port. Il comptera divers équipements dont une centrale électrique, un centre d'entreposage logistique, une usine de potasse, une fonderie d'acier, une zone de construction et de réparation navale, un parc industriel de transformation de matériaux de construction, une zone de services commerciaux et administratifs, ainsi qu'un centre d'alimentation du port en eau et en traitement des eaux usées.

Renforcement du réseau routier

Bien qu'encore insuffisant en longueur et en qualité, le réseau routier congolais a été étendu et modernisé suite à la mise en œuvre de plusieurs chantiers financés par l'État. Son renforcement, tel que prévu dans le Plan national des transports, vise trois objectifs : relier le nord au sud du pays par une grande dorsale, construire des transversales de part et d'autre de cet axe et interconnecter le réseau routier congolais avec ceux des pays voisins.

La dorsale Nord-Sud

La dorsale Sud-Nord qui relie Pointe-Noire à Ouesso, chef-lieu de la Sangha, via Brazzaville, est formée des nationales 1 et 2, entièrement bitumées. Complémentaire du CFCO, la RN1, d'environ 550 km, qui relie Pointe-Noire à Brazzaville via Dolisie, ouvre un deuxième corridor terrestre entre le port maritime et la capitale. Longue de quelque 800 km, la RN2 relie la capitale à Ouesso, en passant par Gamboma, Oyo et Owando.

À partir de cet axe, diverses transversales (routes nationales et départementales) ont été réalisées. D'autres sont en cours de réalisation ou prévues. Dans la Likouala, un département forestier en partie inondé, une route a été construite entre Doungou et Epéna pour désenclaver Impfondo, le chef-lieu. La connexion routière Impfondo-Liranga, un port situé plus au sud, à la confluence de l'Oubangui et du fleuve Congo, est à l'étude. À terme, tous les chefs-lieux de département devraient être connectés à Brazzaville.

Interconnexion routière avec les pays voisins

La connexion du réseau routier congolais avec ceux des pays voisins (Gabon, Cameroun, Angola, RD Congo, Centrafrique) est assurée par des routes d'intégration sous-régionale, dont certaines sont achevées et d'autres à venir. Ainsi, le Congo est déjà relié au Gabon par la route Okoyo-Lékéty-frontière du Gabon (Cuvette-Ouest) et à l'Angola (Cabinda) depuis Pointe-Noire par la route nationale qui longe la côte.

La jonction avec le Cameroun sera réalisée par la route Ketta-Sembé-Souanké-Ntam (Sangha), dont le tronçon Ketta-Sembé a été bitumé. La connexion avec la Centrafrique passera par Ouesso et Mbirou, dans la Sangha, puis Makao-Enyellé-Bétou-frontière, dans la Likouala. Un pont devrait être construit sur la rivière Sangha, à hauteur de Mbirou. D'autres liaisons sont envisagées. Celle avec le Gabon sera assurée par l'axe Dolisie-Kibangou-Ndendé-Gabon (Niari) et la route Kengué-Zanaga-Bambama (Lékoumou), et celle avec l'Angola et la RD Congo par la route Dolisie-Kimongo-Londéla-Kayes (Niari, Bouenza).

Un impact sur la production agricole

Outre les échanges inter-départements, l'ouverture de routes a favorisé la production agricole et son évacuation vers les marchés urbains. Ainsi la réalisation de la RN1 entre Dolisie et Pointe-Noire a permis de mieux approvisionner le port maritime à partir du Niari, de la Lékoumou et de la Bouenza. De même, le bitumage de la route Ketta-Sembé dans la Sangha a dopé la production vivrière et les bananes plantain ont refait surface sur les marchés de Ouesso.

Le maillage du pays en routes bitumées est toutefois loin d'être achevé. Actuellement, quelque 3 000 km de routes ont été bitumés, sur un total de 18 000 km, dont 16 000 km de routes en terre. Les investissements à réaliser pour étendre le réseau goudronné et réaliser les ouvrages de franchissement de rivières sont donc importants.

Chemin de fer, le maillon faible

Le CFCO, le parent pauvre

Mis en service en 1934, le chemin de fer Congo-Océan (CFCO) compte deux lignes. L'une, de 510 km, relie Brazzaville à Pointe-Noire, par une voie unique. L'autre, de 285 km, est la bretelle ferroviaire Mont Belo (Dolisie)-Mbinda, initialement destinée

---

UN PONT ENTRE KINSHASA ET BRAZZAVILLE ?

Une connexion routière entre le Congo et la RD Congo pourrait être établie via le projet « Pont-route-rail » qui intéresse les deux pays. Les sites retenus pour abriter le pont qui reliera Brazzaville et Kinshasa, la capitale de RD Congo, sont Maloukou, côté brazzavillois, et Maluku, côté kinois. Situé à une soixantaine de kilomètres en amont de Brazzaville, Maloukou a des atouts. Il héberge la zone industrielle de Maloukou-Tréchot et, par sa position géographique, est bien adapté au développement du transport multimodal.

Accessible par une route depuis la RN2, il est connecté au port de Pointe-Noire via une bretelle de la RN1, qui contourne Brazzaville par le nord et rattrape la RN2 à hauteur de Kintélé. Un port sec, bâti à proximité, permettra de stocker des marchandises.

Les études de faisabilité de ce projet sont financées entre autres par la Banque africaine de développement.

à l'évacuation du manganèse du Gabon vers Pointe-Noire. À cause d'une mauvaise gestion, d'un manque d'investissement pendant de longues années et des conflits socio-politiques de la décennie 1990, les infrastructures ferroviaires et le matériel roulant ont été très dégradés. Du coup, le trafic a chuté.

Afin de relancer un secteur clef pour le pays, des travaux de réhabilitation et d'équipement ont été engagés à partir de 2007. Entièrement financés par l'État, ils portent sur la réhabilitation et l'acquisition de matériels roulants (locomotives, voitures voyageurs et wagons marchandises), en partie réalisées, sur la rénovation de gares, le renouvellement de la voie ferrée, notamment le traitement des points singuliers, et la construction d'une voie de contournement pour éviter la zone inondable autour de Kiélé Tenard. La modernisation du système d'exploitation, avec l'installation d'un système de sécurité des circulations géré par ordinateur, fait partie des mesures de rénovation du chemin de fer.

Les travaux engagés et les matériels acquis ont permis de faire passer le trafic marchandises de 593 000 tonnes en 2009 à 822 392 tonnes en 2014. Ce dernier porte sur le ciment, les hydrocarbures liquides, le bois, le sucre et la farine.

Toutefois, les progrès sont lents. En raison du retard pris dans sa réhabilitation, le CFCO demeure un goulot d'étranglement dans la chaîne de transport du Congo. La destruction de deux ponts ferroviaires par des groupes armés en novembre 2016, lors du conflit qui a secoué le sud du Pool suite à la présidentielle de 2016, n'a rien arrangé en paralysant le trafic entre Brazzaville et Loutété jusqu'à la fin 2018. Outre des conséquences économiques désastreuses, l'ensemble de ces problèmes, qui se sont conjugués avec le retard pris dans la relance de la voie fluviale, ont contribué à limiter la fonction du port de Pointe-Noire à celle de transbordement, alors que le PAPN devrait être un port de transit, en plus de contribuer au trafic import-export du Congo. En outre, même si le transport routier ne peut pas totalement

La RN 14 menant de Ketta à Sembe dans la Sangha. © MDMM.

La gare du CFCO de Loudima (Bouenza). © MDMM.

Embarquement de fèves de cacao au port d'Impfondo sur la rivière Oubangui (Likouala). © MDMM.

remplacer le train pour les marchandises lourdes, la route a volé la vedette au train.

La fin du conflit dans le Pool et la réhabilitation des deux ponts ont certes permis une reprise timide du trafic ferroviaire sur l'ensemble de la voie à partir de la fin 2018. Néanmoins, d'importants efforts restent à faire pour réhabiliter la voie et le matériel roulant, et permettre ainsi au Congo de jouer à plein son rôle de pays de transit.

Un chemin de fer dans l'ouest du pays : une utopie ?

La présence de gisements miniers, notamment de fer dans le nord-ouest (Sangha) et l'ouest du pays (Cuvette-Ouest, Lékoumou et Niari), a amené les autorités congolaises à envisager la construction d'un chemin de fer qui partirait de la Sangha pour rejoindre Pointe-Noire, via Zanaga. Cette option aurait l'avantage d'évacuer les productions de l'ensemble des gisements et de résoudre la question de la capacité de transport du CFCO. Le bouclage du tracé et du financement de ce chemin de fer, dont la construction serait à la charge des sociétés minières et de l'État congolais, avec le concours d'un partenaire financier extérieur, est toutefois lié à la remontée de cours mondiaux du fer et surtout à l'assainissement des finances publiques congolaises. Du coup, beaucoup pensent que ce projet est une utopie.

Le fluvial, un secteur négligé

Le réseau fluvial navigable congolais est de 7 276 km, réparti entre 5 200 km pour le réseau international et 2 076 km pour le réseau intérieur. Le Congo partage certaines voies d'eau avec ses voisins, dont le balisage est assuré par le Groupement d'intérêt économique-Service commun d'entretien des voies navigables, qui rassemble le Congo et la République centrafricaine, et par la Régie des voies fluviales de la RD Congo pour la partie comprise entre le Pool Malebo sur le fleuve Congo et Mobenzele sur l'Oubangui.

Le Congo est membre avec la Centrafrique, le Gabon, le Cameroun, la RD Congo et l'Angola de la Commission internationale du bassin Congo-Oubangui-Sangha (Cicos), créée en 2004, qui s'occupe de la réglementation, de la navigation et de la sécurité fluviales dans ses pays membres.

Le Congo compte une vingtaine de ports fluviaux gérés, depuis 2010, par le Port autonome de Brazzaville et des ports secondaires (PABPS), qui est un établissement public. L'activité fluviale a fortement baissé à partir des années 1990, en raison de la détérioration des équipements portuaires, de l'insuffisance en matériel de transport fluvial et des carences du CFCO. Du coup, une grande partie du trafic congolais et du trafic d'import-export de la Centrafrique et du Tchad a été captée par le Cameroun, au détriment du Congo.

Depuis 2012, le secteur fluvial bénéficie d'un programme de réhabilitation et de construction d'ouvrages portuaires. Ce sont principalement les ports du nord du pays qui sont concernés, car le réseau fluvial de la partie sud n'est pour l'essentiel fréquentable que par des petites embarcations. En revanche, les cours d'eau du Nord (Congo, Oubangui, Sangha, Likouala-Mossaka, Kouyou ou Alima) peuvent être empruntés par des bateaux à plus fort tonnage, même si, à l'exception de l'Alima et du Congo, ils sont rarement navigables toute l'année. La mise en conformité de ces ports favorisera le désenclavement interne du Congo, avec, pour certains d'entre eux, une vocation d'éclatement essentielle pour les échanges économiques de la sous-région. Toutefois, ils ne pourront jouer à plein leur rôle que s'il existe une flotte fluviale digne de ce nom et si les voies navigables sont entretenues et balisées.

Rénovation du port de Brazzaville

Après la rénovation des ports de Lékéty (Cuvette) et de Ouesso (Sangha), les chantiers se sont focalisés sur la réhabilitation et l'extension du port de Brazzaville, et la construction d'un nouveau port à Oyo. Situé au bord de la rivière Alima et construit par la société chinoise China Road Bridge Corporation (CRBC), le port fluvial d'Oyo, dont les travaux de construction ont été cofinancés par les États chinois (80 %) et congolais (20 %), a été inauguré le 10 août 2017. Il a le statut de port autonome. Pour l'heure, son trafic est très limité.

Outre sa vocation de commerce, le port de Brazzaville est le principal poste-frontière entre le Congo et la RD Congo, et le premier point de transfert multimodal pour les échanges avec la RCA et le Cameroun. Les travaux portent sur la réhabilitation et l'extension des installations (port de Yoro, gare à passagers et infrastructures portuaires du Beach).

Les prochaines étapes devraient porter sur la rénovation du port de Mossaka, plaque tournante de la navigation fluviale dans le bassin du Congo, qui permettra à la ville de jouer à fond son rôle de port d'escale et de transit sur le fleuve Congo, ainsi que le réaménagement des plateformes portuaires de Makoua et d'Etoumbi, situées sur la Likouala-Mossaka.

Puis les chantiers s'attaqueront aux ports d'Impfondo, de Dongou et de Bétou. De nouveaux ouvrages portuaires devraient être réalisés à Liranga (Likouala), qui sera connecté à Impfondo et Bétou par une route longeant la rivière Oubangui, pour pallier l'arrêt du trafic fluvial pendant la période d'étiage de la rivière. À Maloukou-Tréchot, le projet de port s'inscrit dans le cadre de la construction du Pont-route-rail entre le Congo et son géant voisin la RD Congo. La réalisation d'un port sur le Kouilou, dans le département éponyme, est à l'étude.

Créer une vraie flotte fluviale

Si la rénovation des installations portuaires est un préalable à la redynamisation du transport fluvial, elle n'est pas suffisante pour rétablir le trafic, et notamment la vocation de transit du pays. D'autres conditions sont nécessaires, telles que la mise à disposition de matériels de manutention (grues, etc.) dans les ports et la création d'une véritable flotte fluviale qui fait défaut. Actuellement, assuré par quelques armateurs privés, le transport fluvial sur le réseau nord du Congo est limité aux échanges intérieurs et repose principalement sur le bois et un peu de fèves de cacao, à la descente, et des hydrocarbures, à la montée. Quant à la Société congolaise de transport fluvial (Socotraf), la compagnie publique, créée le 13 décembre 2013 en remplacement des « Chantier naval et transports fluviaux » (CNTF), elle ne contribue guère aux échanges, faute d'une flotte digne de ce nom. Une véritable économie fluviale, reposant sur le transport, le tourisme et la pisciculture, reste à construire pour que le fleuve et ses affluents deviennent des sources d'activités et de revenus.

Trop d'installations aéroportuaires ?

En l'espace de dix ans, le Congo a modernisé et renforcé ses installations aéroportuaires. En 2016, le Congo comptait cinq aéroports internationaux (Brazzaville, Pointe-Noire, Ollombo,

Ouesso et Nkayi) et une dizaine d'aéroports secondaires, dont certains construits ou reconstruits dans le cadre de la politique des grands travaux et de la municipalisation accélérée.

Maya-Maya, une vocation de hub sous-régional ratée

L'aéroport international Maya-Maya de Brazzaville a été profondément transformé. Disposant de deux pistes d'atterrissage, d'une aérogare moderne avec deux modules, d'un pavillon présidentiel, d'un aéroclub et d'un parking auto, il peut accueillir 2 millions de passagers par an. En 2015, son trafic s'est élevé à 1232614 voyageurs contre 447499 en 2010. Par ailleurs, la capitale dispose d'un parc hôtelier étoffé et diversifié qui lui permet de recevoir un grand nombre de clients.

L'objectif était de faire de la capitale congolaise un hub aérien sous-régional. Mais la crise économique et financière et la faillite de la compagnie aérienne Equatorial Congo Airlines (ECAir), qui desservait des aéroports d'Afrique centrale (Libreville, Douala), d'Afrique de l'Ouest (Cotonou, Abidjan, Bamako) ainsi que Paris et Dubaï, ont compromis cette vocation.

Un deuxième terminal à Pointe-Noire

Pour faire face à la montée du trafic qui est passé de 400000 passagers en 2003 à un million en 2015, l'aéroport international Antonio Agostinho Neto de Pointe-Noire a été doté d'un deuxième terminal, consacré aux vols internationaux. Ce bâtiment de trois niveaux comprend deux passerelles télescopiques et divers autres équipements, ainsi qu'une centrale électrique, un abri à matériels de piste et une base eau avec une salle de pompe. L'ensemble assure à Pointe-Noire une vocation de hub aérien, qui devrait être renforcée dans les mois à venir, la compagnie aérienne Air France ayant en projet de faire de Pointe-Noire un hub pour le matériel destiné à l'activité pétrolière. Cette plateforme logistique pourrait également servir aux opérations pétrolières du Cabinda (Angola) et du Gabon.

Si les vocations internationales des aéroports de Brazzaville et de Pointe-Noire ne font pas de doutes, en revanche celles d'Ollombo (département des Plateaux), de Ouesso (Sangha) et de Nkayi (Bouenza) ne sont pas bien établies. Pour l'heure, le trafic (passagers et fret) depuis et vers Ouesso est faible et limité aux vols domestiques. Ollombo n'est plus desservi depuis la faillite d'ECAir. La fréquentation de ces sites, en particulier pour un trafic international, dépendra de l'essor des projets agro-industriels, touristiques, voire miniers, dans les départements des Plateaux, de la Sangha et de la Cuvette, et du démarrage des zones économiques spéciales d'Oyo/Ollombo et de Ouesso.

On peut se demander par ailleurs si la destination Nkayi sera régulièrement desservie, la ville étant accessible par la route depuis Brazzaville et Pointe-Noire (quelque 3 heures dans les deux cas).

Des aéroports secondaires rénovés ou construits

Pour désenclaver l'arrière-pays, plusieurs aéroports secondaires ont été reconstruits ou construits : Impfondo, Dolisie, Owando, Djambala, Kinkala, Ewo et Sibiti. D'autres réalisations sont envisagées, chaque département devant être doté d'un aéroport moderne. Toutefois, seule la ville d'Impfondo est régulièrement desservie, et dans une moindre mesure Dolisie. Si l'implantation d'aéroports à Ouesso, Impfondo, Brazzaville et Pointe-Noire ne fait pas de doute, en revanche, on peut se demander si chaque département devait à tout prix disposer d'un aéroport, voire de deux comme c'est le cas pour celui des Plateaux. Le faible pouvoir d'achat de la population, les distances relativement courtes entre les chefs-lieux de département, dont la plupart sont accessibles par la route, et le marasme économique, même s'il est conjoncturel, ne semblent pas justifier un réseau aussi dense d'aéroports. Ainsi le bilan de ces réalisations, dont le coût de construction a été élevé, est-il très mitigé. En outre, plus de la moitié de ces plateformes aéroportuaires ne sont pas opérationnelles, et faute de maintenance et de moyens financiers pour les entretenir, il y a un grand risque qu'elles ne se dégradent à moyen terme.

L'agriculture, un secteur très en deçà de son potentiel

Les faits sont là. Alors qu'ils représentaient plus de 20 % du PIB dans les années 1960, l'agriculture, l'élevage, la chasse et la pêche ne contribuent qu'à 4,7 % du PIB en 2015. En dépit d'un fort potentiel, la production agricole couvre à peine 30 % des besoins alimentaires du pays.

Bien que l'agriculture ait été considérée comme l'une des « grappes » essentielles de la diversification économique dans le Plan national de développement (PND) 2012-2016, les résultats sur le terrain des actions entreprises pour doper ce secteur, notamment dans le cadre de ce plan, sont très inégaux. Certes les quelques mesures prises, conjuguées à une extension du réseau routier (routes et pistes rurales), ont permis d'augmenter la production vivrière et arboricole et de mieux ravitailler les marchés urbains. Mais cela ne suffit pas.

Un coup d'accélérateur devra être donné dans le PND 2018-2022 à une filière indispensable pour la sécurité alimentaire du pays et son potentiel d'exportation, en mettant l'accent sur les petits et moyens producteurs et le financement de leurs activités.

320 milliards de francs CFA d'importations alimentaires par an

Le Congo consacre plus de 320 milliards de FCFA pour importer, chaque année, des denrées alimentaires, selon la Direction générale de l'Économie. Pour s'en convaincre, il suffit de faire un tour dans les échoppes d'alimentation des villes, en majorité tenues par des Ouest-Africains, et dans les supermarchés de Brazzaville et de Pointe-Noire. À l'exception d'une poignée d'articles fabriqués localement, avec souvent des intrants importés – pain, yaourts, sucre, biscuits, bières, eaux minérales et quelques légumes et fruits locaux –, le reste des marchandises vient de l'étranger.

C'est seulement sur les marchés urbains que l'on trouve une grande partie des denrées vivrières cultivées au Congo (manioc et bananes plantain, bases de l'alimentation des Congolais, patates douces, ignames, taros, arachides, feuilles, légumes, ananas, agrumes, bananes, avocats, safous, mangues, etc.). Chaque région a ses spécialités. Le Pool et la Bouenza sont de grands producteurs de manioc, le département des Plateaux, et notamment son chef-lieu Djambala, est réputé pour ses pommes de terre, ses ignames, ses haricots, ses ails, ses échalotes et ses oignons. L'arboriculture (manguiers, safoutiers, avocatiers, agrumes, papayers) est développée dans le Pool (zone de Boko), la Lékoumou, le Niari et la Bouenza, des départements considérés comme des greniers agricoles, ainsi que dans la Sangha et la Likouala.

Une fois les besoins des populations rurales satisfaits, les surplus aboutissent sur les marchés urbains. Les villes sont, en effet, ravitaillées pour partie à partir de leur hinterland et des zones de maraîchage développées dans les jardins ou à la

Cultures maraîchères près de Mfouati (Bouenza). © MDMM.

Produits agricoles locaux vendus sur le marché de Ngo (Plateaux). © MDMM.

périphérie des cités. Ainsi le Pool et les Plateaux approvisionnent Brazzaville, tandis que Pointe-Noire est achalandée par le Kouilou, la Bouenza, la Lékoumou et le Niari.

Néanmoins, excepté les tubercules (manioc, ignames, taros, etc.), les feuilles-légumes (dont le koko) et les bananes plantain, dont la production nationale couvre à peu près les besoins du pays, une grande partie des autres produits est importée, des pays voisins surtout, dont le Cameroun, la RD Congo, le Gabon, voire la Centrafrique, mais aussi d'Afrique du Sud, d'Europe ou d'Amérique latine. Pour exemple, l'essentiel des haricots et des oignons consommés au Congo viennent du Cameroun.

Les raisons du déclin agricole

Cette situation n'a pas toujours existé. Avant l'indépendance, l'agriculture tenait une place de choix dans l'économie du Congo et l'agro-industrie – palmier à huile, hévéa, cacao, café, tabac, canne à sucre – offrait de bonnes perspectives. Après 1960, la situation s'est progressivement inversée, avec la création de fermes, de ranchs, d'offices et autres sociétés publiques, qui, mal gérés, ont vite fait faillite.

Peu préparé aux affaires, le privé, notamment la petite paysannerie, n'a pas été en mesure de prendre le relais de l'État et de faire face à la demande. Les politiques d'ajustement structurel imposées à partir du milieu des années 1980, par le Fonds monétaire international, qui interdisaient à l'État de soutenir certains secteurs d'activité, dont l'agriculture, et de subventionner les privés, n'ont rien arrangé. Conjugués à la réduction de la part du budget national consacrée aux investissements agricoles, à l'encadrement des paysans et à la recherche agronomique, et au manque de crédits mis à la disposition des populations villageoises, ces programmes ont sonné le glas du secteur. Les conflits armés des années 1980 n'ont rien arrangé, en détruisant notamment les infrastructures et le tissu économiques.

Cause et conséquence du déclin des campagnes, l'exode rural a vidé les villages d'une partie de leurs habitants, plus attirés par la ville et les emplois du secteur pétrolier que par les champs. L'indigence du réseau routier, les problèmes de stockage, de conservation et de transport ont également contribué à la baisse des productions vivrières et industrielles et aux difficultés de leur évacuation.

Du coup, l'agriculture a longtemps été limitée à la production vivrière. De type extensif et peu mécanisée, elle repose sur des petites exploitations d'autosubsistance, dont la superficie moyenne se situe entre 0,5 et 1 hectare, et est basée sur la culture itinérante sur brûlis avec une jachère plus ou moins longue. Les techniques de production sont encore très traditionnelles, les outils assez archaïques et l'utilisation d'intrants (semences améliorées, produits phytosanitaires) y est marginale.

À partir des années 2000, divers programmes destinés à relever la production agricole, accroître les revenus des populations rurales et améliorer l'approvisionnement des villes et la sécurité alimentaire du pays ont été lancés avec l'appui de partenaires au développement. Ces programmes intègrent des actions de réhabilitation des pistes rurales, de rénovation et de construction de marchés, de fourniture d'intrants et de matériel agricoles ainsi que la transformation et la commercialisation des produits. Toutes les cultures vivrières sont encouragées.

Les nouveaux villages agricoles : un bilan très mitigé

En octobre 2009, l'État a lancé un programme baptisé « Nouveaux villages agricoles ». Trois « nouveaux villages » – Nkouo, Odziba et Imvouba – ont ainsi été implantés au nord de Brazzaville dans le Pool. Un quatrième devait être établi près de Pointe-Noire. Peuplé de plusieurs dizaines de familles, sélectionnées selon des critères précis, chaque village abrite des activités pour lesquelles il dispose des meilleures potentialités. Toutefois le bilan de ce programme est limité.

Parmi les autres initiatives appuyées par l'État, on compte les fermes communautaires, telles que la Ferme de la Mouindi, un partenariat entre l'État congolais et l'ONG américaine IPHD (International Partnership for Human Development), dans le Niari, qui produit du maïs et du soja et fournit aux paysans divers services, dont la location d'engins agricoles et la distribution de semences. Des expériences semblables sont lancées à Kilembé-Mouissia avec 400 ha de riz paddy, à Ngoulou-Nkila (Lékana, 70 ha de pomme de terre), à Ngo (600 ha de maïs) et à Madingou (Socoton, 450 ha de haricot et de maïs). On peut citer aussi le Centre de démonstration des techniques agricoles (CDTA) à Kombé (Brazzaville), fruit de la coopération sino-congolaise, qui fait de la recherche, de la formation et de la vulgarisation agricoles.

Les néoruraux

La création de centres maraîchers et d'élevage, au profit des jeunes agriculteurs, et la mise en concession de vastes domaines à des privés, sur les réserves foncières de l'État, sur des périodes pouvant aller jusqu'à 50 ans, assortie d'un cahier des charges, sont d'autres initiatives lancées pour favoriser le décollage de l'agriculture. Les résultats se font toutefois attendre.

Seule la production des petits producteurs privés et des PME agricoles est significative. Dans et autour des grandes villes, il existe en effet une production maraîchère intensive, pratiquée par des petits exploitants et des PME qui associent souvent maraîchage, petit élevage et pisciculture. Qualifiés de « néoruraux », ces nouveaux producteurs contribuent sensiblement au ravitaillement des marchés urbains en produits maraîchers, en fruits, en poissons, en viande et en volailles. Parmi ces néoruraux figurent notamment Philippe Bounzéki, dont la ferme BPH agricole est installée à 40 km de Pointe-Noire, la Ferme agropastorale Nzemba (FAN) dans la Lékoumou, ou l'Élevage Barreto (La Poule qui rit) près de Pointe-Noire.

Cap sur le maïs et le soja

Outre le maraîchage, le petit élevage et la pisciculture, un accent particulier est mis sur le maïs et le soja, deux productions destinées à fabriquer de l'aliment pour bétail et, ainsi, à encourager l'essor de l'élevage. Les initiatives qui se développent sur ce créneau associent souvent l'agriculture et l'élevage. Ainsi Congo Agriculture, une société gérée par des fermiers sud-africains, établis à Malolo, a acquis une concession de 80 000 ha à cheval sur le Niari et la Bouenza. Quelque 2 000 ha de maïs y ont été mis en culture. La production est destinée au marché national, notamment à la fabrication d'aliments pour bétail, les Congolais consommant peu cette céréale. Tolona, une société à capitaux espagnols, qui a une concession de 50 000 ha dans la Bouenza (district de Loudima), cultive plus de 1 000 hectares de maïs et un peu de soja, et fait de l'élevage (porcs et bovins). À Nkayi, la Saris-Congo envisage de cultiver du maïs, pour produire de la farine et de l'aliment pour bétail, destinés aux brasseurs et aux éleveurs.

Outre l'huile de palme, General Trading Company (GTC), dont le complexe agro-pastoral et forestier (Cap-For) s'étend près de Maloukou dans le nord-est du département du Pool, produit également du maïs et des fruits (ananas, papayes et pastèques).

Dans la filière fruits, Éco Oil Énergie, dont le principal actionnaire est la société congolaise SAPRD Oil, qui a repris une partie des plantations de la station fruitière de Loudima, devrait produire des jus de fruits à Kayes.

Canne à sucre et cacao

L'autre volet de la politique agricole repose sur la relance des cultures industrielles (hévéa, palmier à huile, cacao et café), qui étaient très développées à l'époque coloniale mais qui sont tombées progressivement en déclin après l'indépendance.

Seule la culture de la canne à sucre a été maintenue. Elle est faite, dans le Niari, par Saris Congo (Société agricole de raffinage industriel de sucre), dont le capital est détenu par le groupe français Somdiaa (66 %) et l'État congolais. L'entreprise compte à Moutéla, près de Nkayi, une plantation de 32 000 ha, dont 12 500 ha plantés en cannes à sucre, et produit environ 70 000 tonnes de sucre par an.

La relance de la filière cacao date de 2012, avec la conclusion, en juin, d'un protocole d'accord entre le ministère de l'Agriculture et de l'Élevage (MAE) et la Congolaise industrielle des bois (CIB), filiale du groupe singapourien Olam, négociant mondial en produits agricoles. Un Plan national de développement de la production de cacao (PND-Cacao) 2014-2018 a été élaboré et le MAE s'est engagé à financer, sur cinq ans, la production de 32 millions de plants, cédés gratuitement aux producteurs, afin de planter 23 000 hectares de cacao dans le pays. Une première pépinière a été mise en place à Pokola dans la Sangha par la CIB-Olam, qui assure la production et la distribution de plants de cacao hybrides, ainsi que l'achat des fèves aux producteurs.

Dans le nord du Congo, les bassins de production sont situés dans la Sangha (Pikounda, Pokola, Kabo, Gatongo et Lémé), la Cuvette (Engouala dans le district d'Owando et Boya dans celui de Makoua) et dans la Likouala (districts d'Epéna et de Dongou), où la société Diamond Sa, du groupe italien 8, encadre des cacaoculteurs et exporte les fèves vers l'Italie, pour le compte de Otto Chocolates. Dans le Sud, des projets se développent, sous la forme de partenariats public-privé, dans le Niari et le Kouilou.

Reste que le projet PND-cacao a été mis en berne début 2017. L'État, dont les caisses sont vides, doit 1,4 milliard de francs CFA à Olam. Du coup, la production et la distribution de plants ainsi que l'encadrement des planteurs ont été stoppés. Un vrai gâchis, alors que les récoltes issues des nouveaux vergers s'annonçaient prometteuses et que l'État a investi des milliards dans des infrastructures routières et énergétiques censées stimuler les activités économiques. L'espoir repose sur la relance du secteur agricole dans le cadre du nouveau PND 2018-2022.

Palmier à huile, arachide et hévéa

Dans la filière corps gras, plusieurs projets agro-industriels de palmier à huile ont été engagés. Ainsi Éco Oil Énergie Congo a racheté les actifs de l'ex-Sangha Palm et de l'ex-Régie nationale des palmeraies du Congo. Implantée dans la Sangha (Kandéko et Mokéko), la Cuvette (Owando) et la Cuvette-Ouest (Etoumbi), l'entreprise a entrepris de réhabiliter quelque 50 000 ha de plantations de palmiers à huile, pour produire de l'huile de palme brute et raffinée, du savon, des produits cosmétiques et du biocarburant. Toujours dans la filière corps gras, Éco Oil Énergie a repris Huilka (Huilerie de Kayes), sur la base d'une concession. Elle envisage de fabriquer de l'huile et de la pâte d'arachide dans son unité de Kayes, en s'approvisionnant auprès de petits producteurs auxquels elle fournit matériels, semences et appuis techniques. Toutefois, sur le terrain, les opérations

Usine de fabrication de sucre de canne de la Saris à Nkayi. © MDMM.

Coupe et ramassage des cannes à sucre de la Saris à Nkayi (Bouenza). © MDMM.

Ramassage de régimes de palmiers à huile en zone de savane par le Capfor-GTC (Pool). © DR.

d'Éco Oil Énergie n'ont guère avancé et ses résultats sont peu tangibles.

Lancé en 2013, le projet de palmier à huile d'Atama Plantation Sarl (APS), détenue à 51 % par le Malaisien Wah Seong Corporation Berhad, est à l'arrêt. L'entreprise qui avait obtenu une concession de 180 000 ha, dont 140 000 ha dans le département de la Cuvette et 40 000 ha dans la Sangha, pour une durée de 25 ans renouvelable, prévoyait d'investir quelque 744 millions de dollars dans la plantation de palmiers à huile et la construction d'une usine près de la rivière Mambili, à quelques kilomètres au nord de Makoua.

Filiale de APS, Lexus Agric a obtenu, en juillet 2013, une concession de 50 000 ha à M'Bila, dans le district de Komono (Lékoumou), pour une durée de 25 ans. Quelque 25 000 ha devaient être consacrés au palmier à huile et 25 000 ha à l'hévéa, soit un investissement de l'ordre de 250 milliards de francs CFA (500 millions de dollars).

Éco Oil Énergie s'est également lancée dans l'hévéaculture dans le district de Makoua (Cuvette), où une pépinière a été constituée à Epéré et un jardin à bois de greffe installé. La phase de greffage a été engagée mais les autres opérations n'ont pas suivi. Dans certains cas, afin de relancer ces filières, le MAE envisage de reprendre les concessions octroyées pour les attribuer à d'autres opérateurs.

En revanche, la filière palmier à huile en zone de savanes affiche des résultats positifs. Parmi les privés qui ont investi dans ce créneau et dont les superficies sont plus petites, on peut citer General Trading Compay (GCT), qui fait figure de pionnier pour être le premier, et jusqu'à fin 2018 le seul, à avoir planté des palmiers à huile en zone de savanes (450 ha en 2018 et 200 ha de plus fin 2019, soit 220 t d'huile de palme en 2018 et 400 t en 2019). Désormais le MAE encourage la culture du palmier à huile en savane. GTC produit par ailleurs du savon à partir de sa propre production d'huile de palme (1 t de savon/jour).

Le bilan est plutôt positif. Alors que les résultats des grands projets tardent à venir, ces petits et moyens producteurs commencent à alimenter les marchés locaux. La production d'huile de palme brute, artisanale ou semi-industrielle, serait de quelque 20 000 tonnes par an pour une demande nationale de 70 000 tonnes. Les importations proviennent pour partie de la RD Congo voisine.

D'autres projets de palmeraies en zones de savane sont à l'étude. La compagnie pétrolière italienne ENI Congo, pour sa part, envisagerait de planter quelque 40 000 ha de palmiers à huile à Mbé (Pool), sur la base d'un partenariat associant Eni Congo, Éco Oil Énergie et l'État. Quelque 70 000 ha seraient également consacrés au palmier à huile dans la zone de Kibangou (Niari). La production, prévue à environ 340 000 tonnes par an d'huile de palme brute, permettrait notamment de fabriquer du Bio-Diesel.

Les ratés de la pêche et de la pisciculture

Malgré un potentiel évalué à 180 000 tonnes de poissons par an, l'offre n'était que de 60 000 t en 2012, dont 30 000 t provenant de la pêche continentale artisanale, 14 000 t de la pêche maritime artisanale et 16 000 t de la pêche maritime industrielle. Essentiellement pratiquée en étangs, la pisciculture ne fournirait que 68 t. de poissons par an.

La production nationale ne couvre pas les besoins estimés à plus de 100 000 t. Avec 25,5 kg de poissons par personne et par an contre 17,5 kg au niveau mondial, le Congo fait partie des plus grands consommateurs de poisson au monde. Le déficit de production est comblé par des importations constituées de poisson de mer, congelé ou salé-séché, et de conserves, en provenance du Sénégal, de la Mauritanie, du Maroc, de l'Argentine, du Brésil et de la Norvège, et de poisson d'eau douce fumé venant de la RDC.

Une activité artisanale

En raison de son manque de productivité, le secteur halieutique, dominé par la pêche artisanale, ne contribue qu'à hauteur de 2,75 % au PIB. Toutefois, il emploie en amont et en aval une main-d'œuvre d'environ 60 000 actifs (3,8 % de la population active) dont 30 000 pêcheurs en eaux continentales et 3 000 en eaux maritimes. Les femmes sont très impliquées dans la transformation et la commercialisation du poisson.

La pêche maritime artisanale, dominée à 80 % par des pêcheurs ouest-africains (béninois et togolais), qui possèdent la majorité des bateaux, est pratiquée à bord de deux types d'embarcations. Les pirogues de type Popo (venant du Ghana), toutes motorisées, sont exploitées par des pêcheurs d'origine béninoise. Les pêcheurs nationaux utilisent des pirogues monoxyles de fabrication locale, de type Vili, dont 15 % seulement sont motorisées.

La pêche maritime industrielle (dont le potentiel de capture est estimé à environ 90 000 tonnes par an) porte sur les espèces démersales, pélagiques et les crustacés, destinés en grande partie au marché local. Elle est le fait de quelques armateurs, principalement chinois, avec une flottille basée au port de Pointe-Noire.

La pêche continentale, essentiellement artisanale, est développée dans toutes les régions. Elle est toutefois très active dans les départements de la Likouala, de la Cuvette et des Plateaux où plusieurs cours d'eau comme l'Oubangui, la Sangha, la Likouala-Mossaka, le Kouyou, l'Alima, la Nkéni, ainsi que le fleuve Congo regorgent de poissons et où les zones inondées forment un vaste espace naturel favorable à la reproduction des poissons. Le grand centre de production et de transformation du poisson est Mossaka, situé au bord du fleuve Congo, à quelque 500 km au nord de Brazzaville. L'avenir de cette région passe toutefois par la pisciculture et l'aquaculture, réalisées avec des techniques plus modernes, et l'exportation de produits halieutiques dans la sous-région.

Frais, congelé, salé ou fumé, c'est selon

Les infrastructures de froid étant peu développées en milieu rural, le poisson est acheminé vers les centres de consommation congolais (Brazzaville, Pointe-Noire, Dolisie et Nkayi) ou gabonais sous forme transformée. Les captures provenant de la pêche maritime industrielle sont évacuées fraîches ou congelées, par chemin de fer ou par avion-cargo, en particulier vers la capitale. En revanche, les productions de la pêche artisanale, maritime et continentale, effectuées par des opérateurs qui ne disposent pas d'infrastructures de conservation appropriées, sont le plus souvent transformées sous forme fumée ou salée-séchée avant d'être distribuées à l'intérieur du pays. Parfois, le poisson est transporté vivant, par camion, dans des bidons dont on renouvelle l'eau plusieurs fois pendant le trajet.

Les modes de transformation sont liés aux types de pêche, aux traditions locales et à l'état des infrastructures de froid et de transport. Alors que la technique du salage-séchage, héritée des Portugais, est principalement développée dans le Sud et à Pointe-Noire, dans le reste du pays, c'est la technique du fumage qui prévaut. Elle est d'ailleurs la spécialité de Mossaka, le grand centre du poisson fumé du pays, dont les productions

Pêche au filet dans les étangs à Epéna, dans la Likouala. © MDMM.

Élevage bovin à Mpouya (Plateaux). © MDMM.

sont largement évacuées vers la capitale ainsi que d'autres villes congolaises et gabonaises.

Le fleuve Congo demeure le principal axe d'évacuation du poisson d'eau douce provenant des régions du Nord. Ces captures sont, en grande majorité, débarquées à Brazzaville, avant d'être réorientées vers les autres centres de consommation.

Pour développer la production, voire exporter, le gouvernement mise sur la modernisation des techniques de pêche et sur l'aquaculture, avec notamment l'installation de fermes piscicoles dans les zones les plus productives, ainsi que la réhabilitation des ports fluviaux, qui devront disposer de quais de pêche, de marchés et d'infrastructures de froid.

L'élevage, une filière à redynamiser

Très peu développé, l'élevage est dominé par le système traditionnel extensif. Globalement, 36 % des ménages congolais possèdent un petit cheptel, dont le plus important est celui de la volaille (2 184 600 têtes), suivi des ovins/caprins (environ 200 000 moutons et chèvres) et des porcs. Composé essentiellement des races Ndama et Lagune, le cheptel bovin est peu nombreux. Il existe quelques ranchs privés, en particulier dans la Cuvette (districts d'Oyo et de Boundji), dans les Plateaux (Mpouya) ainsi que dans la Bouenza et le Niari, deux départements qui comptaient autrefois des élevages bovins.

Pour permettre aux éleveurs bovins d'acquérir du bétail, l'État a lancé en 2008 la pratique du métayage. Basé sur un contrat de six ans, le métayage consiste à accorder une sorte de « crédit-bétail » à des éleveurs dont le remboursement se fait en bétail. Le premier versement a lieu après la quatrième année. Les bénéficiaires reçoivent ainsi onze bêtes, dont dix génisses et un taureau provenant des parcs des Centres d'appui technique (CAT), implantés à Boundji (Cuvette) et à Dihéssé (Bouenza), qui les aident aussi à améliorer leurs techniques d'élevage.

Malgré ces mesures, la production restant insuffisante, le Congo continue à importer de la viande, des œufs et des produits laitiers. On peut espérer que les initiatives en cours (production de maïs et de soja, création d'élevages modernes) vont progressivement inverser la tendance.

La filière bois, deuxième poste d'exportation

Deuxième poste d'exportation après le pétrole, assurant environ 5 % des recettes d'exportation du pays (211 milliards de francs CFA en 2014), la filière bois contribue à hauteur de 5 % au PIB. Répartie en trois grands massifs, la forêt naturelle couvre environ 22 millions d'hectares. On estime à 170 millions

---

RÉPARTITION ET SUPERFICIE DES FORÊTS CONGOLAISES

La partie sud du pays accueille :

- le massif du Mayombe (département du Kouilou) avec 1 503 172 ha de forêts denses et claires sur terre ferme (6,69 % des forêts du pays) ;
- le massif du Chaillu (Niari et Lékoumou) avec 4 386 633 ha de forêts denses et claires sur terre ferme (19,52 %) ;
- les forêts galeries et les mosaïques forestières du Sud-Est et du Centre (Bouenza, Pool et Plateaux) couvrant 589 862 ha (2,63 %).

Dans le nord du pays se trouvent :

- les forêts denses et claires sur terre ferme (Likouala, Sangha et Cuvette-Ouest) qui s'étendent sur environ 7 500 000 ha (33 %) ;
- les forêts inondées (Likouala, Sangha et Cuvette) soit 8 500 000 ha (38 %).

---

de mètres cubes le potentiel mobilisable sur pied, avec la possibilité d'extraire 2 millions de mètres cubes de bois par an, sans compromettre la capacité de régénération de la forêt. À ce potentiel naturel s'ajoutent des forêts d'eucalyptus, de pins et de limbas, issues de la sylviculture, capables de fournir un volume sur pied de 4 millions de mètres cubes.

L'aménagement forestier avec les UFA/UFE

Le domaine forestier de l'État est composé de forêts de production et de forêts de protection, qui sont des aires protégées. Désignées sous le terme de concessions forestières, les forêts de production correspondent aux Unités forestières d'aménagement (UFA), qui peuvent être attribuées en un seul bloc ou divisées en Unités forestières d'exploitation (UFE). En 2015, on dénombrait 45 concessions forestières attribuées, soit environ 12 millions d'hectares, réparties en trois secteurs géographiques : le Nord, le Centre et le Sud.

Conduit depuis 2000, l'aménagement forestier progresse. Fin 2015, 14 concessions forestières représentant plus de 5 millions d'hectares étaient aménagées et 4 concessions (2,5 millions d'hectares) certifiées FSC (*Forest Stewardship Council*). Toutes les concessions devaient disposer d'un plan d'aménagement fin 2016. Dans la future loi portant régime forestier, en cours de finalisation, l'écocertification sera rendue obligatoire. Le gouvernement souhaite que la norme FSC soit appliquée. Le Congo s'est par ailleurs inscrit dans l'initiative FLEGT (Application des réglementations forestières, gouvernance et échanges commerciaux) pour lutter contre les coupes illégales et leur commerce. Il a signé également un programme national sur le processus REDD+ (Réduction des émissions de gaz à effet de serre, issues de la déforestation et de la dégradation forestière).

Une filière dominée par les capitaux étrangers

L'exploitation forestière et la transformation industrielle du bois sont en grande partie assurées par le secteur privé expatrié et multinational. En 2017, sur la trentaine de sociétés forestières en activité, 14 étaient à capitaux étrangers. Ce sont elles qui disposent de la majorité des superficies concédées. On y trouve des intérêts européens (IFO, Mokabi, Likouala Timber), libanais (Sifco), malaisiens (Taman Industries, Asia Congo Industries), singapouriens (CIB) et chinois (Sicofor, Sefyd, Dejia Wood Industry, Thanry Congo, Wang Sam Ressources, etc.). Toutefois, les privés congolais (Sipam, ETBM, Sofia, Afriwood Industrie, Kimbakala, Christelle, SIEPEC) sont de plus en plus présents dans la filière. Certaines sociétés à capitaux congolais, dont Christelle, disposent de vastes concessions, exploitées parfois en partenariat avec des Chinois.

Relève de la production

L'activité forestière est concentrée dans le secteur nord avec plus de 70 % des volumes produits. Le département de la Sangha réalise à lui seul environ un tiers de la production nationale de grumes. Le reste provient des massifs du Chaillu et du Mayombe, dans la partie sud du Congo, riches en essences limba et okoumé, où l'exploitation forestière est plus ancienne du fait de la proximité du port de Pointe-Noire et du CFCO. Sur les quelque 300 essences que contient la forêt, moins d'une dizaine (sapelli, sipo, okoumé, limba, wengué, padouk, longui, bossé, iroko) font l'objet d'une exploitation et d'une transformation. De 1 369 176 m^3 en 2006, la production de grumes est tombée à 970 000 m^3 en 2009, suite à la crise financière de 2008, pour se relever à 1 623 374 m^3 en 2013 et s'établir à 1 522 123 m^3 en 2014.

ÉVOLUTION DE LA PRODUCTION (EN M³)

Année	Grumes	Sciages	Placages déroulés	Contreplaqués
2010	1314281	178228	35021	25060
2011	1462990	227649	33788	18620
2012	1528825	223031	31747	2454
2013	1623374	326999	72521	28181
2014	1522123	325406	53453	26564

Source : Ministère de l'Économie forestière et du développement durable.

La première transformation domine

Bien qu'en hausse, la transformation n'a pas atteint le taux de 85 % fixé par le code forestier. S'il avoisine 75 % à 80 % avec des pics de 90 % dans la partie nord du pays, ce taux n'est que de 50 % dans la partie sud, où les sociétés asiatiques privilégient l'exportation de grumes.

Les unités de transformation sont essentiellement axées sur le sciage et le déroulage. Le tranchage est marginal. En 2014, la production de sciages s'élevait à 327088 m³ contre 169135 m³ en 2002. Sur la même période, celle de déroulés est passée de 22484 m³ à 59266 m³, et celle de contreplaqués de 4078 m³ à 28066 m³. Les contreplaqués sont produits exclusivement dans le sud du pays. La troisième transformation (fabrication de portes, cadres de fenêtre, moulures, parquets, meubles, etc.), créatrice de valeur ajoutée et d'emplois, se développe, mais en quantité encore limitée. Elle est réalisée par des sociétés forestières comme la CIB et Likouala Timber, et une poignée de menuiseries industrielles (Timco à Brazzaville) et semi-industrielles (implantées à Brazzaville, Pointe-Noire, Dolisie et Ouesso). La majorité des menuiseries sont artisanales. Concentrées dans les grands

ÉVOLUTION DES EXPORTATIONS (EN M³)

Année	Grumes	Sciages	Placages déroulés	Contreplaqués
2010	798954	132187	18038	167
2011	855739	147478	22152	5443
2012	702742	162279	20618	1573
2013	913335	206818	24134	542
2014	887084	201076	21702	555

Source : Ministère de l'Économie forestière et du développement durable.

centres urbains, elles s'approvisionnent à partir des sciages informels, des déchets des industries formelles, voire du bois issu de coupe illégale ou frauduleuse.

Pour développer la troisième transformation et valoriser les essences mal connues, le Congo encourage, depuis septembre 2011, la construction de maisons en bois, réalisée par la CIB et Likouala Timber.

Progression des exportations de produits finis

Les exportations de produits forestiers sont en grande partie constituées de grumes. Elles sont surtout le fait des sociétés à capitaux asiatiques installées dans la zone sud, et s'effectuent à partir du port de Pointe-Noire, sous forme de grumes d'okoumé, à destination de l'Asie du Sud-Est (Chine). Dans le Nord, les exportations portent surtout sur des sciages humides et séchés, dont les volumes sont en nette progression. Elles sont évacuées par le port de Douala (Cameroun), à destination de l'Union européenne et de la Chine. Les exportations de sciages humides à partir du port de Pointe-Noire sont marginales.

Les produits spécifiques comme les moulures, les frises rabotées, les bois tournés, les plinthes, etc., faits avec des essences de bonne qualité (sapelli, tali, mukulungu, bilinga), sont exportés essentiellement vers l'Union européenne (Belgique, Pays-Bas, Allemagne, Italie).

La sylviculture

Le Congo compte deux grandes plantations artificielles d'eucalyptus à croissance rapide. La première établie dans le pays est située dans le district de Loudima (Bouenza). L'autre se trouve dans les départements de Pointe-Noire et du Kouilou. La mise en valeur de ces massifs a été confiée à des privés. En avril 2016, quelque 6000 ha du massif de la Bouenza ont été concédés à FL Groupe, une société à capitaux chinois, pour une durée de 30 ans renouvelable. L'entreprise a débuté la récolte de résine de pins pour faire du vernis et de l'encre, et compte fabriquer des panneaux agglomérés à base de bois d'eucalyptus. Le cahier des charges du contrat prévoit, outre des obligations sociales, le renouvellement des plantations exploitées.

Dans le massif du Kouilou, c'est la société marocaine SOS NDD qui a obtenu une concession de 38000 ha et un permis d'exploitation. Elle prendra le relais d'Eucalyptus Fibre Congo (EFC), une filiale de MagForestry Inc, qui détenait une concession de 68000 ha pour une durée de 70 ans. La concession devrait être résiliée, EFC ayant cessé ses activités en 2014. La Société nouvelle des bois imprégnés (SNB), qui fabriquait des poteaux pour lignes électriques à Pointe-Noire, n'était donc plus alimentée en bois. Une nouvelle unité de transformation devrait être installée.

Transport de planches de bois de la CIB sur la RN1
en direction de Pointe-Noire près de Bouansa. © MDMM.

Siège de la SNPC à Brazzaville. © Baudouin Mouanda.

Lutter contre la déforestation et reboiser

Le Congo subit chaque année un rythme de déboisement de 30 000 à 40 000 ha, lié à l'agriculture itinérante, à l'exploitation forestière non contrôlée, à la pression foncière autour des villes et aux besoins des ménages en bois de chauffe. Pour inverser la tendance, un Programme national d'afforestation et de reboisement (PNAR) a été lancé en 2011. Il prévoyait de planter, sur dix ans, un million d'hectares d'arbres sur l'ensemble du territoire.

L'objectif était de créer des plantations forestières et agroforestières domaniales et privées à grande échelle, de promouvoir des filières économiques et industrielles en milieu rural basées sur les activités forestières (produits ligneux et non ligneux) et de créer des petites entreprises chargées de la vente de ces produits. Le bilan de ce programme est mitigé.

Le 4e producteur d'or noir d'Afrique subsaharienne

Poids lourd de l'économie congolaise, le pétrole représente environ 50 % du PIB, 70 % des recettes publiques et 90 % des recettes d'exportation. Le Congo dispose de deux bassins sédimentaires : le bassin côtier, qui comprend une partie offshore et une partie onshore dans le Kouilou, et le bassin intérieur, en onshore, dans la partie septentrionale du pays. Les réserves prouvées d'hydrocarbures sont évaluées à 2 milliards de barils et celles de gaz à plus de 100 milliards de mètres cubes.

La plupart des compagnies opèrent selon un contrat de partage de la production (CPP). Un nouveau code des hydrocarbures a été adopté en octobre 2016 (Loi 28-2016 du 12 octobre 2016). Il comporte plusieurs innovations, parmi lesquelles figurent les contraintes environnementales, le passage de la durée des permis de recherche de 10 à 12 ans, l'interdiction du torchage du gaz dans les champs pétroliers, l'institution d'une participation minimale de 15 % des sociétés privées nationales dans les CPP, la fixation de la part minimale du Profit Oil de l'État à 35 %. Il confirme également l'octroi exclusif à la Société nationale de pétrole du Congo (SNPC) de tous les titres miniers.

L'élaboration d'un cadastre pétrolier et l'établissement d'une carte doivent être finalisés en 2019.

Production : bonnes perspectives

Après un pic en 2010 avec 313 703 barils/jour, la production est tombée à 242 150 barils/jour en 2015, puis à 232 000 barils/jour en 2016, pour remonter à 267 000 barils/jour en 2017, avec l'entrée en production de plusieurs champs (Néné, Litchendjili, Lianzi, Moho Bilondo Phase 1Bis et Moho-Nord), plaçant ainsi le Congo au 4e rang des producteurs de pétrole d'Afrique subsaharienne. La mise en exploitation de Moho-Nord Phase 2 en mars 2017 devrait porter la production à 320 000 barils/jour en 2018, voire 350 000 barils/jour. Ce qui placerait le Congo au 3e rang des pays producteurs de pétrole d'Afrique subsaharienne, derrière l'Angola et le Nigeria.

À partir de 2019, la tendance devrait s'inverser, avec 301 500 barils/jour et 279 000 barils en 2020. Rien n'est toutefois définitif, les forages se multipliant. L'espoir repose sur le gisement Banga Kayo.

Quelque treize compagnies, dont huit opérateurs, sont en production. Les leaders sont Total E&P Congo, filiale du français Total, dont Qatar Petroleum a acquis 15 % du capital, et Eni Congo, filiale de l'Italien Eni, qui fournissent près de 70 % de la production congolaise. Premier opérateur pétrolier du pays,

LA COMPAGNIE PÉTROLIÈRE NATIONALE

Née sur les cendres de la défunte entreprise publique Hydro-Congo, la Société nationale de pétrole du Congo (SNPC) a été créée en avril 1998. Depuis 2008, elle est titulaire de tous les titres miniers, avec possibilité d'association avec des partenaires nationaux ou étrangers. Dans l'amont pétrolier, elle compte trois filiales : la Société nationale de recherche pétrolière (SONAREP) chargée des activités liées à la prospection, la recherche, l'exploration et la production des hydrocarbures ; la Société de forages pétroliers (SFP) ; et Integrated Logistic Services (INTELS) en charge des services logistiques. Dans l'aval pétrolier, la SNPC a deux filiales : la Congolaise de raffinage (Coraf) et la SNPC-D (distribution de produits pétroliers et exploitation des dépôts d'hydrocarbures).

Total E&P Congo assurait plus 55 % de la production congolaise (50 978 393 bbls) en 2014, suivi de Eni Congo (26,46 %) et de Perenco (14,26 %). Les autres opérateurs étaient marginaux. La SNPC, opérateur du permis Mengo-Kundji-Bindi (MKB), a produit 195 504 bbls (0,21 %) et Africa Oil & Gas Corporation (AOGC), 67 586 bbls (0,07 %).

Dans le cadre du « local content », de nouvelles compagnies privées nationales, dont Petroleum Exploration & Production Africa (PEPA), formé de la société congolaise SARPD Oil International et de l'Emirati Pilatus, ainsi que Petro Congo (Petco), Ifouret ou Kontinent-Congo ont fait leur entrée dans la filière, rejoignant AOGC, la doyenne, créée en 2003.

Intensification de l'exploration

De l'offshore, en mer profonde et très profonde, l'exploration s'est étendue à l'onshore dans le bassin côtier (Kouilou) et dans la Cuvette congolaise, qui a été divisée en 10 blocs.

Pour garantir la recherche, un coup d'accélérateur a été mis sur la promotion des blocs pétroliers disponibles. Une première vague, engagée en 2016, a débouché sur l'attribution de 4 blocs en mer profonde et très profonde, et 4 blocs dans le nord-est du pays. La deuxième vague, lancée fin septembre 2017 à Cape Town (Afrique du Sud), portera sur des blocs en mer peu profonde et à terre.

Outre les partenaires traditionnels (Total E&P, Eni Congo), l'exploration fait intervenir une diversité de compagnies : le Sud-Africain Divine Inspiration Oil (Dig Oil), le Britannique Soco, les Américains Chevron et Murphy, les sociétés chinoises Wing Wah et China National Offshore Oil Cooperation (CNOOC), Petroleum Exploration & Production Africa, New Age, le Suisse Philia ou l'Émirati Petroleum Exploration & Production Africa.

L'aval pétrolier

Le raffinage est réalisé par la Congolaise de raffinage (Coraf), filiale 100 % de la SNPC, qui a démarré ses activités en décembre 1982 et a été restructurée entre 1997 et 2002. D'une capacité de traitement d'un million de tonnes par an, elle produit du gaz butane, du supercarburant, du carburéacteur (jet/pétrole lampant), du gasoil et du fuel-oil léger et lourd. De 607 398 t en 2010, la production a été portée à 731 793 t en 2014, dont 333 193 t ont été exportées.

Pour satisfaire la demande nationale de produits pétroliers (998 820 t en 2014), le pays recourt à des importations (300 220 t). Un protocole d'accord pour la construction d'une nouvelle raffinerie, d'une capacité de traitement de 5 millions de tonnes de brut, a été signé avec la société chinoise Kerwi. En attendant, la capacité de traitement de la Coraf devrait être portée à 1,2 million de tonnes. La réalisation d'un pipeline entre Pointe-Noire et Brazzaville est également à l'étude.

La Société commune de logistique (SCLOG), dont les actionnaires sont les marqueteurs (Total Distribution, Puma, X-Oil, Consortium Snat, qui est composé de AOGC et de la SNPC), assure le stockage et le transport des carburants terrestres (super carburant, gazole, pétrole lampant, Fuel et Jet aviation) sur l'ensemble du territoire. La SCLOG, qui a démarré ses activités en août 2002, dispose de 9 dépôts en activité (Pointe-Noire, Brazzaville, Dolisie, Mossendjo, Loutété, Oyo, Gamboma, Ouesso et Impfondo).

La distribution des produits pétroliers à la pompe est assurée par les marqueteurs. Avec l'extension du réseau routier, le parc des stations-service s'est étendu. Fin 2014, le pays en comptait 126, dont 35 appartenant à Total Congo, 34 à Puma, 26 à la SNPC-D, 19 à X-Oil, 11 à AOGC et 1 à la SNAT. Plusieurs stations-service sont en construction sur l'ensemble du territoire national.

L'Agence de régulation de l'aval pétrolier (ARAP) est chargée de surveiller les approvisionnements et la bonne distribution des produits pétroliers, d'assurer la stabilisation des prix et la régulation du secteur.

La promesse des mines

Le Congo n'est pas un pays de tradition minière. Pourtant il possède un sous-sol riche en substances minérales ou fossiles, dont le potentiel est encore mal connu. Néanmoins le potentiel en fer, en magnésium ou en potassium est désormais mieux identifié et de sérieux indices d'or, de diamant, de potasse, de métaux de base, de grés bitumineux et autres substances minérales à usage agricole et industriel ont été répertoriés.

Les efforts engagés par le Congo en matière de transparence lui ont permis de devenir pays conforme à l'Initiative pour la transparence des industries extractives (ITIE) en février 2013. Il a en outre réintégré le processus de Kimberley en novembre 2007.

Dopée par le code minier de 2005, en cours de révision, l'activité de prospection et de recherche est en plein essor, mobilisant de nombreuses sociétés, avec une présence active de compagnies étrangères, dont des Chinois et des Australiens. Elle porte principalement sur le fer, la potasse, les phosphates, l'or, les diamants, le cuivre et autres polymétaux, les sables bitumineux, le chrome, les terres rares, le colombo-tantalite (coltan), le manganèse, le titanium et autres ressources.

Si la prospection et la recherche sont actives dans la plupart des départements, à l'exception de la Cuvette, c'est toutefois dans la Sangha, la Cuvette-Ouest, le Pool, le Niari, la Lékoumou et le Kouilou, que le nombre de permis délivrés est le plus important.

Dans l'exploitation, plusieurs permis ou autorisations d'exploitation ont été attribués à des compagnies minières et des conventions d'exploitation signées. Ils portent sur le cuivre et autres polymétaux, l'or, le diamant, le coltan, la potasse et le fer. L'exploitation est selon les cas, artisanale, semi-industrielle (or, diamant, coltan) ou industrielle (fer, cuivre et potasse). Dans les filières concernées, plusieurs projets sont en phase de développement avancé, mais la production n'est pas encore significative.

Potasse et phosphates

Au Congo, les filières potasse et phosphates ont un bel avenir, la demande mondiale d'engrais, leur principal débouché, étant en hausse, en raison des grands besoins agricoles de l'Asie et de l'Amérique latine, en particulier de la Chine et du Brésil. De très bonne qualité, les gisements de potasse identifiés sont situés dans le département du Kouilou.

Plusieurs sociétés sont en phase d'exploration, dont Manenga Mining Potash, la Société congolaise des mines et des potasses (Socomip), Newco Mining ou la Société des potasses et des mines (SPM).

Parmi les sociétés en phase d'exploitation, figure MagMinerals Potasses Congo (MPC), contrôlé par le Chinois Evergreen Industries (86 %), qui s'est vu attribuer le permis Mengo, à 15 km de Pointe-Noire. MPC envisage une production de 1,2 Mt de potasse par an. Le permis d'exploitation, octroyé en avril 2008 pour une durée de vingt-cinq ans, couvre une superficie de 136 km^2. La construction de l'usine a été confiée à la société d'ingénierie East China Engineering Science and Technology Co (ECEC).

Sintoukola Potash Mining, dont Kore Potash (anciennement Elemental Minerals) détient 97 % du capital, à côté du Congolais MGM (3 %), intervient sur les permis Kola et Dougou, dans le district de Madingou Kayes, à environ 60 km de Pointe-Noire (Kouilou). La société a signé une convention d'exploitation avec l'État congolais en avril 2018. Le projet devrait produire 2 à 5 Mt de potasse par an, pour un investissement, lors de la première phase, de 700 milliards de francs CFA. En phase de croisière, il fera du Congo le premier producteur africain de potasse, assurant environ 6 % de la production mondiale. Le minerai sera utilisé pour fabriquer des engrais, de la lessive et du savon, ainsi que dans le recyclage de l'aluminium.

La société Luyuan des mines Congo, à capitaux chinois, a signé, le 10 juillet 2018, une convention d'exploitation pour la concession du minerai de potasse de Mboukoumassa.

La filière phosphate mobilise la Congolaise des mines du Congo (Cominco), filiale du Canadien Cominco Resources, qui opère à Hinda (Kouilou), à 37 km au nord-est de Pointe-Noire. L'étude de faisabilité a mis en évidence un énorme potentiel à 10,6 % d'oxyde de phosphore, laissant présager une production sur 25 ans. Le 10 juillet 2018, une convention d'exploitation a été signée entre le gouvernement et Cominco.

Cuivre et polymétaux en plein essor

La filière cuivre et polymétaux est en plein essor. La société chinoise Lulu détient deux permis d'exploitation dans le Pool (Mpassa-Mindouli et Moubiri). Mais le projet le plus important est développé par la Société de recherche et d'exploitation minière (SOREMI), un partenariat entre China national Gold Group Corporation (60 %), l'Américain Gerald Metals (30 %) et l'État congolais (10 %), qui a obtenu des permis d'exploitation dans la zone de Boko-Songho et de M'fouati dans la Bouenza. Les premières cathodes de cuivre de Soremi devaient sortir courant 2018 de l'unité industrielle de M'fouati.

Fer, des interrogations

Le sous-sol congolais renferme d'importants gisements de fer, particulièrement abondants dans l'ouest du pays (départements du Niari et de la Lékoumou dans le Sud, de la Sangha et de la Cuvette-Ouest dans le Nord). Alors que la filière semblait promise à un bel avenir et que plusieurs sociétés avaient obtenu des permis et des licences d'exploitation, le démarrage de l'exploitation a été reporté, suite à la baisse des cours mondiaux du fer et à des problèmes d'infrastructures de transport (chemin de fer) pour l'évacuation des minerais, et portuaires (stockage et chargement du minerai au port de Pointe-Noire), dont le financement est compromis par la chute des cours.

Ainsi, dans la partie sud du pays, trois grands projets ont été mis en veilleuse en attendant la remontée des cours : celui de Mayoko-Lékoumou (département du Niari), cédé en septembre 2016 par le Sud-Africain Exxaro Resources au groupe congolais Sapro ; celui de Mayoko-Moussondji (Niari) opéré par Congo Mining, une filiale de l'Australien Equatorial Resources ; et, le troisième, Zanaga (Lékoumou), mené par Mining Projects Development (MPD) Congo, un partenariat entre le Suisse Glencore-Xstrata, le Sud-Africain Zanaga Iron Ore Corporation et l'État congolais. Ses réserves sont estimées à 6,8 milliards de tonnes de minerai de fer (d'une teneur de 60 % en hématite).

Dans la Sangha, trois projets ont également été mis en sommeil : Nabéba, exécuté par Congo Iron, filiale de l'Australien Sundance Resources ; Badondo, développé par Equatorial Resources, près de la frontière gabonaise ; Avima mené par la société Avima Fer, dont l'actionnaire majoritaire est l'Australien Core Mining.

Entamée en 2018, la remontée des cours mondiaux du fer devrait lancer l'exploitation. Dans le Niari, Exxaro Mayoko, filiale du groupe Sapro, qui a repris le permis Mayoko-Lékoumou, a démarré la production.

L'industrie manufacturière : une production limitée

L'industrie manufacturière congolaise est peu développée et diversifiée. Concentrée à Pointe-Noire et Brazzaville, elle ne contribue qu'à hauteur de 5 % au PIB, contre 9 % dans les années 1980. Une situation liée aux politiques économiques incohérentes mises en œuvre dans le passé, au manque de mesures d'accompagnement pour assurer l'essor du tissu industriel, ainsi qu'au désengagement de l'État des activités productives et commerciales, dont le relais n'a pas été pris par le secteur privé. Les crises socio-politiques des années 1990 n'ont rien arrangé.

L'étroitesse du marché national, la faiblesse de la demande intérieure liée à celle du pouvoir d'achat, le déficit en infrastructures de base (transport, énergie, eau) sont d'autres facteurs contraignants, qui participent à l'augmentation des coûts de production et rendent difficile la compétitivité des entreprises industrielles. De nombreuses unités ont un faible niveau technique, qui ne leur permet pas de s'intégrer aux évolutions technologiques mondiales.

L'agroalimentaire domine

La branche agro-industrielle, dont la plupart des unités importent leurs matières premières, domine l'industrie manufacturière. Le marché des boissons est représenté par Bracongo (bière et boissons gazeuses), du groupe Heineken, Bralico, une brasserie installée à Pointe-Noire, et Boisson africaine de Brazzaville (Bab, boissons gazeuses). Plusieurs sociétés produisent de l'eau minérale, dont NG Entreprise (eau O'kiessi), SN Plasco (eau

Mayo) et Rafraîchissants, glaces et eaux du Congo (Ragec), qui produit l'eau Cristal.

Le Congo compte des unités de fabrication de produits laitiers (yaourts), dont Bayo, Sélé et Prichel, de fromages de vache (Lait de l'Alima à Édou dans la Cuvette), quelques biscuiteries, deux minoteries (Minoco), situées à Pointe-Noire, qui produisent de la farine et de l'aliment pour bétail, et une usine de production de tabac (SIAT). Dans la filière aliments pour bétail opère Coddipa à Brazzaville. La Somdiaa envisage de construire une usine d'aliments de bétail et de production de farine de maïs près de Nkayi.

Le catering s'est développé à la demande des compagnies aériennes, des pétroliers, des industriels et des entreprises de BTP pour leur base-vie, avec NewRest et Sodexho à Pointe-Noire.

Avec une production de plus de 70 000 tonnes de sucre en 2016, Saris Congo couvre la consommation congolaise, estimée à 50 000 t. L'entreprise, qui fait partie, avec les filiales de Somdiaa au Cameroun et au Tchad, du Groupement des producteurs de sucre (GPS), soit un marché de consommation de 250 000 t, concentre ses ventes sur la Communauté économique et monétaire de l'Afrique Centrale (CEMAC).

Filiale de Saris-Congo, l'Unité de broyage de calcaire (UBC), située à Madingou (Bouenza), broie du calcaire qui est utilisé dans les champs de canne à sucre de l'entreprise pour lutter contre l'acidité des sols.

Essor de la production de ciment

Dans le secteur des matériaux de construction, le ciment est la seule filière de diversification à avoir vraiment pris corps au Congo. Le pays compte 5 cimenteries. Quand toutes les cimenteries auront atteint leur vitesse de croisière, le Congo produira plus de 3,2 millions de tonnes de ciment par an, pour une consommation d'environ 1,2 million de tonnes. Le surplus sera exporté dans les pays de la sous-région (Angola, RDC, Centrafrique).

La plus grande cimenterie du pays est Dangote Cement Congo, implantée dans le district de Yamba (Bouenza). D'une capacité de production de 1,5 million de clinkers et de ciment par an, elle a démarré sa production en octobre 2017. Installée à Loutété (Bouenza), la Société nouvelle des ciments du Congo (Sonocc), une joint-venture entre l'État congolais (44 % du capital) et la Société nationale chinoise des travaux des ponts et chaussées (56 %) a une capacité de production de 300 000 tonnes de ciment. Opérationnelle depuis novembre 2013 à Dolisie, Forspak International Congo, à capitaux chinois, mise sur une production de 300 000 tonnes de ciment de haute résistance par an. Établie à Hinda (Kouilou), Ciments d'Afrique, à capitaux marocains, est en activité depuis 2016. Sa capacité de production est de 500 000 tonnes/an, extensible à 1 million de tonnes. Filiale du groupe indien West African Cement (WACEM), Diamond Cement, établie à Mindouli (Pool), a démarré sa production en 2018, après le rétablissement de la paix dans le département.

La filière matériaux de construction compte des usines à Maloukou (Pool), qui sont à l'arrêt, et une unité de céramique à Makoua (Cuvette).

Le Congo comprend deux fonderies : Japan Metal Industries (fabrication de béton armé) à Brazzaville et la Fonderie du Congo (Fondeco), un partenariat entre le groupe mauricien Samlo (70 %) et l'État congolais. Implantée à Dolisie, elle vise une production de 2 Mt de fer à béton par an. Une unité de fabrication de panneaux solaires devrait démarrer sa production en 2018 à Édou.

Le tissu industriel congolais dispose aussi d'unités de fabrication d'appareils de levage (ARD Congo), de plastique, de lubrifiants (Ufalu), de chaudrons et de tuyaux (CTIC), de cartouches (MACC). La branche chimique est représentée par la SGCI, filiale d'Air Liquide, qui produit des gaz industriels, et Congo Color, spécialisée dans la peinture.

Dans la branche pharmaceutique, opèrent le Laboratoire pharmaceutique du Congo (Lapharco), qui reconditionne de la nivaquine et de l'aspirine, et Biocare (solutés pour perfusion). La branche textile est inexistante.

En dehors de ces unités modernes, la transformation est assurée par une multitude d'ateliers artisanaux qui interviennent dans l'agroalimentaire (boulangeries, fabrication de yaourts, de jus de fruits, de confitures, d'huile de palme et de savons...), la branche des matériaux de construction (briques), la mécanique, la confection et diverses autres branches d'activités.

Cap sur les ZES

Les actions entreprises pour réhabiliter le tissu économique endommagé par les conflits des années 1990 ont permis de relancer les activités des usines existantes. La nouvelle étape vise à étoffer le secteur manufacturier et à en diversifier les branches. De producteur de matières premières, le Congo doit devenir producteur de biens transformés, grâce à une meilleure valorisation des ressources naturelles (pétrole, bois et mines) et des produits issus de l'agriculture, de l'élevage et de la pêche. Ce plan de relance vise également à lutter contre la pauvreté par la création de PME locales.

Pour industrialiser et diversifier la base économique du pays, le Congo mise sur la création de quatre zones économiques spéciales (ZES). Deux lois, l'une portant création et organisation des ZES et l'autre créant une agence de planification, de promotion et de développement des ZES, ont été promulguées en juin 2017.

Ces ZES seront implantées à Pointe-Noire, Brazzaville, Ollombo/Oyo et Ouesso/Pokola. Dédiées à l'exportation, elles abriteront des activités de transformation des ressources naturelles du pays et seront ouvertes aussi bien aux grandes sociétés étrangères qu'aux PME/PMI locales.

Chaque ZES devrait avoir une vocation spécifique, liée aux ressources environnantes disponibles pour lesquelles la région a un avantage comparatif. La ZES de Pointe-Noire, dont les études de faisabilité ont été réalisées avec le soutien de la Chine, disposera d'un port minéralier, d'unités industrielles et agro-industrielles (produits de la pêche et huile de palme) et d'activités logistiques. Début 2018, c'était le projet le plus avancé, des sociétés étrangères, notamment chinoises, turques et sud-africaines ayant manifesté leur intérêt pour cette ZES.

La ZES d'Ollombo/Oyo (Cuvette/Plateaux) devrait être tournée vers l'économie verte avec des unités de transformation de produits agro-pastoraux et piscicoles. Celle de Ouesso (Nord) accueillera des activités agro-industrielles et minières, et celle de Brazzaville des services financiers et de logistique ainsi que des unités de transformation des produits agricoles et de fabrication de produits manufacturés et de matériaux de construction.

Système financier : des crédits à court terme

Entamée en 2000, la restructuration du secteur bancaire congolais s'est traduite par une vague de privatisations et d'investissements étrangers.

Le système bancaire

Le système bancaire compte onze banques contre quatre en 2001 et six en 2010. Le nombre de comptes est passé de 45 000 en 2005 à plus de 384 000 en 2014. Toutefois le taux de bancarisation reste faible, n'atteignant que 13 %. Les banques présentes sont principalement à capitaux étrangers. On compte la Banque gabonaise de financement internationale (BGFI) Congo, filiale de la Gabonaise BGFI, le Crédit du Congo (CDC), du groupe marocain Attijariwafa Bank, la Congolaise de Banque (LCB), dont le capital est réparti entre des privés congolais et la Banque marocaine du commerce extérieur, la Banque commerciale internationale (BCI), filiale du groupe français Banque populaire et Caisse d'épargne, la panafricaine Ecobank-Congo, la Banque UBA (United Bank for Africa) Congo, filiale de la Nigériane UBA, la Société générale (filiale du groupe bancaire français du même nom), la Banque Esperito Santo Congo (Besco), la Banque congolaise de l'habitat (BCH), à capitaux tunisiens, la Banque postale du Congo (capitaux publics congolais), et la dernière née, la Banque sino-congolaise pour l'Afrique, agréée fin mai 2015, qui regroupe des intérêts chinois et congolais.

Longtemps concentré à Brazzaville et à Pointe-Noire, le réseau bancaire s'est développé à l'intérieur du pays, notamment dans les départements où l'activité économique affiche un certain dynamisme (Ouesso dans la Sangha, Nkayi dans la Bouenza et Dolisie dans le Niari). Le nombre d'agences est passé de 48 en 2010 à 90 en 2014, et celui de distributeurs automatiques de billets de 11 à 102 en dix ans.

Modernisés, les services bancaires disposent de serveurs vocaux, de monétique internationale et/ou privative ou de Swift, et toutes les banques commerciales ont des points de vente Western Union ou MoneyGram.

Fin 2015, le total agrégé des bilans s'élevait à 2 269 milliards de francs CFA, en légère baisse par rapport à 2014 (2 400 Md FCFA) mais nettement supérieur à 2010 (1 119 Md FCFA). Constitués à 90 % de dépôts à vue et à 75 % de dépôts des agents du secteur privé (particuliers et entreprises), les dépôts bancaires avoisinaient 2 000 milliards de francs CFA fin 2014, contre 941 milliards en 2010. Les crédits bancaires ont suivi la même courbe ascendante pour s'établir à 1 200 milliards en 2015, contre 343,5 milliards de francs CFA en 2010.

Ce sont toutefois essentiellement des crédits à court terme. Les prêts à long terme représentent moins de 10 % des prêts alloués, sauf pour la BCH. Ces difficultés s'expliquent par la rareté du crédit, que les banques justifient par la prédominance des dépôts à vue au détriment des dépôts à terme, ainsi que par le manque de projets bancables fiables et de garanties.

La supervision bancaire est assurée par la Commission bancaire de l'Afrique centrale (COBAC), sous le contrôle de la Banque des États d'Afrique centrale (banque d'émission) et de la Banque de développement des États d'Afrique centrale.

La microfinance en expansion

Le paysage financier congolais est complété par le réseau de la microfinance. En pleine expansion, ce dernier est constitué de 62 établissements de microfinance (EMF) agréés, dominés par le réseau des Mutuelles congolaises d'épargne et de crédit (Mucodec).

Très implantées dans le pays, les Mucodec comptent 54 caisses locales et points de vente et 322 000 sociétaires. Le volume des dépôts s'élevait à 228,4 Md FCFA en 2014, soit plus de 91 % du total des EMF (249 Md FCFA), pour des crédits de l'ordre de 53,4 Md FCFA. Les Mucodec collectent l'épargne et octroient des crédits à la consommation et à l'économie à leurs adhérents qui n'ont généralement pas accès au système bancaire classique, grâce à la souplesse des conditions d'ouverture de compte, à leur politique de proximité et aux services qu'elles proposent.

Les Mucodec sont passées à la monétique, avec la création de cartes et l'ouverture de distributeurs automatiques de billets. Elles offrent également des services bancaires à partir de la téléphonie cellulaire et proposent des virements et des transferts depuis d'autres banques. Pour renforcer leur réseau, les Mucodec se sont dotées d'une radio, Radio Mucodec.

L'autre établissement de microfinance d'envergure est la Caisse de participation à la promotion des entreprises et à leur développement (CAPPED), créée en 1991 par le Forum des jeunes entreprises. Ses 70 000 adhérents se répartissent dans les 11 agences du Capped (5 à Brazzaville, 3 à Pointe-Noire, 1 à Dolisie, 1 à Ouesso et 1 à Gamboma). Le montant des dépôts, en expansion, s'est établi à 31 Md FCFA et celui des crédits à 4 Md FCFA en 2015. Le Congo compte également des établissements de transfert d'argent et de microfinance, dont le groupe Charden Farell et Maouéné.

Le marché des assurances

Ouvert à la concurrence depuis 1995, le marché des assurances compte sept compagnies, dont la Société d'assurances et réassurances du Congo (ARC), les Assurances générales du Congo (AGC), à capitaux congolais, la Nouvelle société interafricaine d'assurances (NSIA) Congo, à capitaux ivoiriens, Allianz Congo du groupe allemand Allianz et Colina Congo SA, ainsi que plusieurs sociétés d'intermédiation (courtiers et agents généraux), dont Gras Savoye Congo. Le groupe ivoirien Sunu assurances devrait s'établir au Congo en 2018.

Le chiffre d'affaires du secteur s'est élevé à 50,77 Md FCFA en 2014, contre 17,39 Md en 2005. Le taux de pénétration du marché est de 0,96 %, soit supérieur à la moyenne de 0,77 %. L'ARC a l'exclusivité sur les frontings pétroliers et miniers.

Sept assurances sont obligatoires. Pour les entreprises, il s'agit des risques pétroliers, des importations de biens de toute nature, assurance-automobile, les risques chantiers, la responsabilité civile décennale. Pour les particuliers, les assurances obligatoires sont l'assurance à responsabilité civile-automobile, la carte rose Cemac liée à l'assurance automobile, et l'assurance scolaire et sportive. L'assurance vie est en expansion. L'assurance santé (ou maladie) est embryonnaire. Gras Savoye Congo a récemment obtenu une extension d'agrément pour la gestion des fonds maladie.

Essor de la téléphonie mobile et d'internet

Le secteur des télécommunications a été restructuré à partir de 2001. Il est composé de la Société des postes et de l'épargne du Congo (Sopeco), chargée de gérer les services des postes, les chèques postaux et la Caisse nationale d'épargne, de Congo Telecom, la société nationale de télécommunications, et de trois opérateurs privés de téléphonie mobile : Airtel du groupe indien Bharti Airtel qui a racheté Warid Telecom Congo, MTN-Congo (filiale du groupe sud-africain MTN) et le Congolais Azur. En novembre 2009, une Autorité de régulation des postes et des communications électroniques (ARPCE) a été créée. La contribution des technologies de l'information et de la communication au produit intérieur brut est de l'ordre de 4 à 5 %.

Forte croissance de la téléphonie mobile

Fin 2017, les trois opérateurs de téléphonie mobile (Airtel, MTN et Azur) totalisaient 5 millions d'abonnés contre 4,413 millions en 2015, selon l'Agence de régulation des communications électroniques et des Postes (ARCPE). Plus de 99 % des abonnés sont en prépayé. En tête des opérateurs figurait MTN-Congo (2,532 millions d'abonnés), suivi d'Airtel (2,361 millions) et d'Azur (163 000).

Toutefois, le revenu total du marché de la téléphonie mobile est en baisse. De 282,2 Md FCFA en 2014, il est tombé à 267,146 Md en 2015, à 236,757 Md en 2016 et à 188,1 Md en 2017. De même, la moyenne des dépenses mensuelles consacrées aux communications téléphoniques mobiles est en forte chute, s'établissant à 2 630 FCFA en 2017 contre 3 650 FCFA en 2016 et 5 100 FCFA en 2013.

L'accès à internet s'est fortement développé, avec plus de 1,4 million d'abonnés en 2015, soit un taux de pénétration de 27 % contre moins de 4 % en 2011. En 2014, le chiffre d'affaires du marché internet s'affichait à près de 23 Md FCFA.

Le renforcement de l'infrastructure numérique

La couverture du territoire congolais en infrastructure numérique et l'interconnexion du réseau avec ceux des pays voisins se réalisent dans le cadre de trois grands chantiers : la connexion du Congo au câble sous-marin à fibre optique du consortium West Africa Cable System (Wacs), le Projet de couverture nationale en télécommunications (PCN) et Central Africa Backbone (CAB) 2, un projet qui assurera l'interconnexion du Congo avec ses voisins.

Le premier chantier est achevé depuis mai 2012 avec la mise en service de la station d'atterrage de Matombi, située à 20 km de Pointe-Noire dans le Kouilou. Après le déploiement d'une dorsale aérienne entre Pointe-Noire et Brazzaville, le maillage du pays en fibre optique se développe. La fibre optique est déjà déployée entre Pointe-Noire, Brazzaville et Owando. De là, elle devrait relier Ouesso, tout au nord du pays.

Dans le cadre de la deuxième phase du PCN, qui consiste à connecter les chefs-lieux de départements au backbone, des points d'échange départementaux et les boucles optiques métropolitaines de Pointe-Noire, Brazzaville et Oyo ont été mis en place. Un point d'échange Internet CGIX a été installé, ce qui permet de raccorder l'ensemble des opérateurs et les FAI (fournisseurs d'accès à Internet) locaux. D'autres villes seront dotées de boucles métropolitaines. La troisième phase porte sur la connexion des chefs-lieux de districts et des grands villages.

L'interconnexion du réseau congolais avec ses voisins (Gabon, Cameroun, RD Congo, République centrafricaine et Angola), qui entre dans le cadre du projet CAB, est en cours. Débuté en 2014, le déploiement de la fibre optique entre Pointe-Noire, Dolisie (Niari) et Mbinda, ville frontière avec le Gabon, est achevé. Côté gabonais, la dorsale passe par Bakoumba et Franceville, pour remonter par le chemin de fer vers Libreville. Les deux pays sont désormais connectés. Lancée en septembre 2012, la liaison par câble sous-fluvial à fibre optique avec la RD Congo est achevée. Prenant le relais du Gabon, le Congo a été désigné comme point d'échange Internet d'Afrique centrale.

Développer l'économie numérique

Fournis par Airtel, MTN et Congo Telecom, les services à valeur ajoutée sont limités à la 3G et à la 4G, au mobile money, lancé en 2012 et qui totalisait plus de 1,4 million de comptes en 2017, et à quelques produits lancés par des privés. Le contenu numérique local se développe avec la création de sites Internet dédiés à l'information, l'essor de sites Internet en .cg et la diffusion numérique des émissions et des journaux de la chaîne de Télévision nationale et des chaînes privées, dont DRTV et VoxCongo. En revanche, le commerce électronique est embryonnaire. Beaucoup reste à faire pour développer la gestion des données et la création de contenu local (adresse, hébergement, stockage des données, etc.).

Limité à l'administration financière et ses services rattachés, le e-gouvernement devrait être étendu à l'ensemble des administrations.

Tourisme, des atouts à valoriser

Cap sur les infrastructures hôtelières et touristiques

Le tourisme est surtout d'affaires et concentré à Pointe-Noire et à Brazzaville. Le tourisme de congrès est, lui aussi, limité à Pointe-Noire et Brazzaville. Quant au tourisme de loisirs, il intéresse majoritairement une clientèle locale, formée de Congolais à bon pouvoir d'achat et d'expatriés. Quelques rares touristes étrangers visitent des parcs nationaux. En 2012, le Congo, qui avait accueilli 260 000 touristes dont environ 100 000 pour des raisons professionnelles, disposait de 847 établissements hôteliers, soit 12 427 chambres, dont les deux tiers localisés à Brazzaville et Pointe-Noire.

La filière touristique pâtit de la récession économique, de la mauvaise image du pays, du manque de promotion de la destination, d'infrastructures et de produits touristiques. Bien qu'il se soit étoffé en nombre et en qualité dans les deux grandes villes du pays et dans quelques chefs-lieux de département, l'hébergement de moyen et de grand standing reste l'exception dans les petites villes de l'intérieur du pays. Un effort doit donc être porté sur l'extension du parc hôtelier, le classement des hôtels et leur mise aux normes internationales.

L'aménagement et la gestion des parcs nationaux et des sites touristiques sont d'autres enjeux. L'accent devra être également mis sur la formation des personnels hôteliers et des guides, le développement et la professionnalisation des agences de tourisme, ainsi que l'accueil des touristes avec l'implantation de points d'information. Enfin, une campagne de promotion de la destination, accompagnée d'une baisse des tarifs aériens et d'une valorisation de son image, est à mettre en œuvre.

Un premier pas vers davantage de visibilité de la destination Congo a été fait avec l'ouverture en août 2016 d'un bureau d'information touristique à l'aéroport de Maya-Maya à Brazzaville et la mise en ligne de deux sites web en 2017. Reste à faire la promotion de la destination, par le biais notamment de la participation du pays aux salons internationaux du tourisme, et à sensibiliser les populations, encore peu ouvertes à ce secteur, sur l'intérêt économique du tourisme.

Les atouts de l'écotourisme

Les autorités congolaises ont inscrit le tourisme comme un des secteurs de diversification de l'économie. Le potentiel est réel et les produits à créer diversifiés. Avec 60 % de sa surface recouverte par la forêt, son réseau dense de cours d'eau et ses quelque 170 km de côte, le Congo abrite une faune et une flore riches et diversifiées, avec des espèces animales et botaniques rarissimes ou uniques, et compte plusieurs aires protégées qui autorisent un écotourisme à forte valeur ajoutée.

Un partenariat a été mis en place entre le Congo et l'ONG sud-africaine African Parks Network pour la gestion du parc national d'Odzala-Kokoua. Ce type de partenariat pourrait être étendu aux autres parcs nationaux.

Le Congo peut également miser sur le tourisme fluvial et la pêche sportive, avec l'organisation de petites croisières sur le fleuve Congo ou de balades en pirogue sur les cours d'eau, notamment l'Oubangui (Likouala) et l'Alima (Cuvette). Ces produits peuvent attirer une clientèle internationale et locale.

Le tourisme culturel et mémoriel dispose également d'un fort potentiel. Dans chaque département, on trouve des communautés réputées pour leur artisanat et leurs arts, ainsi que leurs rituels et autres cérémonies sociales et familiales. Le Congo renferme par ailleurs divers lieux de mémoire, témoins de son histoire et de sa culture. On peut citer les forêts et les sites sacrés, les petites gares du chemin de fer Congo-Océan, des églises et monastères (Linzolo, Boundji, Makoua, etc.) et les sites historiques comme Loango, siège du royaume éponyme et ancien port où aboutissait la route des esclaves, Mbé dans le Pool, capitale du Royaume téké, ou les petites villes qui s'égrènent le long de la rivière Alima (Cuvette) qu'a empruntée Savorgnan de Brazza à la fin du XIXe siècle pour pénétrer dans le pays. Enfin, les loisirs balnéaires et la pêche sportive en mer sont à développer dans le Kouilou.

Traditions culturelles et artistiques

En plein cœur de l'Afrique, le Congo a connu des mouvements migratoires au cours des siècles passés, issus de toutes provenances géographiques. Ouvert aux autres pays d'Afrique centrale, il partage avec eux des frontières qui ont permis depuis des temps immémoriaux le brassage des populations et des échanges fructueux et diversifiés, particulièrement dans les domaines culturel et artistique. Sa position et son environnement font ainsi du Congo le carrefour où s'exprime un concentré du génie artistique africain tant traditionnel que moderne.

Favorisés par cet environnement, c'est d'abord dans l'art de la statuaire et dans la musique que se sont distinguées les communautés congolaises. Plus récemment, en particulier depuis l'indépendance, de nouvelles formes d'expression artistique se sont affirmées, dont la peinture, la musique moderne, la littérature et l'art vestimentaire.

Un pays d'écrivains

Le Congo, dont le taux de scolarisation a toujours été élevé, compte de nombreux écrivains de talent. Trois facteurs ont contribué à l'éclosion de ce courant littéraire : une riche tradition orale, une culture du théâtre initiée dès 1935 par les instituteurs et l'existence, à partir de 1950, de la revue *Liaison*.

La tradition orale

En Afrique, et au Congo en particulier, les Anciens lèguent oralement la tradition aux jeunes. Ils transmettent ainsi les origines de leurs peuples, l'histoire souvent épique des royaumes, comme ceux du Kongo, de Loango et des Tékés, l'enseignement des ancêtres avec lesquels ils communiquent toujours, le respect des interdits permettant d'éviter la colère des génies et toutes sortes de rites et de recettes tirées de la pharmacopée !

Dans son ouvrage *Littérature traditionnelle des M'Bochi*, l'historien Théophile Obenga a recueilli chez ce peuple de la Cuvette dont il est issu, des contes dans lesquels tout le bestiaire africain est mis en scène : léopard, lièvre, tortue, etc. Il montre aussi que les femmes, et notamment les mères de famille, contribuent largement à enrichir cette tradition orale par leurs chants au cours des veillées mortuaires, leurs berceuses ou les chansons qu'elles chantent dans les champs. Auxquels il faut ajouter les innombrables petits contes, devinettes et proverbes qui sont l'apanage de tous les âges et de tous les peuples d'Afrique centrale.

L'élan donné par le théâtre

Fort de cet héritage oral, les premiers auteurs congolais seront des dramaturges. Les premières scènes, des saynètes en fait, essentiellement enseignées dans les écoles confessionnelles, visent à lutter contre le fétichisme et font moult références à la Bible. Les auteurs et des étudiants, aidés par les professeurs, restent anonymes.

Par la suite, le théâtre s'organise lorsque le Centre culturel français recrute un jeune militaire ayant fait ses études en Europe, Segolo Dia Mahungu. Il crée la première troupe de théâtre au Congo, Kongo Lunguenia. Il rencontre le Français Patrice Lhoni, premier auteur théâtral connu du Congo (sa première pièce, *Matricule 22*, sera jouée en 1961). Peu après leur rencontre est créée une véritable troupe théâtrale moderne, avec de grandes vedettes comme Mayenga ou Nzalakanda. Le théâtre congolais est né...

Les pionniers littéraires

En matière de littérature, l'élan est donné par la revue *Liaison*, qui paraîtra de 1950 à 1960. Organe de liaison des centres culturels de l'Afrique équatoriale française (AEF), regroupant le Gabon, le Congo, le Tchad et la République centrafricaine, son plus grand mérite est d'avoir permis de rassembler de jeunes intellectuels et servi de tremplin à leur talent littéraire. Dans son « Survol de la littérature congolaise », Jean-Baptiste Tati-Loutard, qui fut à la fois écrivain, critique littéraire et ministre, avant de s'éteindre le 4 juillet 2009 à Paris, souligne en effet qu'elle « fut un véritable terrain d'exercice pour les intellectuels des années 1950 ».

Née dans ce contexte, la première génération des écrivains congolais a pour pionnier Jean Malonga, considéré comme le doyen d'une longue lignée d'auteurs congolais qui, comme lui, puiseront leur inspiration dans la tradition orale en donnant parfois à leurs œuvres la forme du chant ou du récit.

Jean Malonga est né le 25 février 1907 à Goma Tsétsé, dans le département du Pool. Pendant son enfance et son adolescence, il montre un intérêt passionné pour les réunions villageoises (fêtes, veillées, palabres, séances de justice coutumière) où les hommes de sa famille l'emmènent écouter les Anciens, qui lui font connaître les contes, fables et adages de sa région. Plus tard, lorsqu'il va à la Mission de Brazzaville afin d'y faire ses études, il ne reniera pas son héritage culturel africain. Tour à tour écrivain-interprète dans l'administration coloniale, infirmier et journaliste, Malonga jouera un rôle politique important au Congo, en devenant conseiller territorial du Moyen-Congo, membre du Conseil de l'AEF et sénateur du Deuxième Collège à Paris.

Son premier roman, *La légende de M'Pfoumou Ma Mazono* (la légende du chef d'hier), est publié en 1954. Viennent ensuite *Cœur d'Aryenne*, un roman d'amour entre une fille de colon blanc et un jeune Africain, dans lequel il dénonce l'oppression du système colonial, et *La légende de Lafoulakari*, tous deux parus en 1955. Une fin de carrière très active en tant que journaliste et directeur à la radio congolaise empêchera Malonga d'étoffer davantage son œuvre.

Cette première génération d'écrivains est également représentée par Patrice Lhoni, Letembet-Ambily, Maxime Ndebeka et le talentueux Gérald-Félix Tchicaya U'Tamsi qui se révèle, dans les années 1950, au travers de la poésie.

À la fois romancier, poète et dramaturge, Tchicaya U'Tamsi est né en 1931 dans le département du Kouilou. Il est le fils du grand leader politique Jean-Félix Tchicaya. Passionné par Rimbaud et le surréalisme, il a publié de très beaux recueils de poésie, entre autres *Le mauvais sang* (1955), *Feu de brousse* (1957), Épitomé (1960), ainsi que des romans : *Les cancrelats*, *Les méduses* et *Les phalènes*. Ses pièces, dont *Le Zulu* et *Le destin glorieux du maréchal Nnikon Nniku*, ont été montées à plusieurs reprises en France. Il a également contribué à faire connaître la tradition orale en publiant une anthologie des légendes africaines (éditions Seghers).

Bernard Zoniaba, né en 1929 à Souanké et décédé en 2001, fait également partie de cette première génération, avec une production plus modeste. Enseignant de carrière, il fut secrétaire d'État à la présidence de la République, chargé de l'Information et de l'Éducation populaire et civique, sous Massamba-Débat. C'est à la retraite qu'il se consacra à l'écriture. On lui doit *La Pygmédie*, un roman publié à titre posthume aux éditions Métsio (2014), et *Le rescapé de Mbirou*, préfacé par Sylvain Bemba. Publié en 1998, ce roman, qui retrace une bataille qui opposa Allemands et Français à Mbirou, au sud de Ouesso dans la Sangha, lors de la Première Guerre mondiale, a été réédité en 2014.

La deuxième génération

La deuxième génération d'écrivains congolais voit le jour après l'indépendance, dans les années 1970. Elle se caractérise par des préoccupations et un style différents de ceux de ses aînés. Marquée par l'idéologie socialiste, alors en vogue en Afrique et au Congo, la littérature congolaise devient plus engagée et critique. Quel que soit le genre littéraire, les écrivains congolais dénoncent la colonisation ou les régimes politiques en place, portent sur la scène les conflits de générations ou exaltent la mémoire des héros nationaux. Si certains d'entre eux se consacrent uniquement à la littérature, dont ils font leur métier, d'autres, en revanche, exercent de hautes fonctions dans l'administration ou le gouvernement, voire sont issus du sérail politique, ce qui ne les empêchera pas d'en faire indirectement la critique et d'en dénoncer les travers, via leurs œuvres.

Le timonier de cette deuxième génération est Guy Menga, qui entre par la grande porte dans la famille des écrivains francophones avec son *Palabre stérile*, paru en 1968, qui obtient le Grand Prix littéraire d'Afrique noire.

Dramaturge et romancier né en 1935, Guy Menga a été marqué par les conteurs itinérants qui venaient se produire dans son village de Mankonongo, dans le Pool. Sa mère racontait, en les mimant, des contes traditionnels et son grand-père jouait des farces brocardant le système colonial. Devenu instituteur, puis journaliste à la radiotélévision congolaise, Guy Menga trouve sur les ondes un public amateur de pièces de théâtre et de contes.

Sa première pièce, *La marmite de Koka Mbala* (1966), est un succès, mais c'est *L'oracle* (1967) qui recevra le Grand Prix du concours théâtral interafricain en 1970. Un égal succès accueillera ses romans, notamment *La palabre stérile* (1968), qui retrace la vie pleine de péripéties d'un jeune Congolais révolté à la fois par la tradition et par la colonisation. En 1993, Menga publie un essai politique *Congo, la transition escamotée.* Paru en 2009, *Bienvenue au Mbongi-théâtre* est le premier tome d'une série qui rassemble ses pièces de théâtre.

Très prolixe, Sylvain Bemba, connu aussi sous divers pseudonymes (Martial Malinda, Michel Belvain, Rufus, Congo Kerr, Le 24e Homme), est l'auteur de nombreuses pièces de théâtre, de chroniques sportives, d'essais sur la musique, et producteur d'émissions de radio. Né en 1934 à Sibiti dans la Lékoumou, il a commencé par écrire des nouvelles avant de se lancer dans le théâtre et le roman. Parmi ses pièces les plus importantes, citons *L'Enfer, c'est Orféo* (1971), *L'homme qui tua le crocodile* (1972), *Une eau dormante* (1975), *Tarantelle noire et diable blanc* (1976), *Un foutu monde pour un blanchisseur trop honnête* (1979) et *Qu'est devenu Ignoumba le chasseur ?* Signalons au nombre de ses romans et nouvelles : *Rêves portatifs* (1977), *Le Soleil est parti à M'Pemba* (1982), *Le dernier des Cargonautes est Léopolis*, une intrigue amoureuse qui a permis à Bemba d'évoquer la vie du grand leader africain Patrice Lumumba.

Fils de Stéphane Tchitchellé, qui fut le premier maire élu de Pointe-Noire en 1956, Tchitchellé Tchivela est un passionné de littérature, très attaché à l'héritage culturel vili. Tout en étant médecin militaire avec le grade de colonel, aujourd'hui à la retraite, ministre du Tourisme et de l'Environnement (1992-1995) sous Pascal Lissouba puis préfet du Kouilou, il a publié plusieurs œuvres, dont *Longue est la nuit* (nouvelles, Hatier, 1986), *L'exil ou la tombe* (nouvelles, Présence africaine, 1986) et *Les fleurs des Lantanas* (roman, Présence africaine, 1997). Passionné de musique, il écrit des textes, compose et aide les chanteurs et musiciens ponténégrins à exister.

Durant sa courte carrière littéraire, commencée en 1979, Sony Labou Tansi a publié plusieurs pièces de théâtre (*Conscience de tracteur*, *La parenthèse de sang* et *Je soussigné cardiaque*) et romans (*La vie et demie*, *L'État honteux*, *L'anté-peuple*, qui obtint le Grand Prix littéraire de l'Afrique noire, *Le serment d'Hippocrate* et *Les sept solitudes de Lorsa Lopez*), au style violent et poétique, dans lesquels il dénonce l'oppression et les tyrans (*Antoine m'a vendu son destin*). Ancien enseignant, né en 1947, Sony Labou Tansi a dirigé, dans sa maison de Makélékélé, à Brazzaville, la troupe du Rocado Zulu Théâtre. Il s'est éteint le 14 juin 1995 à Brazzaville.

Né d'un père congolais et d'une mère centrafricaine, formé en France et aux États Unis avant de devenir professeur de chimie à Brazzaville, Emmanuel Dongala Boundzéki a été le principal animateur du Théâtre de l'Éclair. Il a vécu l'essentiel de son existence au Congo avant de s'exiler aux États-Unis dans les années 1990. On lui doit plusieurs nouvelles pleines d'humour et de tendresse, dont *Un fusil dans la main, Un poème dans la poche* (Albin Michel, 1974), *Jazz et vin de palme* (Serpent à plumes, 1996), *Les petits garçons naissent aussi des étoiles* (Le Serpent à plumes, 2000) et *Johnny chien méchant* (Le Serpent à plumes, 2002), qui a été adapté au cinéma. Emmanuel Dongala a reçu le prix Virilo 2010 et le prix Ahmadou Kourouma en 2011, pour son roman *Photo de groupe au bord du fleuve* paru chez Actes Sud en 2010.

Président de l'Union des écrivains congolais, enseignant, journaliste et écrivain, Léopold Pindy Mamansono s'est fait connaître comme chroniqueur littéraire, animateur culturel de la célèbre émission télévisée *Autopsie*. Né le 10 novembre 1952, à Boko-Songho, dans le département de la Bouenza, il a contribué à faire connaître les jeunes poètes dans *La nouvelle génération de poètes congolais* (1984). Il a publié divers recueils de poésie et ouvrages dont Écho (1978), *Light-Houses* (1978), *Angoisses I* et *Angoisses II* (1982), Équinoxes (1982), *L'anthologie universelle de poésie anti-apartheid* (éditions Maguilen, 1991), *La vie* (1999), *Heurts et splendeurs, poèmes miroirs* (1998). En 1978, il a créé les éditions Héros dans l'ombre, à Brazzaville. Il s'est éteint le 8 octobre 2013.

Les « politiques » écrivains

Cette génération compte également dans ses rangs des acteurs politiques qui se sont illustrés dans la littérature. Pour preuve, Jean-Baptiste Tati-Loutard, qui a vu le jour en 1938, à Ngoyo, dans le Kouilou. Après avoir fait des études supérieures de Lettres à Bordeaux, il rentre au Congo, où il sera enseignant, doyen de la Faculté des Lettres, ministre de l'Enseignement supérieur, de la Culture puis des Hydrocarbures ; tout en publiant de nombreux recueils de poèmes, dont *Les poèmes de la mer*, *Les racines congolaises*, *L'envers du soleil*, *Les feux de la planète*, ainsi que des nouvelles (*Chroniques congolaises*) et une des rares anthologies de la littérature congolaise d'expression française.

Henri Lopès, né en 1937 à Léopoldville (actuelle Kinshasa), s'est également distingué dans le monde littéraire tout en menant de front une carrière politique et de fonctionnaire international. Il a fait ses études secondaires et supérieures au Congo et en France, où il a décroché un DES d'histoire. De retour au pays, il fut Premier ministre et plusieurs fois ministre, avant d'être nommé en 1982 directeur général adjoint de l'Unesco à Paris. C'est en 1971 qu'il publie son premier recueil de nouvelles, *Tribaliques*, qui recevra en 1972 le Grand Prix littéraire d'Afrique noire. Par la suite, il écrira près d'une dizaine de romans dont *La nouvelle romance* (1976), *Sans tam-tam* (1977), *Le pleurer-rire* (1982), *Le lys et le flamboyant* (1997), *Dossier classé* (2002), *Un enfant de Poto Poto* (2012), *Le méridional* (2015), *Il est déjà demain* (2018).

Les nouveaux leaders littéraires

La nouvelle génération est constituée par de jeunes écrivains qui ont commencé à publier à partir des années 1980 et 1990. Elle rassemble des romanciers dont l'écriture est un métier à part entière et des personnalités politiques ou du monde des affaires tentées par l'écriture, parmi lesquels quelques-uns s'intéressent à la vie au village et à ses traditions pour en révéler les vertus et les enseignements.

Dans cette génération se distingue tout particulièrement Alain Mabanckou, né à Pointe-Noire le 24 février 1966. Après avoir fait sensation avec *Verre cassé*, dont la virgule constitue la seule forme de ponctuation, Alain Mabanckou a bouleversé le monde de la littérature en devenant, à 31 ans, et après le Malien Yambo Ouologuem (1968), le deuxième Africain à recevoir le prix Renaudot en 2006 pour son roman *Mémoires de porc-épic* (Seuil). Dans un langage simple et teinté d'ironie, Mabanckou renouvelle les formes traditionnelles du conte africain où chaque homme possède un double animal pacifique ou nuisible, qui exécute ses souhaits. Le sort de l'homme est lié à celui de son double et la mort de l'un entraîne automatiquement la mort de l'autre. Mais, dans ce roman, l'animal en question, un porc-épic, survit étrangement à son double humain et va se confier à un vieux baobab en lui racontant les bons et les mauvais moments qu'il a passés avec son double humain. *Le sanglot de l'homme noir* est paru en 2012 chez Fayard. Mabanckou, qui vit à Santa Monica, en Californie (États-Unis), a été admis à la Chaire annuelle de création artistique du Collège de France en décembre 2015. Son dernier roman, *Les cigognes sont immortelles*, est paru aux éditions du Seuil en 2018.

Autre tête d'affiche de la littérature congolaise, Wilfried N'Sondé s'est établi à Berlin (Allemagne), après avoir passé son enfance au Congo puis en France. Il s'est d'abord tourné vers la musique, avec un style balançant entre le rock-trash et l'afro-punk, avant de faire une entrée en littérature très remarquée avec *Le cœur des enfants léopards*, en 2007. Après *Le silence des esprits* (Actes Sud, 2010), *Fleur de béton*, son troisième roman paru en 2012, qui évoque l'enfer des banlieues, il signe *Un océan, deux mers, trois continents* (Actes Sud, 2017).

Né en 1953 à Brazzaville, Daniel Biyaoula est également une figure littéraire de cette génération. Après avoir suivi ses études primaires et secondaires à Linzolo (Pool) puis à Brazzaville, il part faire ses études supérieures en France où il obtient un doctorat en microbiologie. Son premier roman, *L'impasse,* publié aux éditions Présence africaine en 1996, a obtenu le Grand Prix littéraire d'Afrique noire en 1997.

Des hommes politiques se sont également tournés vers la littérature, tels que Henri Djombo, ministre de l'Économie forestière et du Développement durable, qui a écrit plusieurs pièces de théâtre et divers romans, dont *Le mort vivant* (Présence africaine), *Palabre électorale au Kinango*, *Le cri de la forêt*, *Vous mourrez dans dix jours* (Présence africaine), ou encore Jean-Pierre Heyko Lékoba, préfet de la Cuvette en 2018, auteur du *Poids des souvenirs - la quête du présent*, des *Sentiers des*

Origines-O-Tsina et de *La problématique démocratique au Congo-Brazzaville.*

Le monde des affaires n'est pas en reste. Ainsi, Raymond Ibata, PDG des Assurances générales du Congo, s'est pris de passion pour l'écriture, en publiant un premier roman, *Les gens de chez nous*, dont l'intrigue, qui se déroule dans un village du nord du Congo, met en scène divers personnages parmi lesquels un jeune urbain, qui, par le biais de l'initiation, découvrira les vertus et la sagesse des enseignements traditionnels.

Les écrivaines

Constatation intéressante, la poésie et le roman ne sont pas seulement l'affaire des hommes au Congo. L'arrivée des femmes sur la scène littéraire date principalement des années 1970. C'est en 1997 que Paule Etoumba publie un recueil de poèmes intitulé *Un mot fracasse un avenir*. En 1980, les poétesses Amélia Néné et Marie-Léontine Tshibinda réaffirment la présence des femmes dans le domaine littéraire. Elles seront suivies par la religieuse Brigitte Yengo, qui public son autobiographie l'année suivante. De même, la poétesse Cécile Diamonéka, Jeannette Balou-Tchichelle et Francine Laurans se lancent dans l'aventure romanesque.

D'autres écrivaines – Adèle Caby-Livannah, Ghislaine N. H. Sathoud, Binéka Danièle Lissouba, Noëlle Bizi Bazouma, Aleth Félix-Tchicaya, Marie-Louise Abia et Flore Hazoumé – ont contribué à l'élargissement de la littérature congolaise en publiant des articles et des textes touchant à tous les genres.

Deux autres femmes, dont les œuvres éclairent le Congo des années 1960, sont à mentionner : Mambou Aimée Gnali, ancienne ministre de la Culture et des Arts, qui a publié *Beto na beto : le poids de la tribu* (Gallimard, 2000) et Marceline

Fila Matsocota, auteure de *Ma vie avec Lin Lazare Matsocota* (L'Harmattan, 2003).

Dans la nouvelle génération, on peut citer Huguette Nganga Massanga (*L'envers du décor*), Ketsia Beatrice Bouanga Safou, une Franco-Congolaise, auteure d'essais dont *La France, une justice sans justesse est nulle et sans effet* et d'un premier roman, *Petite Yombe de France.*

La littérature scientifique

Le chef de file de ce courant littéraire axé sur des travaux scientifiques est sans conteste Théophile Obenga. Poète, mais surtout historien et linguiste, Théophile Obenga, né en 1936 à Brazzaville, a été ministre des Affaires étrangères dans les années 1980, puis directeur du Centre international des civilisations bantoues. Outre *L'Afrique dans l'Antiquité* et *Les Bantu*, il a publié un passionnant ouvrage sur la littérature traditionnelle des Mbochis (peuple de la Cuvette). Pour le Cinquantenaire de l'Indépendance du Congo, il a dirigé la rédaction de *La grande Histoire générale du Congo des origines à nos jours*, à laquelle ont contribué de nombreux auteurs congolais.

Parmi les historiens et essayistes congolais de renom, dont les publications apportent un éclairage passionnant sur l'histoire du Congo et de la sous-région, citons Jérôme Ollandet, diplomate et historien décédé en décembre 2017 (*Le Nord Congo, histoire et civilisations*; *Hollandais et Portugais au Congo du 17e au 19e siècle*; *Les relations entre les deux Congo. Évolution et dynamique interne*; *L'expérience congolaise du socialisme de Massamba-Débat à Marien N'Gouabi*, etc.), Abraham Constant Ndinga Mbo (*Les Ngala dans la cuvette congolaise XVIIe-XIXe siècle*, etc.), Dominique Ngoie-Ngalla (*Lettre d'un Pygmée à un Bantou*), Etanislas Ngodi (*Résistances à la pénétration* *et la conquête coloniale au Congo. XIXe-XXe siècles*), Côme Kinata (*La colonisation de la Likouala 1885-1960*), Rémy Bazenguissa-Ganga (*Les voies du politique au Congo. Essai de sociologie politique*) et bien d'autres.

Le théâtre

Les conflits socio-politiques de la décennie 1990 ont ralenti l'élan impulsé au théâtre congolais par les talentueux précurseurs. Avec la fin de la guerre, de nouveaux talents ont pu émerger. Parmi eux, citons Dominique Niossobantou (*Le silence des chiens*) et Dieudonné Niangouna, un jeune dramaturge, metteur en scène et comédien plein de promesses.

Quand il était adolescent, son père, un grammairien, l'encourageait à lire et à regarder des films de Gabin et de Fernandel. De là, lui est venue l'idée d'écrire des poèmes et des pièces de théâtre, puis de jouer et de mettre en scène ses propres œuvres. Né à Brazzaville en février 1976, Dieudonné fait ses premiers pas de comédien dans la troupe Kongo-Dia-Ntotela, avant de créer, en 1994, sa première compagnie, Nzo-Ba-Ndoki. Replié à Pointe-Noire pendant les conflits qu'a connus le Congo, il fonde en 1997 sa deuxième troupe, « Les Bruits de la rue ». Dans les pièces qu'il écrit, joue et met en scène (*Carré blanc* ; *Patati, Patatra et des Tralalas ; Intérieur/Extérieur* ; *Banc de touche* ; *Attitude clando* ; *Le socle de vertige* ; *Inepties violentes*) ou qu'il adapte (*Le cœur des enfants léopards*, de Wilfred N'Sondé), Niangouna dénonce la violence, la folie du pouvoir, le phénomène des Églises du Réveil et des enfants de la rue et autres dérives. Loin d'être confiné à la scène congolaise, il s'est produit dans divers pays d'Afrique, en Italie et en France, où il est devenu un habitué du Festival d'Avignon. Premier auteur et metteur en scène africain à être artiste associé à ce festival en 2013, il a contribué à la réflexion artistique de cette édition au cours de laquelle il a présenté *Sheda,* une pièce qui traite de la chute des Puissants, invités à redevenir humains.

Pour clore ce chapitre, rendons hommage à Sauve-Gérard Ngoma Malanda. Ce critique littéraire et animateur de l'émission Culture, sur Télé-Congo, est aussi un écrivain poète. On lui doit *Rêves sur cendres* (L'Harmattan, 2011) et *Danse des Silhouettes* (Nzé, 2015), un hommage à Elisabeth Baboté, sa mère, décédée en 2013.

Musique et danse, des traditions bien ancrées

Depuis toujours, les Congolais vouent à la musique un amour presque sacré. Dans la culture traditionnelle, danse et musique sont généralement intimement liées, et même pour célébrer des événements de la vie courante, les danses ont toujours un caractère sacré.

Une fonction de rituel

Les chansons et les mélodies traditionnelles avaient, et ont encore, dans une très large mesure, la fonction quasi magique et surnaturelle d'élever tout danseur à un très haut niveau d'excitation, jusqu'à un seuil capable de le faire vibrer, presque dans un état d'inconscience, sous l'effet des forces spirituelles et matérielles, et de l'amener à réaliser des prouesses inimaginables dans un état normal. Pour les danseurs initiés, ces prouesses étaient des manifestations palpables des forces mystiques et spirituelles qui peuplent les montagnes, les rivières, les forêts, les savanes, les villages et les villes.

La fonction de ces danses est multiple. Certaines danses peuvent accompagner les initiations, tant masculines que féminines. D'autres servent à célébrer les récoltes ou à implorer les dieux, les divinités et les mânes en vue de la paix, de la concorde et de la cohésion sociales, à célébrer le mystère de la vie et de la création du monde, ou encore à chanter les moments de rêves ou de désespoir de l'amour. Certaines danses sont consacrées aux cérémonies sociales, comme les naissances, les mariages et les rites funéraires. D'autres exaltent les normes sociales relatives à l'éthique morale et physique, à l'honneur et à la dignité de tout homme libre. Ainsi, la danse des chasseurs prépare ces derniers à affronter avec courage, détermination, intelligence et ruse les multiples défis de ce dur métier qui pouvait se pratiquer aussi bien sur la terre ferme (éléphants, gorilles, buffles, panthères...) que sur les fleuves et les rivières (hippopotames, caïmans, crocodiles...). Dans l'ouest et le nord-ouest du Congo, le joueur de *mwet*, un théâtre épique chanté et dansé par les peuples venus du Cameroun et du Gabon, chante et mime les combats épiques des héros légendaires contre des géants, en s'accompagnant d'une harpe-cithare traditionnelle.

Dans les cérémonies rituelles, la peinture corporelle, composée d'une gamme variée de couleurs, est largement utilisée. Le corps est ainsi maquillé, particulièrement au niveau du visage, autour des yeux, de la poitrine, du dos, des bras, des jambes. Cet art transforme les danseurs en de véritables monuments vivants doués de rythmes et de mouvements. Pour les jeunes spectateurs, de tels danseurs sont de véritables extraterrestres.

Figurine kiébé-kiébé (Owando, Cuvette). © MDMM.

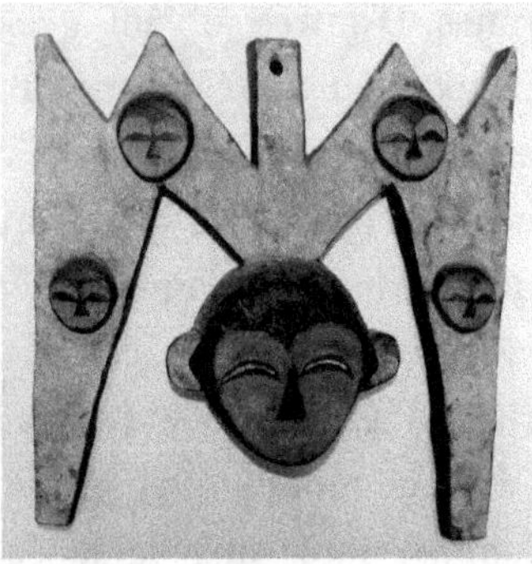

Masque kwélé (Sangha), Collection privée. © MDMM.

Échassier dans le Pool. © MDMM.

Les danses initiatiques

Des danses, figurant des batailles aussi bien sur les champs terrestres qu'au niveau des forces cosmiques entre les bons et les mauvais esprits, ont en fait une dimension initiatique. Les bons esprits, c'est-à-dire les esprits protecteurs, sont représentés par des danseurs inconnus des non-initiés, enveloppés dans des pagnes en raphia ayant comme têtes des masques en bois aux couleurs bigarrées et pour cheveux des belles plumes d'oiseaux rares et prestigieux. Le kiébé-kiébé des Mbochis, dans le département de la Cuvette, en est un exemple. C'est une danse très spectaculaire, au cours de laquelle les danseurs, dissimulés sous une longue jupe de raphia surmontée d'une tête sculptée rappelant celle des marottes et dénommée afias, tournent jusqu'à l'épuisement. Ils miment ainsi le mouvement du serpent, ancêtre mythique de leur clan. Ces danses ésotériques remontent très loin dans le temps, à l'époque où s'affrontaient, sur la même aire, le clan du serpent, possesseur de ces marottes, et celui de la panthère possédant des tambours.

Certains rites initiatiques féminins ont pour vocation de préparer la fille pubère à accéder au statut de femme, d'épouse modèle, de prêtresse, gardienne de la morale ainsi que de l'histoire des traditions de la société. D'autres ont des fonctions thérapeutiques destinées à soigner la stérilité féminine ou les maladies psychosomatiques. À la fin de leur initiation, les jeunes femmes accèdent à un statut social respectable au sein de la communauté leur permettant de participer, par exemple, aux séances de médecine traditionnelle ou à la prise des décisions s'imposant à la communauté. Parmi les danses à caractère initiatique, on peut également citer les danses sur échasses du Niari ou la danse des vierges vilis du Kouilou.

Remarquables danseurs et chanteurs, les Pygmées de la grande forêt forment l'un des peuples les plus musiciens de la planète. Enregistrés à maintes reprises par les ethnomusicologues, leurs chœurs sont très mélodieux et d'une savante polyphonie.

Discipline très récente, la danse contemporaine est représentée par quelques chorégraphes-danseurs de talent, dont Prince Monar (*Reviens-moi*), Arnold Mahoukou (*Obscurité*) et Jean-Claude Kodia (*Corps lié au son abstrait*).

Les instruments traditionnels

La musique traditionnelle congolaise utilise une gamme variée d'instruments, dont la guitare à cordes, la guitare à lames métalliques, le gong à deux tuyaux métalliques ou à un seul tuyau, des maracas faites de calebasses ou de boules sphériques séchées et évidées dans lesquelles on introduit des grains durs et secs produisant des sons lorsqu'ils sont secoués, des xylophones (*kalakwas*), des cloches (*ngonguis*), des petits pianos portatifs (*sanzas* ou *likembés*). Citons encore les tam-tams, longs ou courts, épais ou minces, selon les fréquences et sons recherchés ou le type de message à émettre, qui peuvent se battre avec les mains ou à l'aide de bâtons se terminant ou non par des boules de caoutchouc naturel.

La palette des instruments traditionnels compte aussi des instruments à vent : cornes de buffles ou d'antilopes, munies d'un orifice dans lequel on soufflait selon certaines techniques apprises pour produire les sons désirés. Flûtes en tuyau d'argile et cloches, sifflets modernes ou fabriqués à l'aide de petites cornes d'antilopes étaient également utilisés. Autres moyens musicaux, les battements de mains et les piétinements du sol par les danseurs, doux ou virils selon les danses, et aux cadences appropriées.

Un tisserand de raphia à Djambala (Plateaux). © MDMM.

Groupe de musique traditionnelle.
© MDMM.

Tous les instruments, parfois de belle facture, sont sacrés et il faut être initié pour en jouer. L'initiation se fait de père en fils, d'oncle à neveu, de mère à fille, etc.

Le temps de la rumba et du soukouss

La création musicale moderne remonte à l'époque coloniale. Elle est avant tout un phénomène urbain, né dans les capitales des deux Congo, Brazzaville et Kinshasa, dont les trois grands courants musicaux successifs – la rumba, le soukouss et le ndombolo – se sont imposés dans toute l'Afrique, allant même jusqu'à séduire les Européens et les Américains.

Apportée dans les Caraïbes par les esclaves noirs en provenance du royaume du Kongo sous le nom de nkumba (danse du nombril), la rumba revient au Congo français et au Congo belge dans les années 1930-1940, après un passage réussi à Paris et dans quelques cités des États-Unis. Dans la foulée, les rythmes européens, latino-américains, afro-américains ou africains, tels que la valse, le boléro, la biguine, le merengue, le calypso, le cha-cha-cha, le jazz, le high-life, etc., débarquent également dans les deux Congo, dans le sillage des marins, des tirailleurs d'Afrique centrale, qui sont revenus de la guerre mondiale, et des Européens – Français, Belges, Grecs, Portugais et Espagnols notamment –, venus travailler dans les administrations coloniales ou à leur compte personnel. Le high-life, pour sa part, fut introduit par des clercs béninois, des marins et des hommes d'affaires nigérians, ghanéens et libériens.

À cette même époque, de grands travaux – chemins de fer, édifices publics ou privés, artères urbaines, stades et salles de spectacles – sont entrepris au Congo français et au Congo belge, dont les capitales connaissent alors une croissance démographique exponentielle et deviennent de véritables melting-pots, tant ethniques que culturels.

C'est dans ce contexte que la musique congolaise moderne s'impose, particulièrement à la fin des années trente, avec notamment la création en 1938 du premier orchestre congolais, le Congo Rumba, dirigé par Jean Real, d'origine martiniquaise.

Peu à peu, sur les deux rives du fleuve Congo, une intense activité musicale multiforme se développe tandis que les artistes des deux capitales se livrent à une saine émulation, soutenus par des mécènes et la création de plusieurs maisons d'édition musicale. Partis de la rumba, ils finissent, à force de mélanger des ingrédients très divers, par inventer un savant cocktail : le soukouss, qui réunit les apports du rock nord-américain et de la rumba cubaine mêlés à la musique africaine.

Dans ce foisonnement musical, deux artistes émergent du lot pour les Congolais des deux rives : Paul Kamba à Brazzaville et Wendo à Kinshasa. Ils sont considérés comme les deux plus grandes figures de la musique congolaise naissante.

Orchestres et bars-dancings de l'après-indépendance

Dans la liesse des indépendances, on danse le soukouss dans les innombrables bars-dancings et guinguettes qui fleurissent des deux côtés du Pool Malebo, où beaucoup d'orchestres se font et se défont, selon les caprices du « hit-parade » et des courbes de ventes de disques. Au cours des années 1960, deux grands pionniers de cette musique, originaires de la République démocratique du Congo, Franco et Tabu Ley Rochereau, l'imposeront à toute l'Afrique noire.

Au Congo-Brazzaville, ce courant musical sera incarné entre autres par des musiciens et des orchestres de renommée, tels que Célestin Kouka dit Celio, Jean Serge Essous, Pamelo Mounka

(Bemba Bingui) et Kosmos Moutouari, des noms inséparables de l'orchestre Les Bantous de la capitale, Pierre Moutouari et sa petite-fille Michaëlle, les frères Kimbolo (dont Clotaire Douley). On peut citer également Les Anges, Prince Youlou Mabiala et les Kamikazes, ou encore Angelino du groupe Super Boboto (SBB) et les orchestres Mando Negro et Negro Band.

On pense également à Franklyn Boukaka, aux mélodies de Jacques Loubelo, aux gospels des Cheveux Crépus ou des Palatas Singers, à l'afro-jazz des M'bamina ou au soukouss d'Aurlus Mabélé. L'orchestre-ballet Les Très-Fâchés démontre, pour sa part, que le comique, la musique et la danse pouvaient faire bon ménage.

La musique congolaise de variétés comptait également d'excellentes chanteuses, utilisant souvent des langues nationales comme le lari ou le lingala, en particulier Mamie Claudia, qui fit une belle carrière en Côte d'Ivoire.

Pour favoriser l'essor de la musique au Congo, les autorités du pays lancèrent à Brazzaville l'Industrie africaine du disque (IDA), vaste complexe de production de disques doté d'un studio d'enregistrement, d'une salle de gravure, d'un atelier de galvanoplastie et d'une unité de pressage de disques.

Le début des années 1970 voit l'irruption d'un nouveau genre d'orchestres et de groupes musicaux sur la scène artistique congolaise, composés pour l'essentiel de jeunes musiciens qui innovent dans les domaines de l'orchestration, de la chorégraphie, de la danse ainsi que des formes d'expressions vocales, corporelles et linguistiques.

Les années 1980 révèlent l'inclassable Zao, connu pour son tonitruant *Ancien combattant* et son célèbre *Corbillard*, devenus des succès au Congo et à l'étranger, et qui reste encore aujourd'hui une des stars de la musique congolaise.

Ndombolo, rap, jazz et tradi-musique

Depuis la fin des années 1990, la création a évolué, avec l'émergence de divers courants. Outre la variété, l'un comprend le rap, le jazz et la salsa. Le groupe Bisso na Bisso et son chanteur Passi, dont le premier album *Racines* a fait la renommée, demeure l'un des fleurons du rap congolais. Rapportée de Cuba par de jeunes étudiants congolais, la salsa compte quelques orchestres, très prisés d'une partie de la jeunesse, dont le célèbre SOS Salsa, créé par d'anciens étudiants congolais partis faire des études à Cuba, et qui a fêté ses 20 ans en 2015.

Sorte de retour aux sources, un autre courant prend en compte les folklores traditionnels des différents terroirs, dans la conception, l'élaboration et la production de ses œuvres. Ainsi la musique traditionnelle refait-elle surface, mais revue et corrigée par de jeunes musiciens. Car, si elle retourne aux sources, tant en matière de rythmes et d'harmonies que de mélodies et d'instruments, la nouvelle génération innove, introduisant des styles et des instruments venus d'Occident et métissant le tout avec audace et créativité.

Ce genre musical, qualifié de tradi-moderne, compte dans ses rangs divers artistes, dont certains ont débuté dans des groupes qui se sont disloqués. Tel est le cas de la chanteuse Oupta, qui évolue en solo, après avoir été l'égérie du groupe Lang'i (« couleur » en lingala), aujourd'hui dissous, ainsi que Fanie Fayar et Chikadora, de son vrai nom Claude Rosney Matady, qui ont tous deux évolué dans le groupe N'Kota (« l'entrée » en langue lari), dont la musique mêlait reggae, musique traditionnelle, chants et chœurs. Ce courant inclut également Mel Malonga (*Ndjele Ndjele*), Liz Babindamana, Princia Ntéko (*Cri*), Eved Voice, Roga Roga (*Contentieux*), du groupe Extra Musica Zangul, et Émile Biayenda, dont le groupe Les tambours de Brazza est réputé pour ses percussions.

La musique sacrée a également opéré une percée extraordinaire tant à Brazzaville qu'à Kinshasa, phénomène des Églises de réveil oblige. Parmi les chantres du gospel figure Laurna Princilia Bazoungoula.

Bien évidemment le ndombolo, qui a succédé au soukouss et dont les groupes phares sont Extra Musica et Patrouille des stars authentique, occupe le devant de la scène. Mais la rumba classique, fidèlement représentée par l'orchestre Bana Poto-Poto, a aussi ses adeptes. Ses variantes également, comme le juz jazz, une rumba d'un nouveau genre, de Neddy Adona, dont le premier album *Armes fatales* est sorti en juillet 2009, ou le slam à la sauce rumba de Beaurice Loumingou et son groupe Radio Libanga. Ou encore Achille Mouebo, le roi du mutenfo, un mélange de zouk, rock et rumba.

Les plus grands sculpteurs d'Afrique noire

À l'instar de leurs voisins forestiers du Congo-Kinshasa et du Gabon avec lesquels ils possèdent de multiples liens de parenté, les Congolais font partie des plus grands sculpteurs de l'Afrique noire. Chaque région du pays peut se prévaloir d'une tradition bien ancrée.

Un art royal et magico-religieux

La sculpture est un art à la fois fonctionnel, utilitaire, royal et magico-religieux. Le principal matériau utilisé est le bois, matière première largement disponible localement, dans la grande zone forestière et les régions de savane. Mais la pierre, l'ivoire, le métal, tel que le fer et le cuivre, et la terre sont également travaillés. Ainsi, dans l'ancien royaume du Kongo, les forgerons, personnages tout-puissants, travaillaient le fer et le cuivre.

Les œuvres d'art sont très variées, pouvant être aussi bien des objets utilitaires et de culte que des symboles initiatiques, des insignes du prestige social et du pouvoir royal. Selon leur usage et l'objet du rituel auquel ils sont liés, ils prennent la forme de masques d'initiation ou de danse, de statuettes, d'armes de jet, de tabourets, de dosserets, de tables, de boîtes, de coupes, de peignes, de bâtons, de sceptres, de couronnes, de trônes, de cannes, de pipes, d'instruments de musique, etc.

Très spécifique est l'art magico-religieux, lié au culte des ancêtres, dont les représentations les plus courantes sont les masques et les statuettes. Intermédiaires entre les humains et les divinités surnaturelles, entre la communauté et l'esprit des ancêtres, masques, statues et fétiches sont avant tout des symboles chargés de significations religieuses.

L'art dit royal ou de cour est très développé chez les peuples qui ont connu des royaumes et des empires, comme les Kongos. Il se distingue par l'importance accordée au pouvoir et par son déploiement de matériaux rares, coûteux et prestigieux, destinés à soutenir et exalter l'autorité politique des souverains. Outre les animaux dangereux, les armes de prestige et les palais, les marques les plus importantes de la royauté incluaient un ensemble de sculptures, bijoux, objets fonctionnels et costumes dont les matières, à la fois rares et chères, étaient investies d'une puissance sacrée. Au cours des différentes cérémonies rituelles (initiation, intronisation, rendu de jugement, funérailles, etc.) auxquelles prenait part le souverain, divers objets (masques, trônes, etc.) étaient exposés pour illustrer la puissance du monarque.

Chaque région du pays se caractérise par des traits, des formes et des techniques spécifiques. Toutefois, on peut distinguer quatre grandes régions stylistiques.

L'art au royaume du Kongo

Dans le sud-ouest du pays, l'art sculptural est ancien et lié au grand royaume du Kongo qui a atteint son apogée au XVe siècle. Parmi les œuvres caractéristiques de cette région, on trouve les célèbres statuettes en pierre, les *bitumba* (*ntumba*, au singulier), anciennement nommées *mintadi* (pluriel de *ntadi*), placées, à titre de symbole du pouvoir, sur les tombes réservées aux chefs de haut rang, lieux révérés toujours situés au sommet d'un plateau où existait une forêt de hautes futaies. Substituts du chef en vie, mais provisoirement absent, et des doubles du chef disparu, ces figures de pierre assurent une continuité mystique et apparaissent comme des portraits symboliques, exaltant le pouvoir, manifestant la pérennité de la chefferie, alliant le gouvernement des notables et celui des ancêtres éminents.

De même facture que les *bitumba*, les stèles funéraires trouvées dans la région des Solongo expriment le pouvoir suprême, à travers la pierre dont elles sont constituées. Travaillées dans le bois, les statues représentant la maternité occupent une place spécifique. Les unes représentent la mère tenant l'enfant assis et le corps dressé (mère à l'enfant). Les autres la montrent allaitant le nouveau-né (mère nourrice). Les premières appellent l'abondance et assurent la protection de la génération qui naît. Les secondes protègent de la stérilité et sont propices à la continuité des lignages.

D'autres statues ou statuettes figurent des effigies d'ancêtres (*bimazi*) ou des images à fonctions plus religieuses (*bitéki*) ou magiques (*binkondi*), à la fois protectrices et vengeresses. La région est également riche en masques naturalistes liés à la divination et en objets qui symbolisent davantage le pouvoir qu'ils ne sont fonctionnels, comme les cuillers, les haches d'apparat, les poires à poudre et les bâtons sculptés.

Les nkisi pour guérir et protéger

Très particulières sont les *nkisi* (« remèdes »), les statuettes utilisées par les guérisseurs, dont l'art était lié au pouvoir des chefs dans plusieurs régions du Kongo, en particulier chez les Bembés, et qui usaient de leurs prérogatives pour combattre les forces du mal (la sorcellerie) à la fois pour eux-mêmes et pour leurs sujets. Seul le *nganga*, le guérisseur chargé du rituel, qui dispose des pouvoirs d'un médiateur, est en mesure de décrypter les messages que renferment les *nkisi*. Son rôle consiste notamment à la matérialisation et à la concrétisation des données du surréel, qui échappent à la rationalité.

De forme anthropomorphique ou zoomorphe, ces *nkisi*, reconnaissables notamment au miroir incrusté dans la partie centrale, protégeaient le souverain mais contribuaient également à garantir le respect des lois ancestrales. Il existe des *nkisi* qui font office de protection ou de produit pharmaceutique. Ils ont pour support des objets peu élaborés, composés d'éléments naturels, végétaux, minéraux ou provenant d'animaux. Parmi les *nkisi*, on trouve des statuettes à usage individuel ou collectif (familial) et des pièces de grande taille appelées *nkonde* ou *nkondi*, une catégorie spécifique chargée de protéger les chasseurs contre le danger.

Les techniques d'assemblage d'éléments hétérogènes correspondent aux intentions plastiques et rituelles de couvrir et de remplir le corps. L'homme et l'objet sont dans le réel et dans l'au-delà. Les procédés plastiques utilisés dans les sculptures chargées reposent sur des techniques qui engendrent l'effet de puissance visuel qui caractérise la remarquable statuaire du royaume du Kongo, dont celle des Songyes. Les *mankishi* songyes accueillent quasiment tous les éléments jugés individuellement actifs dans les rites magiques. Chaque type d'accessoires garde ses spécificités. Clous, fibres, perles, peaux et autres se retrouvent sur le bois.

Les statuettes hiératiques des Tékés

De religion animiste et pratiquant le culte des génies et des ancêtres, les Tékés ont produit un très grand nombre de statuettes rituelles en bois. Généralement, on a creusé dans leur ventre et leur poitrine une cavité où le *ngaa*, féticheur du village, a placé une boule de terre contenant des substances magiques destinées à attirer la protection des génies et à écarter les esprits du mal. De style très hiératique, ces statuettes ont habituellement le visage strié de scarifications verticales, pas de regard, un menton proéminent ressemblant à une barbe et un couvre-chef.

Plus rares, les extraordinaires masques tékés sont ronds et ornés de dessins géométriques. Ils auraient servi aux danses de la société secrète Kidumu des Tékés.

D'une force expressive particulièrement violente, les statuettes des Kongos disparaissent sous le nombre des clous et des lamelles de couteaux rouillés fichés dans le bois. Elles représentent soit des personnages anthropomorphes, soit des animaux. Les personnages ont souvent un air menaçant – bouche ouverte semblant émettre un cri, bras levé tenant une lance – et les yeux incrustés de verre ou de miroirs.

Les Vilis, du royaume de Loango près de Pointe-Noire, ont sculpté des statuettes-reliquaires à clous – sinkhosis –, mais le visage, peint en blanc et les sourcils noirs, dénote l'influence d'artistes gabonais comme les Pounous. De très beaux masques naturalistes ont également été exécutés par les Vilis.

Les Bembés appartenant au groupe kongo ont excellé dans la sculpture miniature. Hautes de 10 à 15 cm, ces mini-statuettes donnent néanmoins l'impression d'un art monumental. Et ces sculpteurs ont fait montre d'un grand souci du détail en représentant leurs tatouages.

Tambours rituels, masques et figurines

Dans la Cuvette, dans le nord du Congo, les Mbochis vouent un culte au léopard et au serpent, emblèmes de leurs deux clans principaux. Au nom de l'un, ils fabriquent des tambours rituels contenant une peau de léopard. Au nom de l'autre, ils sculptent dans des poteaux de bois des figurines longilignes surmontées d'une tête détachable ; celle-ci est tenue à bout de bras lors de la danse kiébé-kiébé par un danseur vêtu d'une jupe de fibres.

Encore plus au nord, dans la Sangha, les Bakwélés ont sculpté des masques abstraits qui enthousiasmèrent les cubistes, avant la Deuxième Guerre mondiale. Influencés par les masques blancs très stylisés des Fangs du Gabon, ils ont la forme d'un cœur, évidé pour y faire apparaître le nez, les yeux et la bouche. Les plus beaux exemples sont d'un dessin plus complexe, le masque se prolongeant de chaque côté par une branche en chevron sur laquelle est répété en plus petit le même masque en forme de cœur. Ils sont dénommés *pibibuzés*, car ils représentent « l'homme ». Des masques animaliers ont également été fabriqués pour la danse par les Bakwélés ; ils figurent des antilopes, des gorilles ou des éléphants très stylisés.

Les sculpteurs modernes

Le talent des grands sculpteurs traditionnels s'est perpétué au travers d'ateliers de taille de bois et des œuvres d'un grand nombre d'artistes qui ont su conserver à la sculpture sur bois ses lettres de noblesse. Aidés par leurs aînés qui ont accepté de leur livrer les secrets du métier, par la voie de l'apprentissage, ils sculptent pendant de longues heures les bois blancs, rouges, noirs ou gris qui leur sont fournis en abondance par la grande forêt congolaise. De leurs doigts sortent statuettes, bustes et autres figurines, mais aussi une grande variété de peignes, boîtes, plats, compotiers qui leur permettent de subsister quand les commandes publiques ou de mécénat se font rares.

Parmi les sculpteurs de renom, Benoît Konongo, Édouard Malonga, Grégoire Massengo et Bernard Mouanga Nkodia sont considérés comme les pères de la sculpture moderne, faisant ainsi figure de maîtres. Leurs œuvres ont contribué à embellir le paysage urbain de plusieurs grandes villes du Congo, en particulier Brazzaville.

Décédé le 21 février 2008, Benoît Konongo fait partie d'une grande famille de sculpteurs, qui a fondé en 1960 l'atelier Konongo, situé dans l'arrondissement de Makélékélé, à Brazzaville. Leurs œuvres s'inspirent tant de la tradition que de la modernité. Né en 1919 à Kinsoundi (Brazzaville), Benoît Konongo embrasse à partir de 1938 le métier de sculpteur, sous le regard de son oncle maternel, Mayola Christian, qui devient son maître. En 1945, Roger Errel l'invite à travailler avec lui à l'école des arts Édouard Renard pour améliorer sa création et la rendre plus intense. À partir de 1951, Konongo participe à une grande exposition internationale à Kinshasa.

Ce sculpteur de talent, qui a initié ses fils à l'art de la sculpture, a participé à un grand nombre d'expositions nationales et internationales, parmi lesquelles l'Exposition d'Art africain contemporain d'Atlanta (États-Unis), la Foire internationale de Séville (Espagne), la Biennale de la Havane à Cuba sur les Arts plastiques, ou encore la IVe Biennale du CICIBA (Guinée équatoriale). Konongo est également l'auteur de plusieurs monuments à Brazzaville.

Autodidacte, Édouard Malonga, né en 1925 à Brazzaville, a abandonné l'école très tôt pour travailler comme scieur dans l'industrie du bois, avant de devenir apprenti dans l'atelier Konongo. Après un long périple de l'autre côté du fleuve ainsi qu'au Gabon, où il s'initia à de nouvelles techniques lui permettant de sculpter aussi bien l'ébène que l'ivoire, rentré au Congo, il s'est installé dans un atelier de Makélékélé, tout en multipliant les expositions en Afrique centrale et en Europe (France et ex-URSS). Ses tailles représentent souvent des paysans en pleine activité : cueillette, chasse, travaux champêtres ou travaux de ménage. Malonga sculpte aussi des représentations d'animaux, des masques et fait des compositions sculpturales sur bas-relief selon les thèmes de la vie quotidienne.

À la différence de Malonga, Bernard Mouanga Nkodia, né en 1944 à Brazzaville, a suivi les cours de l'École des beaux-arts de Kinshasa (République démocratique du Congo) et de l'École d'art et d'architecture de Marseille (France). Cette formation lui a permis de travailler une grande variété de matériaux : le bois, l'ivoire, la pierre et le béton. Auteur d'œuvres monumentales, il a décoré de nombreux édifices au Congo et exposé en Afrique et en France (Marseille, Toulon, Saint-Tropez, Nice, Monaco). Mouanga Nkodia fignole moins ses créations, maintenant leur magie au travers d'une technique parfois rugueuse.

Édouard Massengo, pour sa part, fait partie de la célèbre famille de sculpteurs congolais qui a fondé l'atelier Massengo et dont l'art s'est transmis de père en fils. Les Massengo travaillent différentes essences de bois, dont l'ébène avec lequel ils sculptent des œuvres d'une finesse reconnue.

Maître céramiste, Albert Massamba, cofondateur de l'École nationale des beaux-arts (ENBA), s'est distingué en codirigeant dans les années 1995-1996 les travaux de réalisation des fresques du square de Gaulle à Brazzaville. Aujourd'hui il tente de faire renaître la céramique, un très ancien savoir-faire artisanal congolais.

Loin de s'être éteinte, la tradition de la sculpture connaît une seconde vie avec une nouvelle génération de sculpteurs, dont la plupart sont à la fois sculpteurs et peintres.

3. Masque téké,
Collection privée.
© MDMM.

Une toile de Gastineau
Massamba Maminah,
Collection privée. © MDMM.

L'École de peinture de Poto-Poto à Brazzaville. © MDMM.

La peinture, un art flamboyant

Figurative ou abstraite, mais toujours très colorée et décorative avec ses toiles qui ressemblent à des tapisseries modernes, la peinture congolaise a acquis depuis plusieurs décennies ses lettres de noblesse, grâce notamment à la célèbre École de peinture de Poto-Poto.

L'École de peinture de Poto-Poto

L'histoire de la peinture au Congo est inséparable de l'École de Poto-Poto, qui a pris le nom d'un quartier populaire de Brazzaville, devenu par la suite un arrondissement. Installée dans un jardin exotique près du rond-point de Moungali, l'École de Poto-Poto peut revendiquer deux paternités. En premier lieu, celle de Mouko Gaspard, portraitiste et paysagiste camerounais qui s'était installé à Brazzaville au début de la Deuxième Guerre mondiale. Mais la véritable fondation de l'École intervient en 1951, quand le peintre français Pierre Lods décide de réunir autour de lui quelques amis congolais dont il avait remarqué le talent. Il n'impose aucune règle artistique à ses élèves et préfère laisser exprimer leur spontanéité créatrice.

Le premier petit groupe d'artistes qui se forme autour de Lods est composé, entre autres, de Faustin Kitsiba (le Flamboyant), Eugène Malonga, Guy Léon Fylla, François Thango, François Iloki, Nicolas Ondongo, Philippe Ouassa, Félix Ossali, maître de maison et premier élève de Lods, Jean Balou, Émile Mokoko et Marcel Gotène.

L'École se fait connaître dans le monde grâce aux « Mickeys » (*muké*, pluriel *miké*, signifie petit enfant en lingala), surnom humoristique donné aux myriades de petits personnages aux membres étirés qui rappellent les peintures du Tassili. Lancé par Félix Ossali, ce style, qui a été très à la mode entre 1950 et 1954, se caractérise, selon l'écrivain Jean-Baptiste Tati-Loutard, « par des formes schématisées, rudimentaires. Les formes sont réduites à l'essentiel et rendues expressives par la fantaisie des mouvements, d'où le nom de "Mickeys", par référence aux dessins animés du cinéaste américain Walt Disney. Ce sont en général de petits tableaux qui exaltent la vie africaine traditionnelle, à travers les scènes de chasse, de pêche, de marché, de guerre, de danse ».

La reconnaissance de l'École de Poto-Poto dépasse rapidement les frontières du Congo. La première exposition collective se tient en 1952 à la Galerie Palmes à Paris. La consécration a lieu en 1955-1956 lors de l'exposition au MoMA de New York. Elle se confirme en 1958, quand Lods envoie plusieurs membres représenter l'École de Poto-Poto à l'Exposition universelle de Bruxelles.

La génération Ondongo

Après le départ de Lods pour le Sénégal en 1960, c'est Nicolas Ondongo qui prend la direction de l'École. Celle-ci s'organise en coopérative pour assurer son indépendance financière et forme dans les années 1960 un grand nombre de peintres, qui formeront à leur tour d'autres peintres et contribueront ainsi à asseoir la réputation de cette prestigieuse École, non seulement en Afrique mais aussi sur les autres continents.

Les styles se diversifient, allant du réalisme au fantastique. Une nouvelle génération d'artistes s'affirme, qui se fait le chantre de la vie quotidienne congolaise à la ville ou au village : scènes de marché ou de chasse, personnages, danses, paysages et animaux de la savane et de la grande forêt équatoriale, etc.

Peintre de « foules » presque abstraites, Ondongo s'entoure de plusieurs artistes au talent solide. On peut citer Rémy Mongo

Etsion, Sylvestre Mouandza, Michel Hengo, Guy Léon Fylla, Joseph Dimi, Émile Mokoko, décédé en février 2007, qui a participé à de nombreuses expositions internationales et remporté plusieurs prix, et Marcel Gotène, dont la première exposition hors du Congo eut lieu à Paris en 1954, au Cercle de la France d'outre-mer. Parmi ses œuvres célèbres figurent entre autres la *Danse noire sous la neige*, *Les danseuses dans la forêt*, *Le couple rouge et beige*, *Les trois divinités*.

Les autres artistes de l'École de Poto-Poto sont Jacques Zigoma, David Makoumbou, Adam Rolian Opou, Michel Miangounina et Jean Iloki, un peintre naïf qui donna le meilleur de son art dans les « *termitières* », toiles peuplées de hérons, pique-bœufs se régalant de ces insectes si typiques du paysage africain.

Peintre de la deuxième génération, Hilarion Ndinga, né en janvier 1932, s'est lancé dans la peinture dans les années 1940. À partir de 1950, il s'est rendu au Gabon puis il a sillonné l'Afrique pour enseigner l'art pictural. Il a beaucoup contribué au rayonnement de l'art dans le monde. Il est décédé en janvier 2015.

Après avoir suivi une formation de base à l'École de 1968 à 1970, Michel Hengo a obtenu, dans les années 1970, un statut de peintre officiel, rattaché au ministère de la Culture. Sollicité pour l'emblème du Parti congolais du travail (PCT) et pour décorer la salle de conférences de l'Organisation de l'unité africaine (OUA) à Addis-Abeba, il réalisa aussi des illustrations de timbres-poste du Congo et participa au Festival des arts et de la culture négro-africains de Lagos en 1977. Adepte de la peinture à l'huile, il a vendu et exposé des toiles un peu partout dans le monde.

Peintre, sculpteur, et même photographe et poète, Rémy Mongo Etsion a réalisé ses premières sculptures en 1965. Marbre, bronze marié au fer ou au bois, métal, déchets de métaux, sable... peu importe le matériau puisqu'il se définit artiste plasticien expérimentateur et récupérateur.

Une autre génération rejoint la seconde avec des peintures plus décoratives comme celles de Dimi ou de Crespin au milieu des années 1990. Le style évolue. Se démarquant de leurs aînés, les jeunes artistes retournent aux sources en remplissant leurs toiles de couleurs naturelles, l'ocre, le vert, et en estompant peu à peu les lignes géométriques que le cubisme avait introduites dans la peinture congolaise.

La jeune génération

Évoluant dans ou hors de l'École de Poto-Poto, dont Pierre Claver Ngampio avait pris la direction jusqu'à sa mort en 2009, une nouvelle génération de plasticiens a pris le relais des aînés. Figuratifs ou abstraits, ils portent haut la peinture congolaise et sont nombreux à exposer dans le monde entier. On peut citer Roch Mionzo, Trigo Piula (*Solitude*), Francis Tondo Goma (*Cuisson d'une sauce*), Balonga Bandoudi (*La femme arc-en-ciel*), Russel Bidounga, qui vit au Sénégal. Ou encore Serge Mienandi, Aurélie Diansayi, Annie Moundzota, Laurentine Ngampika, Vanessa Agnagna, Alain Boduka et Eliezer Dinga, qui puise son inspiration et ses couleurs dans la culture tékée et dont le style est, selon ses propres termes, « à cheval entre l'art rupestre et l'art moderne ». Les sources d'inspiration de Nicaise Kadémina sont, pour leur part, les scènes du quotidien. Tous trois ont la particularité d'avoir été formés à l'Académie des beaux-arts de Kinshasa.

Né en 1973 à Brazzaville, Gastineau Massamba Mbongo est à la fois sculpteur, peintre et poète. Initié par son père, professeur de sculpture et de céramique à l'École nationale des beaux-arts de Brazzaville, il commence à peindre en 1995. À travers ses œuvres, il crie l'histoire tragique de son pays, l'injustice sociale, les droits de l'Homme bafoués et la violence faite à la nature. Plus classiques dans leurs approches sont les jeunes talents comme Adam Opou, Boniface Zimmy, Serge Éloge Dzon ou Axel Biloudi.

Les femmes « aux pinceaux »

Surnommées « femmes aux pinceaux » par le poète Matondo Kubu Turé, les Congolaises sont bien représentées sur la palette des peintres du Congo. La doyenne est Laurentine Ngampika, héritière de Michel Hengo. Parmi les pionnières, citons aussi Aurélie Diansayi, Lydie Kouboukoulou (*Dialogue des mamans*), Bernardine Alouna, qui fut dessinatrice de motifs de pagnes chez Impreco, l'ex-usine textile, Reine-Claire Kombo (*La pileuse* et *Les porteuses de fagots*).

Les nouvelles femmes aux pinceaux sont entre autres Passiza, qui met notamment en scène la femme des campagnes congolaises, Bill Kouélany, née en 1965 à Brazzaville, à la fois peintre et écrivain, et Rhodes Bath-Schéba Makoumbou, initiée à la peinture par son père David Makoumbou, dont le style est inspiré de l'art statuaire traditionnel, mais également influencé par l'art expressionniste et cubiste. Ses sculptures, faites de matières composées (sciure et colle à bois sur une structure métallique), représentent les métiers des villages qui tendent à disparaître. Installée à Bruxelles (Belgique), elle expose dans le monde entier et retourne travailler à Brazzaville un ou deux mois par an.

Le septième art et la photographie

Bien avant la création, en 1979, de l'Office national du cinéma, plusieurs réalisateurs congolais, formés en Europe – notamment à l'INA –, ont pu tourner au Congo. Parmi ces pionniers, Sébastien

Kamba (né en 1940) a d'abord réalisé des courts-métrages – *Le peuple du Congo-Léo vaincra* (1965), *Kaka Yo* [Rien que toi] (1967), *Apea* (1968), *Mwana Keba* (1968), etc. – avant d'entreprendre en 1973 un long-métrage, *La rançon d'une alliance*, dans lequel il dénonce les rivalités sanglantes entre les peuples africains avant la période coloniale.

Né en 1942 à Pointe-Noire, Jean-Michel Tchissoukou a réalisé des courts-métrages – *Les Illusions* (1971), consacré à l'exode rural, et *L'enfant et la famille* (1979) pour l'Unicef – avant de tourner *La Chapelle* (1979), long-métrage en couleurs, qui traite de la confrontation, en Afrique, entre le christianisme et les religions traditionnelles. Directeur de la production à l'Office national du cinéma, la même année, Tchissoukou a réalisé en 1982 son deuxième long-métrage, *Les Lutteurs*.

Parmi les autres cinéastes congolais, signalons Donatien Mbaloula (*Made in Paris*, 1970), Georges Miankouikila (*Ein Afrikaner in München*, 1970), Bernard Midio (*Le pêcheur*, 1969 ; *Tam-tam d'Afrique*, 1969), Alain Nkodia (*Mami Wata*, 1970), Édouard Roger Okoula (*Onanga, le passeur*, 1969 ; *Fabrication mécanique du manioc*, 1970), Jérôme Tsila (*Nkounkou*, 1968 ; *Zoumba Nkoukou*, 1972).

La nouvelle génération, souvent formée dans les grandes Écoles européennes et vivant parfois à l'étranger, comprend Charles Nouma, Thérèse Batalamio, Roch William Ondongo, Tima Ouamba, Bernard Mbounda, Julio Nzambi, Nadège Batou, Rufin Mbou Mikima, Camille Mouyéké (*Voyage à Ouaga*, en 2000). Sans oublier Alain Léandre Baker (*Un Pygmée dans la baignoire* et *Diogène à Brazzaville*), Pierre David Filla (*L'homme-mémoire* et *Matanga*), Valère Youlou Mingoley (*Premier bureau, deuxième bureau, tilt*), Kimbembé, Pascal Nzonzi, Claudia Aïdara...

Parmi les photographes, citons Valloni, de son vrai nom Serge Gatien Sita, un autodidacte, qui enseigne également l'art de la prise de vue, Robert Nzaou, ou encore Baudoin Mouanda, Euloge Samba, Arnaud Makalou et Steven Lumière Moussala, membres du collectif Génération Elili.

Ballon rond et deux roues

Le ballon rond

Football, cyclisme... le Congo ne manque pas de sportifs et de supporters dans ces deux disciplines. En matière de football, son passé est plutôt glorieux. Quelle fierté lorsque « Les Diables rouges », l'équipe nationale de football, battaient les équipes des autres pays ! Ces Diables rouges, qui ont notamment remporté la Coupe africaine des nations en 1972 et ont été vainqueurs aux Jeux panafricains de 1965, existent toujours mais ils ne sont plus que l'ombre de leurs glorieux aînés. En effet, le Congo, et la Bouenza en particulier, a produit des joueurs d'exception qui ont marqué leur époque, dont François Mpélé, qui fit une belle carrière en France, le regretté Paul Sayal Moukila, le seul joueur congolais à avoir remporté le « ballon d'or africain », le trophée qui récompense le meilleur joueur du continent, Dominique Christian Mbama-Nkounkou « Lapéta » et Célestin Mouyabi « Chaleur ».

Aujourd'hui, à l'exception de Hardy Binguila, milieu de terrain des Diables rouges, ce sont surtout les joueurs des clubs locaux, notamment ceux de Brazzaville (Cara Brazzaville, Diables noirs et Étoile du Congo), de Pointe-Noire (CS La Mancha, AS Ponténégrine, FC Bilombé) et de Dolisie (AC Léopards), qui mobilisent les aficionados du ballon rond.

À noter que les femmes commencent à s'imposer dans ce sport. Le Congo compte en effet une équipe nationale et quelques clubs de football féminin, dont La Colombe, présidé et sponsorisé par l'homme d'affaires Paul Obambi.

Les années fastes du cyclisme

L'autre sport qui a connu ses heures de gloire dans les années 1970 est le cyclisme, avec notamment Fulgence Massamba et Denis Nzalamouana, dit Sankara, un des virtuoses de la « petite reine ». Lancé par Jacques Margouillat, le patron des Boissons africaines de Brazzaville, Sankara a inscrit son nom au palmarès des plus célèbres courses de la capitale. Il est décédé à Brazzaville le 5 avril 2009.

La nouvelle génération compte dans ses rangs quelques têtes d'affiche, dont Ghislain Mamboma, champion du Congo en 2002, Jean Pierre Wimana, champion du Congo en 2011 et le benjamin Nikita Ken Moungondo, très prometteur. Reste à la Fédération congolaise de cyclisme à donner à ces jeunes talents les moyens de se hisser au niveau international.

Lors des 11e Jeux africains, organisés à Brazzaville en 2015, 50 ans après la première édition, les Congolais ont particulièrement brillé dans les disciplines suivantes : le karaté (deux médailles d'or), la boxe (une médaille d'or), la gymnastique aérobic en individuel (une médaille d'or), le lancer de poids homme (une médaille d'or) et le tennis de table (deux médailles d'or).

Le culte de la sape

Au Congo, la sape (du verbe se saper, s'habiller) désigne à la fois le vêtement et la « Société des Ambianceurs et des Personnes élégantes ». C'est une vieille passion.

Le Pool, berceau de la sape

Son origine remonterait à l'époque coloniale et la région du Pool en serait le berceau. Avec ses costumes « rayure tennis », André Grenard Matsoua, connu pour sa résistance aux colons et qui a donné naissance à un courant messianique, serait le premier sapeur connu. Chaque époque a eu ses grands noms. Le label a parfois été décerné à des personnalités qui n'ont jamais revendiqué leur appartenance à ce courant. Dans les années 1950, les étudiants revenant de France tels que Matsoua Kota Lazard, Boka Babakass, Ambroise Noumazalay ou Tari Kalafa passaient pour la fine fleur de l'élégance. Plus tard, ce furent Firmin Ayessa, Emma Veric ou Toutchikapo Della France, « le plus grand sapeur d'Afrique centrale », qui firent trembler d'émotion le monde de la sape.

Jo Balard, révélé par le film *Black Mic Mac*, et Profa, un patron de bar-dancing, furent une référence dans les années 1970-1980. Une époque au cours de laquelle ce dandysme façon congolaise connut ses heures de gloire. Il était alors contestation sociale mais aussi volonté d'imiter les « grands » pour mieux investir leurs espaces. Une manière de dire « j'existe, il n'y a pas que vous, la preuve, je suis là ». Aujourd'hui, même le chef de l'État, Denis Sassou N'Guesso, reste un modèle pour les fans de l'élégance.

Bien que les communes de Bacongo et de Makélékélé, où les Laris, qui revendiquent ce phénomène, vivent en majorité, soient les hauts lieux de ce courant, la sape a gagné toutes les communes et les quartiers de Brazzaville. Chaque commune a ses groupes de play-boys, alias sapeurs, et ses bars où ceux-ci se rendent pour un défilé ou un concours de mode. Ou tout simplement pour se « faire voir ». Institutionnalisés, les rendez-vous ont lieu une fois par semaine, à heure fixe et dans un lieu déterminé. Et chaque

« jour de défi », les sapeurs, venus de tous les arrondissements, tournent dans tous les bars de la capitale.

Une religion

Pour les sapeurs, la sape est plus qu'un art de s'habiller, c'est une religion et « le grand prêtre est celui qui connaît ». Le culte se perpétue d'une génération à l'autre. N'est pas « grand prêtre » qui veut. Pour avoir le label, on est prié de ne pas confondre entre s'habiller « bien et cher » et savoir s'habiller. Car la sape est un art, qui n'a rien à voir avec les moyens financiers dont on dispose. C'est un savoir qui s'acquiert et qui différencie le sapeur d'un homme politique « vêtu classique », ou d'un branché, qui porte des « *nike* ».

Pour ne pas être taxé de « polar » ou de « *ngaya* », c'est-à-dire de « non-connaisseur », un ambianceur doit porter le costume. Si le dépareillé est admis, le « best » reste le deux et le trois-pièces. Avec ses costumes à fentes de 30 cm, l'ex-Premier ministre français Édouard Balladur a, en son temps et sans le savoir, lancé la mode « fente Balladur », bien pratique puisque cela permet de mettre aisément la main dans la poche.

Peu importe la tenue, ce qui compte est l'harmonie et le mariage des couleurs. On peut marier un bleu et un rouge, mais attention à ne jamais porter plus de quatre couleurs ! Chaque ton a sa symbolique. Le rouge évoque la combativité, le blanc la paix, le bleu l'entente et la séduction, et le violet la spiritualité. L'accessoire est tout aussi important que l'habit. Outre l'indispensable chemise, il faut porter la cravate ou le nœud papillon. Sans oublier la pochette, assortie à la chemise, la ceinture, la montre, les bretelles, les lunettes, de marque si possible, les boutons de manchette, le cigare... Indispensable aussi le teint

STYLISTES, AU TEMPS DU « MADE IN CONGO »

« Leurs noms résonnent comme des mots de passe. Ils hantent les garde-robes de Brazzaville ou de Pointe-Noire. Ils sont stylistes, modélistes, designers, couturiers... Certains ont déjà pignon sur rue, d'autres se cherchent encore. Qu'ils s'appellent Hippolyte Diayoka, Marie-Nella Siassia, Tatiana Kombo, Bernard Tchibinda Djimbi, Motse Akanati, Maître Calva, Pamela Malonga, Peho Lynne Omba, Malise Couture, Gérard Sita – la liste est longue –, ils sont les dignes continuateurs d'une démarche initiée par de respectables anciens comme Hugues Malonga, 68 ans aujourd'hui. Ils utilisent les mêmes matériaux : coton, soie, raphia... Des enseignes sont visibles : Sianel, Ndabitchi, So Fashion, Lynne2mode...

[...] Hippolyte Diayoka, 39 ans, est l'un des créateurs les plus en vue. Ancien d'Air Afrique, il a aujourd'hui une clientèle composée pour l'essentiel de nantis qui ne regardent pas à la dépense. Les prix de ses modèles de prêt-à-porter, sous l'enseigne Fashion, tournent autour de 50 000 FCFA la chemise, ou 150 000 FCFA la robe de soirée. Il travaille aussi sur mesure. Mais, insiste-t-il, "tout le monde peut venir".

[...] Autre personnage, Peho Lynne Omba, qui signe ses créations Lynne2mode. À 29 ans, elle a suivi des études de droit, de marketing et de management au Sénégal, avant de réaliser que tout cela ne la menait à rien. Revenue au Congo en 2005, elle passe par l'école de peinture de Poto-Poto, puis entre à l'Académie des beaux-arts. Dans ses créations, elle insiste sur la couleur, peignant les vêtements comme s'il s'agissait de tableaux. Après la fermeture de sa boutique – faute de rentabilité –, elle compte lancer un commerce de vêtements en ligne. Quant au jeune Gérard Sita, 22 ans, designer, il se plaint des préjugés dont souffre le milieu de la mode au Congo. "Beaucoup pensent que nous sommes tous des homosexuels, des gens pervers. Cela nous bloque", relève-t-il. »

Source : Tshitenge Lubabu, *Jeune Afrique*, 1er septembre 2011.

« jaune papaye », qui fait ressortir le noir de la chevelure, coupée le plus ras possible et teinte au cirage si besoin est.

À défaut de griffe, son nom

Le nec plus ultra est la griffe. Mais avec la crise, la pauvreté et des allers et retours entre Paris et Brazza moins fréquents, du fait de la difficulté à obtenir un visa, les vêtements griffés se font plus rares. Le sapeur se contentera donc d'étiquettes moins prestigieuses. Très souvent il en est réduit à trouver son bonheur sur les marchés de fripes de la capitale congolaise. La tendance est à se faire tailler localement un costume ou une chemise sur lesquels on fait broder son nom.

Les hommes politiques et les journalistes français restent les sources d'inspiration. Du coup, regarder le JT d'une chaîne télévisée française est moins l'occasion d'écouter les informations que de s'informer des dernières tendances et de commenter l'élégance des idoles ! Les magazines sont d'autres sources d'inspiration.

L'élégance n'est toutefois pas le seul critère pour prétendre au titre de sapeur. Un play-boy est d'abord un gentleman et un pacifiste. Ainsi la sape traduit-elle un art de vivre et une manière d'être.

Une commedia dell'arte, façon congolaise

La sape a aussi pour vocation de divertir. Ainsi, les sapeurs se rendent aux retraits de deuil et aux mariages pour égayer les gens, sachant que les Congolais apprécient un « monsieur bien habillé ». Cette mission est illustrée par ces spectacles de rue qui ravissent les badauds de tous âges. Des représentations

« théâtralisées » qui sont pour les Brazzavillois ce que sont les défilés de mode des capitales occidentales pour la jet-society, la presse et les photographes du monde entier. Des rendez-vous incontournables. Avec toutefois une différence. Au Congo, ces scènes populaires, sortes de *commedia dell'arte* façon congolaise, sont l'expression d'une culture urbaine où s'élaborent de nouveaux repères et de nouveaux codes de conduite, parmi lesquels la non-violence, l'élégance et le savoir-vivre tiennent une place de choix. Elles traduisent le désir, des jeunes notamment, de ne pas être les laissés-pour-compte de la société.

Le palais des saveurs

La base de l'alimentation des Congolais est le manioc (tubercules et feuilles) et la banane plantain. La racine de manioc se prépare de diverses manières. Selon les variétés, douces ou amères, et les régions, elle est consommée sous forme de cossettes (racines bouillies ou grillées), de *chikwangue* (pain de manioc), de *foufou* (pâte de manioc pilé qui fait office de pain) et de *malemba*. Les bananes plantain sont soit braisées soit cuites à l'eau.

Le roi saka-saka

Les « feuilles », qui constituent en elles-mêmes un plat complet, sont consommées dans quasiment toutes les régions du Congo. Les plus connues sont les feuilles de koko, qui sont les feuilles d'une liane, et celles de manioc (sortes d'épinards). Ces dernières ont donné naissance à un plat, qui s'est quasiment imposé sur le plan national. Il s'agit du *saka-saka*, terme kituba, que l'on appelle *pondu* en lingala. Le *saka-saka* se prépare avec des feuilles de manioc finement coupées, cuites et mijotées avec du poisson frais ou fumé et de la sauce à base d'huile de palme ou de pâte d'arachide. Selon les régions, le plat est enrichi avec des légumes (aubergines vertes, carottes, poireaux, oignons), également coupés très finement, et la viande peut remplacer le poisson.

Le *koko* est un autre plat à base de feuilles et de pâte d'arachide, qui fait le délice de bien des Congolais. Assez épicé, on y ajoute parfois du poisson sec.

Poissons et missalas

Le poisson, « du fleuve » bien évidemment, mais aussi de mer, est très présent sur les tables congolaises. Les Congolais figurent d'ailleurs parmi les plus grands consommateurs de poisson au monde. Avec la crise et la pauvreté, le poisson surgelé importé et le chinchard ont toutefois pris d'assaut les cuisines congolaises. Mais la sardine (*makouala*) garde sa place.

Fumé, salé ou frais, le poisson est préparé de diverses façons. L'une des recettes les plus goûteuses est le *liboké* (pluriel *maboké*). Pour faire ce plat, les Congolais utilisent des filets de mérou ou des poissons de rivière comme la carpe, le capitaine, le machoiron... Le poisson est au préalable empaqueté dans des feuilles de bananiers, avant d'être cuit à l'étouffée. Il faut, bien entendu, le relever avec du piment (pili-pili) et le servir dans son enveloppe végétale. Un délice.

Le poisson fumé fait partie des mets très appréciés au Congo. Le plus célèbre est le *moukalou*, originaire de Mossaka.

Si le salage, une technique héritée des Portugais, est une des techniques de conservation du poisson de mer, le poisson salé, en particulier la morue, très consommé dans le sud du pays, est d'abord dessalé avant d'être braisé avec de l'huile d'olive (cela

Femme préparant du foufou de manioc dans le district de Lékana (Plateaux).

Femme préparant du koko sur le marché de Ngo.

s'appelle alors du *bakalaou*) ou avec de l'huile de palme (cela devient du *makayabou*). Le *bobongo* ou « salé matsouaniste » est un morceau de thon salé, dessalé et grillé rapidement avec du piment léger parfumé au basilic.

Vivant dans les eaux du Niari, les missalas, une variété de crevettes d'eau douce ou d'écrevisses, sont généralement servis en brochettes grillées.

Au chapitre des fruits de mer et des crustacés, citons les célèbres huîtres et langoustes de Pointe-Noire. Les Vilis de la région du Kouilou cuisent les crevettes de mer dans des boulettes de farine de pépins de courges. Une recette baptisée *ntété*. Les pépins de courges pilés, appelés *mbika* en lingala, peuvent être également utilisés pour farcir un poisson, un poulet ou autre viande.

Poulet braisé et viande de brousse

Les Congolais sont également amateurs de viande. L'éventail proposé est large, allant de la volaille à la viande de bœuf, au mouton ou au porc (*ngoulou*), en passant par des viandes de brousse, toutefois plus rares.

Grillé, braisé ou accompagné d'une sauce, le poulet (*sosso* en lingala) est préparé de plusieurs manières. Parmi les recettes les plus savoureuses, on trouve le poulet à la « mouamba », qui est cuisiné avec une délicieuse sauce à l'huile artisanale de noix de palmistes (de couleur rouge). Autre variante, le poulet au koko, qui consiste à griller des morceaux de poulet qui seront accompagnés de feuilles de koko très finement hachées et arrosés avec une sauce à l'arachide.

Pour les connaisseurs, les viandes de brousse les plus délectables sont le porc-épic et l'antilope ou biche (aujourd'hui animaux protégés), dont la viande est rendue particulièrement moelleuse grâce à une sauce à la pâte d'arachide, ainsi que l'agouti, un rongeur qu'on trouve dans toute l'Afrique noire et qui a le goût du lièvre. Les autres viandes appréciées sont le crocodile (*ngoki*), le buffle, l'hippopotame, le pangolin, à la chair presque aussi fine que celle du crocodile, le serpent ou la tortue. Les chenilles figurent également sur certaines tables du pays.

Sodas vs nectars de fruits

Il pousse au Congo de très nombreux fruits, entre autres l'avocat, l'ananas, la mangue, la goyave, la banane, le corossol, le pamplemousse, l'orange et la mandarine. Dans les restaurants, il n'est pas rare de trouver sur la carte de délicieux desserts à base de fruits exotiques, notamment des sorbets. On appréciera bien sûr les salades de fruits ainsi que les « jus » qui, ici, sont particulièrement exotiques, notamment le jus de gingembre, très pimenté, ou le jus de *bissap* (oseille). En effet, si les Congolais boivent beaucoup de boissons dites « sucrées » (sodas), les jus de fruits naturels reviennent à la mode.

Bières et vin de palme

Produites par les brasseries de Pointe-Noire et de Brazzaville, les bières congolaises (Primus, Ngok, Nzoko, Mützig notamment) sont légères. Bien que très consommées, elles n'ont pas totalement détrôné les boissons villageoises traditionnelles. Accrochés aux palmiers par une ceinture en fibres, d'agiles grimpeurs montent jusqu'au sommet pour en prélever la sève, qui deviendra après fermentation le *ntsamba* (vin de palme). Il existe d'autres versions du vin de palme, comme le *tcham*, extrait du palmier raphia appelé *ibouhou* ou *iboukou* en langue kouyoue, et le *molengué* (extrait du palmier à sagous, appelé *bongo*), deux boissons produites dans la Cuvette.

Le *loungouila* est une boisson alcoolisée extraite de la canne à sucre. Quant au *boganda*, une eau-de-vie au degré alcoolique très élevé, il provient de la distillation du maïs, dont le goût rappelle la vodka.

Voyage au cœur de villes congolaises[1]

Le système urbain congolais est dominé par deux métropoles, Brazzaville, la capitale politique, et Pointe-Noire, la capitale économique, qui accueillent plus de 60 % de la population du pays et l'essentiel de la population urbaine. Toutes les autres agglomérations, y compris les chefs-lieux de départements, sont nettement moins peuplées. Pour exemple, Dolisie, chef-lieu du Niari et troisième ville du pays en nombre d'habitants, compte près de dix fois moins d'habitants que Pointe-Noire, la deuxième ville congolaise.

Un système urbain déséquilibré

Deux autres traits caractérisent également le système urbain du Congo : son déséquilibre sur le plan spatial, une grande partie des pôles urbains étant situés dans le sud du pays, et le manque de relais entre petites villes et métropoles. En outre, si des chefs-lieux de départements et de districts offrent des services administratifs et des équipements, le paysage urbain, les types d'activités économiques et d'habitats qu'ils abritent

1. Certains passages de ce chapitre ont été tirés de la rubrique « Où aller » du site de l'Office congolais du tourisme, rédigée par l'auteur de cet ouvrage.

LE PROGRAMME DE MUNICIPALISATION ACCÉLÉRÉE

Lancée en 2004, la politique de municipalisation accélérée a été conçue comme un programme annuel et tournant, visant l'amélioration des conditions de vie des populations et le développement économique local dans les différents départements du Congo grâce à la réalisation d'infrastructures de base modernes.

L'exécution des chantiers de la municipalisation accélérée est du ressort de la Délégation générale aux Grands Travaux (DGGT), qui a été rattachée fin 2012 au ministère de l'Aménagement du territoire. Pour chaque département, la durée des travaux est programmée sur cinq ans.

Le programme de municipalisation accélérée a démarré en 2004 dans le Kouilou et Pointe-Noire, puis s'est poursuivi dans la Likouala en 2005, le Niari en 2006, la Cuvette en 2007, Brazzaville en 2008-2010, la Cuvette-Ouest en 2011, le Pool en 2012, les Plateaux en 2013, la Lékoumou en 2014 et la Sangha en 2015. Il s'est achevé en 2016 avec la Bouenza.

Les ouvrages réalisés sont de deux types :

- édifices de souveraineté (ministères, institutions, hôtels de police, gendarmeries, préfectures, sous-préfectures, conseils de département, mairies, sièges de sociétés nationales, résidences administratives, palais présidentiels) et autres bâtiments publics (écoles, hôpitaux, centres de santé, stades) ;
- infrastructures économiques (routes, pistes, voiries urbaines, ouvrages hydrauliques, centrales électriques, marchés, gares routières, aéroports, etc.).

D'environ 70 milliards de francs CFA en 2005, les montants consacrés aux chantiers de la municipalisation accélérée sont passés à 190 milliards en 2009, pour grimper à 340 milliards de francs CFA en 2010 et entre 400 et 450 milliards en 2014, 2015 et 2016.

Peu de Congolais contestent la réalisation des ouvrages à caractère socio-économique, qu'ils jugent toutefois insuffisants. En revanche, ils sont nombreux à remettre en cause la construction de palais présidentiels dans chaque chef-lieu de département, la multiplication inutile de certains ouvrages comme les aéroports ou la taille d'édifices publics (préfectures, mairies, etc.) jugée démesurée par rapport à l'importance démographique et économique de la ville bénéficiaire. Une autre critique porte sur la standardisation architecturale de la plupart des bâtiments, tous réalisés sur le même modèle, et sur le fait que les populations n'ont pas été consultées. Enfin, beaucoup déplorent l'inachèvement de nombreux ouvrages et la destruction de bâtiments coloniaux, qui faisaient partie de l'histoire du pays.

---

et le niveau de vie de leurs populations apparentent certains d'entre eux à de gros bourgs ruraux.

Les projets miniers (potasse, cuivre et fer), industriels (cimenteries) et agro-industriels (palmier à huile, cacao, hévéa), en phase de développement dans le sud-ouest et le nord du pays, ainsi que la mise en place des zones économiques spéciales pourraient modifier à terme la carte urbaine et la répartition de la population des villes. C'est autour de ces futurs pôles économiques que devrait se réaliser l'urbanisation des décennies à venir. Ainsi, certains chefs-lieux de département et de district (Dolisie, Ouesso, Makoua, Oyo, Etoumbi...) devraient voir leur population s'accroître et de nouveaux centres urbains émerger autour des centres miniers et agricoles dans les départements du Niari, de la Lékoumou, de la Sangha, de la Cuvette et de la Cuvette-Ouest.

En 2017, neuf communautés urbaines et une localité ont été érigées en communes de plein exercice : Madingou, Owando, Ewo, Sibiti, Impfondo, Djambala, Kinkala, Oyo, Pokola et Kintélé. Elles s'ajoutent aux communes de plein exercice déjà existantes : Brazzaville, Pointe-Noire, Nkayi, Dolisie et Mossendjo. Le pays compte ainsi quinze communes de plein exercice, dont les conseils municipaux et les maires sont élus, et quarante-trois communautés urbaines, dont les administrateurs-maires sont nommés par le président de la République.

Brazzaville, la capitale

Adossée sur une dizaine de kilomètres à la rive droite du fleuve Congo, depuis le Pool jusqu'aux premiers rapides qui, à partir de l'embouchure du Djoué, rendent impraticable la navigation, Brazzaville est la capitale politique et administrative du Congo. Sur l'autre rive du fleuve, juste en face, se dresse Kinshasa, la capitale de la RD Congo, sa consœur et rivale.

Celle que tout le monde appelle « Brazza » tire son nom de l'explorateur italo-français Pierre Savorgnan de Brazza. À l'époque coloniale, elle fut la capitale de l'Afrique équatoriale française (AEF). En revanche, elle ne fut pas toujours la capitale du Congo. De 1950 à 1959, Pointe-Noire lui vola, en effet, son titre.

Brazzaville a également été la capitale de la France libre. C'est de cette ville que le général de Gaulle lança, le 27 octobre 1940, un manifeste annonçant la création d'un Conseil de défense de l'Empire. En 1944, elle accueillit par ailleurs la Conférence de Brazzaville, prélude à l'indépendance de l'Afrique noire française. Depuis février 2013, elle est le chef-lieu du département éponyme qui, outre la commune de Brazzaville, comprend le district de l'Île Mbamou.

Érigée en commune de plein exercice par la loi n° 55-1489 du 18 novembre 1955, la ville abrite environ 1,8 million d'habitants, répartis dans ses 9 arrondissements : Makélékélé, Bacongo, Poto-Poto (« boue » en lingala), Moungali, Ouenzé (« marché » en lingala), Talangaï (« regarde-moi ! » en lingala), Mfilou-Ngamaba, et les derniers nés Madibou et Djiri, créés en mai 2011. Son territoire s'étend sur 32 640 hectares.

Fondée en 1880

Quel contraste avec la petite station fondée par Savorgnan de Brazza le 3 octobre 1880 et qui sera baptisée Brazzaville en 1884 ! Durant ses vingt premières années d'existence, Brazzaville surprendra les voyageurs par sa modestie. Le capitaine Baratier, membre de la mission Marchand, écrivait vers 1896 :

> « Autour de moi, sur le plateau, quelques constructions se dispersent : au fond, l'habitation, aux murs blanchis à la chaux, du trésorier-payeur et celle, en briques, du délégué de l'intérieur ; à gauche, la case de l'administrateur d'un modèle aussi primitif, recouverte de paille comme les autres ; lui faisant vis-à-vis, une longue baraque en planche montée sur pilotis, la demeure du médecin ; enfin, sur le bord de la falaise, et prête à s'effondrer avec elle, une maison à laquelle des piliers en briques donnent des prétentions architecturales. Voilà tout Brazzaville. »

C'est par le traité signé avec le roi des Tékés, *makoko* Iloo, que Brazza put prendre possession du petit territoire de Ntamo. Après avoir « enterré la guerre » avec les chefs locaux, il confia la garde du poste au sergent sénégalais Malamine. Celui-ci ne se laissera pas intimider par Henry Morton Stanley, installé sur l'autre rive du fleuve, lorsque ce dernier tentera avec des soldats de s'emparer par la force de la rive droite du Pool pour le compte du roi de Belgique.

Un site stratégique

La décision de s'installer au bord du Pool, vaste mer intérieure que forme le fleuve Congo en aval de Brazzaville et de Kinshasa, avait été prise par Brazza en raison de la situation « au bon air et dominant le fleuve ». En fait, il s'était parfaitement rendu compte de l'importance stratégique de cette nouvelle implantation, « clé du Congo supérieur », qui donnait accès au cœur du continent, et il nourrissait le grand dessein d'en faire un « pivot » entre la navigation sur le fleuve, où seraient lancés des bateaux à vapeur, et la côte atlantique reliée à Brazzaville d'abord par la piste des caravanes et, plus tard, par le chemin de fer. Cette vision prophétique se réalisera avec l'inauguration du chemin de fer Congo-Océan reliant Brazzaville à Pointe-Noire, ainsi qu'avec le développement du port de Brazzaville et de la navigation fluviale sur le cours supérieur du Congo et de ses affluents.

Avant l'arrivée des Européens, le site, très fréquenté, était une plaque tournante du commerce congolais contrôlé par les Tékés, qui peuplaient la région. Situés au centre de cette vaste zone d'échanges nord-sud et est-ouest, au point de rupture de charge du commerce, les villages tékés servaient de lieux de passage et de stockage des produits entre les zones forestières et fluviales du Nord qui fournissaient poissons, viandes, ivoire et esclaves, et la zone côtière atlantique d'où provenaient, par les pistes caravanières, étoffes, fusils, métaux ouvragés et divers produits manufacturés européens (objets en faïence ou en grès, perles de verres, miroirs, alcool...). Plusieurs siècles avant l'épisode colonial, les sociétés africaines du Pool étaient donc déjà en contact avec les Européens.

Trois couronnes

À l'origine, le territoire de Brazza était composé, selon l'expression du sociologue Georges Balandier, de deux « Brazzavilles noires », qui entouraient la « ville blanche » située sur la plaine de Mpila (quartier commercial) et sur le plateau (quartier administratif). Outre une ceinture dite de sécurité (formée de camps militaires, de police et de gendarmerie), cette ville européenne était protégée par une ceinture que l'on qualifierait aujourd'hui d'écologique (le fleuve Congo à l'ouest, la forêt de la Patte d'oie à l'est et la forêt de la Glacière au sud).

C'est autour de ces anciens quartiers européens de la plaine et du plateau qui forment le centre de Brazzaville que se sont constituées trois couronnes urbaines, selon le géographe congolais Pierre Ndion. La première couvre les deux arrondissements les plus anciens : Bacongo et Poto-Poto. La deuxième est composée des arrondissements de Makélékélé, Moungali et Ouenzé, de création plus récente. Enfin, la troisième compte les arrondissements périphériques : Talangaï, Mfilou-Ngamaba, Djiri et Madibou. Au fur et à mesure que l'on s'éloigne du centre-ville, la qualité des infrastructures et des équipements urbains diminue. Le tissu urbain ancien étant saturé, les nouvelles extensions conquièrent les pentes et les sommets des hauts plateaux, au-delà des quartiers Nkombo-Télévision, sur la RN2, Ntsiélampo sur la route de Mayama, et OMS sur la RN1.

Témoins de l'histoire

Depuis sa fondation en 1880, Brazzaville a accumulé de nombreux édifices historiques d'une qualité architecturale certaine, qu'elle a su préserver. Les arrondissements de Poto-Poto, siège des administrations et des affaires dans sa partie sud-ouest et quartier commercial animé dans sa partie nord-est, et de Bacongo, dans le sud de la ville, sont là pour en témoigner.

À l'origine, Poto-Poto était un simple quartier fondé vers 1900, de part et d'autre de l'actuelle avenue de la Paix, une artère animée, bordée de multiples échoppes, bars et hôtels. Véritable melting-pot, comme l'indiquent les noms de la plupart de ses rues, le quartier de Poto-Poto, toujours désigné ainsi, abrite des

La tour Nabemba
à Brazzaville.
© MDMM.

Vue sur la basilique Sainte-Anne, Brazzaville. © MDMM.

populations de l'ex-Afrique équatoriale française (Oubangui-Chari, Tchad, Gabon, Moyen-Congo, Cameroun) et de l'ex-Afrique occidentale française (Sénégalais et Maliens notamment, qui y ont construit la première mosquée, aujourd'hui agrandie), ainsi que des ressortissants de la RD Congo et des communautés du Congo, notamment du Nord.

C'est dans ce quartier que se trouve l'École de peinture de Poto-Poto, entourée d'une grille en fer forgé dessinée par Roger Frey, le stade Félix-Éboué, inauguré en 1944 par Charles de Gaulle, où fut sacré en 1962 Mgr Théophile M'Bemba, premier archevêque congolais, et la basilique Sainte-Anne, imaginée par Roger Erell en 1943 et consacrée en 1949.

L'arrondissement de Poto-Poto comprend bien d'autres vestiges historiques. Ainsi la place City Center abrite la Fresque de l'Afrique, réalisée en 1969-1970 par un collectif d'artistes locaux, qui retrace, en dessins, l'histoire du Congo, et la Chambre de commerce et d'industrie de Brazzaville, élevée en 1932. Plus à l'ouest, au bout de l'avenue du cardinal Émile Biayenda (ex-avenue Foch), se trouve l'hôtel de ville. Inauguré en 1963, à l'emplacement de la première mairie et du bourg précolonial de Mfoa, il jouxte le Mémorial de Pierre Savorgnan de Brazza, réalisé en 2005-2006.

Non loin du Beach, le port fluvial par lequel on peut accéder à Kinshasa, l'ambassade de la Fédération de Russie est en fait l'ancienne case Tréchot, construite de 1888 à 1905 par les frères du même nom, fondateurs de la Compagnie française du Haut et Bas-Congo. À deux pas, la Tour Nabemba, du nom du mont éponyme situé dans la Sangha, qui a été édifiée en 1990, héberge des administrations et des entreprises. Tout près, se trouve la gare ferroviaire, terminus du chemin de fer Congo Océan (CFCO). L'édifice, remanié en 1962, est encadré par deux cases coloniales construites vers 1930.

Sur les hauteurs du quartier l'Aiglon, la cathédrale du Sacré-Cœur, dont la construction débuta en 1892, au temps de

Mgr Prosper Augouard, est proche du Ledger Plazza Maya-Maya. Cet hôtel est l'ex-Méridien, qui avait succédé à l'ancien Hôtel des Relais aériens, un motel avant-gardiste conçu par les architectes Berthelot et Calsat en 1949. Parmi les autres trésors de Poto-Poto figurent le Palais du Peuple, alias Présidence, ancien palais des Gouverneurs restauré, la Banque de développement des États d'Afrique centrale, l'ex-Institut pasteur ainsi que le mausolée de Marien Ngouabi et la tombe d'Ambroise Édouard Noumazalay, ancien Premier ministre, ministre et président du Sénat. Le Palais des Congrès, situé près de la forêt de la Patte d'Oie, est un autre témoin du passé.

La case de Gaulle à Bacongo

L'arrondissement de Bacongo est tout aussi riche en sites historiques. On y accède par le rond-point de l'Institut français, ex-Centre culturel français, qui joue un grand rôle dans la vie culturelle brazzavilloise. Marquant l'entrée de l'arrondissement, le Square de Gaulle, conçu par Erell et érigé à partir de 1949, est orné depuis 1961 d'un buste de Charles de Gaulle réalisé par Parriot. En 1995-1996, des artistes locaux y ont ajouté des fresques évocatrices d'un art de la céramique encore vivant au Congo. Au fond du square, on peut voir le lycée Savorgnan de Brazza (1949-1951), premier établissement secondaire commun aux colons et aux colonisés, et l'ancien Institut technique, achevé en 1952, devenu Faculté de droit. Conçue en 1942 par Erell, la case de Gaulle, logée au bord du fleuve, qui a été décorée par des artistes céramistes de l'École de Poto-Poto et des ébénistes locaux, est la résidence de l'ambassadeur de France.

Bacongo compte aussi l'église Notre-Dame du Rosaire, due à Jean-Yves Normand en 1963, dont le clocher est en forme de *ngongui*, une cloche qui servait jadis à convoquer les villageois aux palabres en pays kongo.

Les arrondissements populeux de Moungali et de Ouenzé, traversés par de grandes avenues et de nombreuses ruelles, où les échoppes, les églises de Réveil et les *nganda* (bars-resto populaires) se disputent l'espace, possèdent quelques curiosités, notamment des marchés, qui n'ont rien à envier à celui de Poto-Poto, inauguré en 1952, deux églises (Saint-Michel de Ouenzé et Saint-Esprit de Moungali) et d'anciennes factoreries coloniales pittoresques. C'est dans l'arrondissement de Moungali que se trouve le Plateau des Quinze ans, un quartier dont le nom vient des tirailleurs qui, retraités après quinze ans de service, y vivaient retirés.

Des chantiers inachevés

À partir du début des années 2000, la capitale a enregistré quelques transformations. Divers édifices de souveraineté (ministères, préfecture et autres institutions nationales), des sièges d'entreprises publiques (SNPC) et de la Télévision nationale, des ouvrages de traitement d'eau, de transport, de transformation et de distribution d'énergie, ainsi que des marchés modernes (Total et Nkombo) et autres équipements financés par l'État y ont été construits ou rénovés, en particulier dans le cadre de la municipalisation accélérée lancée dans la capitale en 2008.

En matière d'infrastructures de transport, les efforts ont porté sur la construction du nouvel aéroport Maya-Maya, la réhabilitation et l'extension du port fluvial et la réalisation de nouvelles voies (route Nkombo-Moukondo, avenue de l'OUA, prolongement de la corniche jusqu'à Makélékélé, diverses voies de sortie dont la 3e sortie nord, etc.).

Des logements dits sociaux ont également été réalisés dans plusieurs quartiers, en particulier à Bacongo, en centre-ville (Camp Clairon) et à Ouenzé. Des statues et des monuments historiques (Mémorial Savorgnan de Brazza) ont été érigés et des édifices (basilique Sainte-Anne) restaurés. Enfin, des établissements d'enseignement, des hôpitaux et des stades, qui ont notamment accueilli les compétitions des 11e Jeux africains organisés en septembre 2015 à Brazzaville, y ont été construits ou réhabilités. Mais mal géré et par manque d'entretien, le Centre hospitalier universitaire (CHU) de Brazzaville est en mauvais état, de même que d'autres bâtiments publics.

Si un premier effort a été porté sur le ramassage et le traitement des déchets urbains, beaucoup reste à faire pour assainir la ville. Des efforts devront également être faits pour viabiliser les nouveaux quartiers à la périphérie de la capitale et pour achever l'équipement de la cité de Kintélé, située dans le Pool, au nord de Brazzaville, où quelques ouvrages ont été construits, dont un stade olympique, un palais des congrès et un grand hôtel. Mais la construction de l'université Denis Sassou N'Guesso et de son campus est à finaliser et, bien qu'annoncée, la réalisation d'autres édifices, dont la cité du Fespam et des logements modernes, n'a pas encore été lancée.

Persistance de pénuries de toutes sortes

En dépit des efforts entrepris pour améliorer la fourniture en eau potable (usines de traitement d'eau à Djiri et au Djoué) et en électricité (centrale thermique de Brazzaville, poste de transformation THT à Djiri, transport et réseau de distribution d'électricité), la capitale congolaise connaît toujours des pénuries qui rendent difficile le quotidien de la population et des opérateurs économiques.

Excepté dans quelques zones privilégiées du centre-ville, les délestages persistent et l'accès à l'eau et à l'électricité est particulièrement problématique dans les zones nouvellement urbanisées. En dépit de la construction de logements dits sociaux, mais peu accessibles aux petits budgets, l'habitat reste majoritairement précaire, nombre de logements ne disposant pas du confort minimum que l'on pourrait attendre dans une ville.

Le transport est un autre problème. Le parc automobile brazzavillois, constitué à 80 % de taxis individuels et de minibus collectifs, appelés *foula-foula*, a fortement augmenté. Ce qui rend la circulation difficile et contribue à la pollution de l'environnement. En outre, la plupart des automobilistes, notamment les chauffeurs de taxi et de minibus, ne connaissent pas le code de la route, conduisent très vite et ne respectent pas les piétons. Faute de parkings, les véhicules à l'arrêt encombrent les trottoirs, et la ville n'a mis en place aucune politique de rues piétonnes ni même d'aménagement d'espaces verts publics.

Le ramassage des déchets ménagers ayant été pendant longtemps négligé et inorganisé, ce sont bien souvent les caniveaux, les bas-fonds et les rivières qui ont servi de dépôts et qui continuent à l'être dans les quartiers qui ne font pas encore l'objet de collectes des ordures ménagères. Très polluées, ces zones posent des problèmes sanitaires et environnementaux. Enfin, le manque de schéma directeur urbain et l'occupation anarchique de l'espace sont à l'origine d'érosions. Bien réelle, la menace environnementale implique une riposte rigoureuse de l'État et de la mairie.

Un centre de services

L'économie de la capitale politique, administrative, universitaire et culturelle du Congo repose sur le secteur tertiaire. Outre les administrations et les sièges sociaux de nombreuses sociétés opérant dans le pays, Brazza abrite une gamme variée de services tant pour les particuliers que pour les entreprises privées et les administrations. On y trouve des établissements bancaires et financiers (banques commerciales, instituts de microfinance, assurances), des compagnies de téléphonie mobile, des sociétés tournées vers l'économie numérique (fournisseurs d'accès à internet notamment), l'informatique, la comptabilité, l'audit, etc. Sans compter la publicité et l'affichage qui gagne les quartiers populaires, ainsi que le marché de la sécurité (gardiennage, télésurveillance, transfert de fonds, etc.).

À côté du commerce de détail, tenu en grande partie par des Ouest-Africains et des Chinois, la présence d'expatriés et d'une petite classe moyenne congolaise aux revenus confortables a favorisé la grande distribution (hypermarché Casino, centre commercial, supermarché et supérettes) et le commerce de luxe, ainsi que les loisirs (restaurants, salles de fitness, piscines, espaces de jeux pour enfants, promenades en bateau durant le week-end, etc.).

Jusqu'au milieu des années 2010, le secteur du tourisme d'affaires et de congrès s'est développé sous la conjugaison de trois facteurs : un parc hôtelier plus étoffé et disposant d'établissements de très bon standing, la mise à disposition de salles de conférences et de réunions bien équipées, comme celles du Palais des Congrès, qui a été rénové, et du ministère des Affaires étrangères, et la volonté des autorités de faire de la capitale un lieu de grands rendez-vous régionaux et internationaux. Toutefois le secteur est en berne aujourd'hui, en raison de la crise économique et financière que traverse le Congo.

Ville culturelle et universitaire, Brazzaville accueille tous les deux ans le Festival panafricain de musique (Fespam). Outre l'université Marien Ngouabi, la seule que compte le Congo, elle héberge une variété d'instituts et d'écoles de formation, qui interviennent à tous les niveaux et dans des domaines variés.

Peu d'industries mais une foule de micro-entreprises

La capitale politique du Congo n'est pas un pôle industriel comme Pointe-Noire. Elle le deviendra peut-être avec la mise en place de la zone économique spéciale (ZES), dont un premier jalon est établi à Maloukou-Tréchot, dans le nord-est du département du Pool. Cette ZES comprendra des unités de fabrication de matériaux de construction, dont certains sont abondants autour de Brazzaville. Zone de plateaux de grès et de sable, l'espace géographique de la capitale congolaise dispose, en effet, d'un potentiel important de matériaux utiles au BTP, une filière en plein essor dans la capitale, où l'immobilier attire de plus en plus les investissements privés.

Actuellement les principales unités industrielles (menuiserie, construction métallique, fabrication de matelas et de mousses, de tôles, de produits laitiers, d'aliments pour bétail, de cahiers, production d'eau, de sodas et de bières, de briques en terre, fabrication de cigarettes) sont concentrées à Mpila, où se trouve la zone industrielle. D'autres sont dispersées dans la ville.

Outre de grandes sociétés modernes et des PME/PMI, la capitale abrite une multitude de micro-entreprises et d'unités artisanales, relevant de l'informel et présentes dans tous les quartiers populaires. Très important par le nombre de personnes qui y travaillent (environ 75 % des actifs) et qui en vivent, ce secteur comprend des unités de transformation et de fabrication, des micro-commerces (boutiques, tables et étals le long des rues et dans les marchés) et des petites exploitations maraîchères à la périphérie de la ville. Ces unités ont des relations avec les entreprises du secteur industriel, dont elles sont des clients, des sous-traitants et des fournisseurs.

Un carrefour régional

Située au point de rupture de charge entre les voies routières, ferroviaires et fluviales, Brazzaville a une vocation de carrefour et de transit. Le transport y est donc une activité économique importante, mais qui a décliné au cours des décennies 1980 et 1990, en raison des conflits armés et du manque de maintenance et d'investissement dans les infrastructures.

Les chantiers routiers engagés dans le pays à partir du milieu des années 2000, notamment le bitumage des RN 1 et 2 qui relient Ouesso à Pointe-Noire via Brazzaville, ainsi que les travaux de modernisation du port de Brazzaville et de rénovation du CFCO concourent à relancer le trafic, renforçant au passage le rôle de la capitale dans la gestion du transit de marchandises à destination et en provenance de l'intérieur comme des pays tiers. La construction du pont-route-rail sur le fleuve Congo devant la relier à Kinshasa renforcera cette vocation de carrefour régional.

La capitale pourrait élargir sa vocation de carrefour à celle de hub aérien sous-régional. Quatre facteurs le lui permettraient : l'augmentation du trafic aérien, son nouvel aéroport Maya-Maya, dont l'aérogare peut accueillir 2 millions de passagers par an et la piste de très gros porteurs, le renforcement des établissements hôteliers, notamment autour de l'aéroport, et la création de la compagnie Equatorial Congo Airlines (ECAir), aujourd'hui à l'arrêt par manque de bonne gouvernance, qui doit démontrer sa viabilité.

Pointe-Noire, capitale économique et port maritime

Située dans le sud-ouest du pays, au bord de l'océan Atlantique, la ville portuaire de Pointe-Noire s'est développée autour de Ndji-Ndji, un petit village de pêcheurs. Fondée par le décret du 22 mai 1922, elle fut la capitale du Moyen-Congo de 1950 à 1959 et érigée en commune de plein exercice par la loi n° 55-1489 du 18 novembre 1955. Après avoir été celui du département du Kouilou, la ville est devenue, en février 2003, le chef-lieu du département de Pointe-Noire qui, outre la commune de Pointe-Noire, comprend le district de Tchiamba-Nzassi.

Commune de plein exercice, dont le conseil municipal et le maire sont élus, Pointe-Noire compte six arrondissements : Lumumba, Mvoumvou, Tié-Tié, Loandjili, Mongo Mpoukou et Ngoyo.

Celle qu'on surnomme « Ponton La Belle » ou « Ndji-Ndji » est considérée comme la capitale économique du Congo, pour être le siège de l'industrie pétrolière et abriter le seul port maritime du pays. Autant de richesses et d'activités qui expliquent l'essor de la cité océane et font de Pointe-Noire une ville cosmopolite. Peuplée de Vilis, les autochtones, elle accueille bien d'autres communautés du pays et de nombreux ressortissants étrangers. On y parle surtout le vili, le kituba et le français, et de plus en plus le lingala, voire l'anglais dans les milieux économiques.

Punta Negra

Ce sont des navigateurs portugais qui ont donné son nom au site de Pointe-Noire, « Punta Negra », pour avoir repéré sur la côte un éperon de blocs de pierre noire. Jusqu'à l'arrivée des Français, au XIXe siècle, Pointe-Noire demeura un simple lieu-dit sur les cartes de navigation. Toute l'activité de la côte se concentrait à Loango où le puissant royaume vili, vassal du Kongo, connaissait la prospérité grâce aux Européens.

Mais la situation va rapidement changer au début du XXe siècle. Le royaume de Loango est en plein déclin alors que Pointe-Noire commence à décoller quand les autorités coloniales décident de créer un chemin de fer pour relier la côte atlantique à Brazzaville, terminus de la navigation fluviale sur le Congo. En aval du Pool, la navigation est en effet interrompue par des rapides. En outre, le cours inférieur et l'estuaire du fleuve Congo sont en territoire de la République démocratique du Congo.

Préconisé par Savorgnan de Brazza (1852-1905), cet axe fluvial et ferroviaire permettrait de désenclaver tout le nord du Congo, le sud du Cameroun et de la République centrafricaine, ainsi que le Tchad. Le premier coup de pioche du futur chemin de fer est donné en 1921. Après s'être heurté à de très nombreuses difficultés pour la traversée du massif du Mayombe, le CFCO est inauguré en 1934.

À la même date commencent les gigantesques travaux du port de Pointe-Noire, qui seront achevés en 1939. Le choix du site revint en 1922 au Gouverneur général de l'AEF, Victor Augagneur, tandis que la réussite des travaux du CFCO et du port est à mettre sur le compte de son successeur, Raphaël Antonietti, gouverneur de 1924 à 1934, dont un buste a été érigé sur l'avenue Charles de Gaulle qui mène à la gare ferroviaire. L'avènement des transports aériens et les succès de l'Aéropostale poussent à la construction, en 1932, d'un aéroport.

Un hub portuaire sous-régional

Prolongeant un cap naturel par une longue digue, le Port autonome de Pointe-Noire (PAPN) est un port en eau profonde très

La gare CFCO de Pointe-Noire. © MDMM.

Le centre-ville de Pointe-Noire. © MDMM.

bien abrité et disposant d'un bassin de 84 hectares. Sa réalisation a ouvert une porte sur l'océan à une bonne partie de l'Afrique centrale.

Pour renforcer la position de hub portuaire sous régional de Pointe-Noire (transit et transbordement), d'importants investissements sont consacrés depuis 2008 à l'agrandissement et à la modernisation des équipements de Congo-terminal, le terminal à conteneurs, que le PAPN a concédé à un consortium privé, composé de Bolloré Africa Logistics (BAL) et autres partenaires. À l'issue des travaux, Congo Terminal disposera de 38 ha de terre-pleins (contre 17 ha actuellement) et de 1500 m de quai, dont 800 m qui lui permettront d'accueillir d'immenses navires à conteneurs et à très fort tirant d'eau (16 m, contre 13,2 m). De 500 000 en 2012, sa capacité d'accueil passera à un million et demi de conteneurs.

S'ils contribuent à relancer la vocation de transit du Congo, ce port et l'ouverture de la RN1 entre Pointe-Noire et Brazzaville ne sont pas suffisants. Un coup d'accélérateur doit être donné à la rénovation du chemin de fer, dont la ville océane est l'un des terminus, et de l'axe fluvial que représentent le fleuve Congo et son affluent l'Oubangui, qui sont déterminants pour la desserte du nord du pays, de la RD Congo et de la République centrafricaine.

Les autres piliers de l'économie urbaine

Outre le port, l'autre pilier de l'économie urbaine est l'industrie pétrolière, qui a démarré dans les années 1970. Les activités portuaire et pétrolière fournissent non seulement des emplois et une grande partie de la richesse de la ville, mais elles contribuent également fortement au PIB du pays et aux recettes de l'État.

Pointe-Noire est aussi un pôle industriel et tertiaire. En plus des unités de production installées dans la zone industrielle du port, une gamme de services liés au transport et à la logistique s'y est développée autour du trafic portuaire, ferroviaire et aéroportuaire. La ville abrite aussi des unités industrielles (industrie agroalimentaire, transformation du bois, construction navale, conditionnement de boissons et d'eau minérale, de gaz, industrie chimique) et une diversité de sociétés parapétrolières et de services qui viennent en appui à l'activité pétrolière.

Les autres sources de richesses et d'emplois sont la pêche maritime, à la fois artisanale et industrielle, qui fournit environ 9 000 tonnes de poissons par an, ainsi que le traitement et le transbordement du bois. Enfin, le tourisme d'affaires, de congrès et de loisirs y est en expansion. En témoigne l'accroissement du trafic aérien, qui a conduit à la modernisation et à l'extension de l'aéroport. La présence d'un tissu dense d'entreprises, grandes et petites, d'expatriés et d'une classe moyenne congolaise au pouvoir d'achat élevé a favorisé l'activité bancaire, la téléphonie mobile, le commerce et les loisirs.

En tant que site portuaire, Pointe-Noire est bien placé pour profiter de la diversification de l'économie qui se dessine dans le pays. Une diversification liée, entre autres, à l'essor des projets miniers dans le Kouilou (potasse et phosphates) et, à moyen terme, dans le Niari et la Lékoumou (fer), ainsi que des projets agro-industriels (cacao, palmier à huile, hévéa) qui se développent dans plusieurs départements du pays. Dans cette perspective, des sociétés minières ont installé des bureaux dans la cité océane. D'autres activités, notamment tertiaires, suivront.

Une forte expansion

De 2 000 habitants à la création de Pointe-Noire, la population ponténégrine est passée à près d'un million d'âmes en 2013, dont la moitié environ a moins de quinze ans. Cette croissance démographique s'est traduite par une forte expansion spatiale, réalisée parfois de manière anarchique, et une densification du tissu urbain ancien. En 2014, la cité océane, dont la superficie est estimée à quelque 114 400 hectares, s'étalait quasiment jusqu'à Djéno, au sud, et en direction de Loango, au nord.

C'est en 1924 que Pointe-Noire a été dotée de son premier plan d'urbanisme. La ville est alors partagée entre les quartiers européens dits du Losange et la cité indigène principalement peuplée des travailleurs du wharf, construit sur la Côte mondaine en 1926, et du chemin de fer. La ville européenne, où se trouvent le port et la gare, est séparée de la cité « indigène » par un espace inoccupé facile à surveiller, constitué des marécages de Tchinouka et Tchikobo. Les seuls points de passage sont les deux ponts situés l'un à proximité du camp de la police du côté de Jean-Joseph Loukabou et l'autre du côté du Lycée.

La cité a été construite à partir de sept avenues rayonnantes permettant à la troupe d'envahir la totalité du terrain dans les délais les plus courts puis de le quadriller en toute sécurité. Avec l'inauguration du CFCO, pour permettre l'acheminement des ouvriers vers la gare et leur évacuation, le soir, vers leurs quartiers, une voie, l'avenue Charles de Gaulle, reliant le port et le point d'origine des sept avenues, est tracée. Le premier quartier africain loti est le Camp chic, non loin du grand marché.

Après l'indépendance, la ville a conservé ses divisions qui, au fil des ans, sont devenues sociales. Le centre-ville (ou Plateau), autrefois réservé aux colons, est le quartier des affaires et résidentiel. Il abrite de nombreux édifices historiques dont des bâtisses coloniales aux belles façades. Citons le Conseil des chargeurs congolais, la Chambre de commerce et d'industrie de Pointe-Noire, la Grande Poste ou la Mission catholique de style colonial Art déco, ainsi que la cathédrale Notre-Dame, chef d'œuvre de l'architecte Alazard, construite en 1953. On y trouve aussi des constructions plus modernes comme la Tour Mayombe, les sièges des grandes compagnies pétrolières ou encore quelques hôtels de standing, comme l'Atlantic Palace et le Victory Palace en centre-ville, ou Villa Madiba en bordure de l'océan.

L'avenue Charles de Gaulle est prolongée par l'avenue Kaat Matou, qui débouche sur une place d'où partent les sept avenues disposées en étoile. À partir de là s'étendent des quartiers populaires, truffés de *nganda*, de petits restaurants, et de marchés, dont celui de Tié-Tié, l'un des plus achalandés de la ville. Des quartiers à l'habitat souvent précaire, qui connaissent de multiples problèmes d'eau, d'électricité, de transport, d'assainissement et d'environnement.

Dolisie, la troisième ville du pays

Chef-lieu du département du Niari et troisième agglomération du pays avec une population estimée à 100 000 habitants, la commune de Dolisie est née du CFCO. Elle fut baptisée Dolisie en mémoire d'Albert Dolisie, compagnon de Savorgnan de Brazza, qui occupa des postes importants sous la colonisation, dont celui de gouverneur du Moyen-Congo. En 1975, Dolisie fut renommée Loubomo, nom de la rivière qui coule au sud de la ville. Après la Conférence nationale de 1991, elle a repris son nom originel.

Station ferroviaire

Dernière station ferroviaire du CFCO avant le massif du Mayombe, en venant de Brazzaville, Dolisie comptait à peine un millier d'habitants en 1950. Elle connut un brusque essor lorsque la Compagnie minière de l'Ogooué (Comilog) du Gabon décida d'évacuer le minerai de manganèse de Moanda par le sud du Congo, via une nouvelle voie ferrée, Mbinda-Mont-Belo, raccordée au CFCO, qui servit aussi à évacuer le bois des forêts du massif du Chaillu. Ainsi, dès 1962, la population atteignit 20 000 habitants, pour passer à 30 000 en 1974 et à plus de 50 000 dans les années 1980. L'arrêt de la Comilog en 1992, à la suite de la mise en service du Transgabonais, puis les problèmes du CFCO et les conflits de la fin des années 1990 portèrent un coup à l'activité de Dolisie. La ville a végété des années durant, une partie notable de sa population allant s'établir à Pointe-Noire pour y trouver du travail. À la fin des années 2000, la reprise effective du trafic sur le CFCO a été, pour ses habitants, un véritable soulagement.

Carrefour routier et pôle de transit

Établie dans la vallée du Niari, Dolisie est à la croisée de deux grands axes : la RN1, qui relie Brazzaville à Pointe-Noire, et la RN3, une route d'intérêt sous-régional qui mène à la frontière gabonaise, au nord, et à l'enclave du Cabinda (Angola) et en RD Congo, au sud. Pendant longtemps, le mauvais état de ces axes a freiné les échanges. L'ouverture de la RN1 couplée au bitumage de la RN3 a donné à Dolisie toute sa dimension de carrefour routier.

S'ils prennent forme, trois projets structurants lui permettraient de se positionner comme pôle de transit et hub de transbordement sous-régional : la réhabilitation du CFCO, la remise en service de l'ex-Comilog et la réalisation d'un port sec, destiné à décongestionner le port de Pointe-Noire. Selon le projet, ce port pouvant contenir entre 15 000 et 20 000 conteneurs acheminés par le train ou la route serait relié à la RN1 par un axe bitumé et connecté au chemin de fer par une bretelle.

Nouvel élan économique

En désenclavant le département du Niari et son chef-lieu ainsi qu'une partie de la Lékoumou et la Bouenza, le tronçon routier Dolisie-Pointe-Noire a stimulé la production agricole de la région, dont l'essentiel des produits, rassemblés à Dolisie, ravitaillent désormais Pointe-Noire. Seule ombre au tableau : devenues plus rares, ces denrées agricoles sont plus chères sur les marchés du chef-lieu. Toutefois, l'accroissement des échanges a favorisé l'essor du transport routier, de l'hôtellerie et du commerce. La route, qui fait concurrence au train et à l'avion, a également favorisé la circulation des personnes. Premier équipement du genre construit au Congo, la gare routière, inaugurée en 2010, accueillait chaque jour plus d'une centaine de véhicules, soit quelque 1200 passagers, en 2013. Parmi eux, de plus en plus de touristes de loisirs, qui viennent se reposer à Dolisie durant le week-end ou voir un match de football.

Les atouts économiques de la cité n'ont pas échappé à des opérateurs ponténégrins, qui se sont empressés d'y installer une succursale, ni aux banques qui ont ouvert une agence dans la capitale du Niari. Du coup, les locaux et les terrains sont devenus plus rares et les prix de l'immobilier sont montés en flèche.

Ce bel élan a toutefois connu une pause avec la crise économique.

Essor de l'industrie

Autrefois grand centre de transformation du bois, Dolisie avait vu cette industrie s'effondrer avec la fermeture de Socobois en 1999. Depuis 2006, avec le démarrage des activités du malaisien Asia Congo Industries, elle renoue avec cette filière. Et elle compte même de nouvelles unités industrielles. Bénéficiant

Le marché central de Dolisie. © MDMM.

La cathédrale Saint-Pie X de Gamboma. © MDMM.

de la présence de riches gisements de calcaire dans la région, Forpasck, une cimenterie à capitaux chinois, y est opérationnelle depuis novembre 2013. Dolisie abrite aussi la Fonderie du Congo, un partenariat entre le groupe mauricien Samlo (70 %) et l'État congolais, qui a repris les actifs de l'ex-entreprise publique Ferco (Fer du Congo) pour relancer la fabrication de fer à béton. La ville compte aussi des menuiseries artisanales.

Dolisie a bénéficié des travaux de la municipalisation accélérée engagés dans le département en 2006. Outre un marché moderne, à l'architecture néo-classique, quelques édifices publics – mairie, préfecture et hôtel départemental – et diverses infrastructures socio-économiques, dont un aéroport et une gare routière, y ont été construits ou rénovés, des voiries réhabilitées et des travaux d'assainissement réalisés. Ces édifices modernes n'ont toutefois pas fait de l'ombre aux anciennes et belles maisons coloniales, à l'église Saint-Paul construite en brique et achevée en 1944, ou à la mission catholique. Ni même à la gare ferroviaire, autre grand témoin du passé colonial de la cité.

Djambala *vs* Gamboma

L'administration coloniale ne s'est jamais trompée en choisissant les sites où elle implantait les résidences des gouverneurs, des préfets et autres administrateurs. La résidence du préfet de Djambala – l'ancienne, et non la nouvelle – confirme la règle. Depuis sa terrasse, la vue sur les collines et les vallées environnantes est imprenable. Au loin, on peut voir serpenter l'ancienne route fédérale qui reliait Brazzaville à Ouesso.

Située dans le sud-est du département des Plateaux dont elle est le chef-lieu, la localité a été créée le 10 juillet 1913 par l'administrateur Godran, connu par les autochtones sous le sobriquet de « Ngo doro ». Elle est née de l'extension des villages d'Oyanfoula et de Ngoulayou.

Sur la signification de Djambala, les avis divergent. Certains prétendent que ce nom veut dire « pomme de terre ». D'autres soulignent que le poste existait déjà sous cette appellation avant l'introduction de la pomme de terre par les colons. En outre, cette dernière est appelée *ikoua* par les autochtones. Selon ces derniers, Djambala viendrait de Mbala Mbali, une plaine semi-alluviale en amont de la rivière Nzili, comprenant un petit affluent du même nom. Selon une autre version, Djambala viendrait de « *ndza mbala* », qui signifierait « mange de l'igname ».

Chef-lieu de la circonscription Batéké en 1913, Djambala a gardé ce statut, quand les colons fusionnèrent, en 1915, cette circonscription à celle d'Alima qui avait pour chef-lieu Ossélé. Mais à partir de 1918, le chef-lieu de la circonscription Batéké-Alima puis de l'Alima-Léfini est transféré à Gamboma. En 1944, Djambala retrouve son ancien statut en devenant le chef-lieu de l'Alima, puis en août 1964, du département de la Léfini. C'est en 1973 que naît le département des Plateaux, dont Djambala est le chef-lieu jusqu'à aujourd'hui.

Jusqu'au début des années 1950, Djambala abritait de nombreuses activités. La ville disposait d'un aéroport très fréquenté et était située sur l'axe routier qui reliait Brazzaville au Nord. Considérée comme stratégique pour le désenclavement du Congo et l'accès aux territoires français situés plus au nord, cette voie, dénommée route fédérale, passait par Mayama, Djambala, Oboli, Ossélé, Okoyo, Ewo, Ngoko, Fort Rousset (actuel Owando) et Makoua avant d'atteindre Ouesso. Le plan septennal 1947-1953, qui opte pour un nouveau tracé, lance la construction de la route Brazzaville-Ngo-Gamboma, qui aboutit à Ossélé et Okoyo. En 1952, démarre celle du tronçon Gamboma-Oyo-Fort Rousset, qui marque par ailleurs une grande victoire technologique sur la vasière de l'Alima/Como. Sa réalisation sera fatale à Djambala.

Il n'était plus nécessaire en effet de passer par la ville, devenue une commune en 2017, pour aller de Brazzaville à Ouesso. En revanche, la nouvelle voie profitera à Gamboma, la grande rivale de Djambala.

Pendant de longues années Djambala, enclavée, vivotera jusqu'à ce que l'axe routier Ngo-Djambala soit bitumé. Outre quelques infrastructures modernes réalisées dans le cadre de la municipalisation accélérée, dont un aéroport, malheureusement non opérationnel, le chef-lieu des Plateaux, qui est également une commune de plein exercice, a été connecté au barrage hydro-électrique d'Imboulou. Centre administratif et commercial, Djambala pourrait devenir un pôle agro-pastoral, la région qui l'entoure étant propice au développement de l'agriculture, notamment de la culture de la pomme de terre et de l'élevage.

Si Djambala a retrouvé un certain dynamisme, néanmoins la rivalité entre les deux villes persiste. Située sur la RN2, qui va de Brazzaville à Ouesso, et au bord de la rivière Nkéni, Gamboma, ville natale de l'ex-Premier ministre Charles David Ganao, le « ngantsé » (patriarche en langue téké), décédé en juillet 2012, n'a jamais accepté de ne pas être le chef-lieu du département. La ville vit de maraîchage, de pêche, d'artisanat utilitaire, du trafic routier et du commerce, avec notamment son grand marché qui fonctionne de jour comme de nuit. Elle compte quelques hôtels et plusieurs établissements scolaires, publics et privés, dont un grand CEG et un lycée, qui attirent les élèves de la contrée. Deviendra-t-elle une ville touristique ? C'est en tout cas le pari de Hugues Ngouélondélé, l'ancien maire de Brazzaville. Originaire du district de Gamboma, il y a fait construire un superbe complexe touristique au bord de la Nkéni. Celle qui fut jadis un haut lieu de la musique et des loisirs, avec son bar Ebina, qu'animaient les orchestres « Siki-Siki mondial » et « Tout Choc jeunesse », retrouvera-t-elle son animation d'autrefois ?

Impfondo, dans les confins septentrionaux

Situé à cheval sur l'équateur, dans une région forestière et en partie marécageuse, le chef-lieu du plus vaste et du plus septentrional département du Congo est bâti sur la rive droite de la rivière Oubangui, face à la République démocratique du Congo.

Une population mélangée

Principale escale sur l'Oubangui, qui se jette dans le fleuve Congo plus au sud, à hauteur du port de Liranga, Impfondo, devenue une commune en 2017, semble perdue dans l'immensité des terres de la Likouala. Ce port fluvial, ex-poste administratif que les colons français avaient baptisé Desbordesville, nom tiré de Louis Desbordes, qui fut envoyé en 1902 au Congo comme commissaire du gouvernement près les sociétés concessionnaires, est peuplé d'environ 20 000 habitants. Ces derniers se répartissent dans ses six quartiers : Moungoungui, Bakandi, centre-ville, Angola libre, Tossangana et Bohona. Parmi eux, des ressortissants de la Likouala, notamment des Mbondzos, les autochtones, ainsi que des Congolais d'autres départements. La communauté étrangère y est principalement composée de Ouest-Africains qui tiennent le petit commerce de détail, de réfugiés rwandais et centrafricains, qui ont fui leur pays à cause des conflits politiques, et de ressortissants de la RD Congo voisine.

Des problèmes d'électricité et d'eau

Avec ses concessions entourées de clôtures végétales et plantées de bananiers, et ses nombreuses maisons en briques cuites ou en terre battue, Impfondo, du moins ses quartiers populaires, ressemble à un gros village. Les constructions modernes y sont rares, à l'exception de quelques villas et des édifices publics construits dans le cadre de la municipalisation accélérée lancée dans le département en 2005. Un programme qui a connu quelques ratés avec plusieurs bâtiments publics inachevés.

La ville rencontre de sérieux problèmes d'eau, d'électricité et de manque de voiries bitumées. L'eau y est distribuée au compte-gouttes et la Société nationale d'électricité (SNE) ne fournit de l'électricité que de 18 h à 23 h, mais tous les quartiers n'en bénéficient pas. La construction d'une centrale solaire devrait prochainement résoudre cette question. À part les deux axes bitumés qui mènent au port et à l'aéroport, et la route qui encercle la ville, le reste, et l'essentiel, de la voirie est en terre.

Les services modernes sont peu développés. La cité abrite un marché central, quelques échoppes, une seule agence bancaire et des représentations de compagnies de téléphonie mobile. Si les *nganda* ne manquent pas, en revanche les restaurants et les bars modernes y sont rares. Une poignée d'hôtels, dont l'accueillant Tropicana, centre de la vie sociale de la ville, héberge de rares touristes.

Un trafic fluvial en baisse

Les habitants d'Impfondo vivent des services, en particulier administratifs, du commerce, de l'agriculture et du maraîchage – une culture développée par les Rwandais –, de la pêche, ainsi que du transport fluvial et de l'activité portuaire.

Jadis le trafic portuaire y était important, quand le bois exploité dans le nord du Congo et en République centrafricaine était évacué presque en totalité par flottage ou sur des barges jusqu'à Brazzaville. Pour toute l'économie du nord du Congo et de la République centrafricaine, en effet, l'axe fluvial Congo-Oubangui, relayé à partir de la capitale par le train CFCO, fut longtemps vital et la seule voie d'accès à la mer.

Ce trafic fluvial a aujourd'hui diminué, alors que la Likouala réalise près d'un tiers de la production nationale de bois (421 095 m^3 en 2013). Mais, faute d'une route reliant Bétou à Liranga et en raison des difficultés de navigation sur l'Oubangui liées aux bancs de sable, grumes et bois sciés sont évacués par la route, via le Cameroun. Un sérieux manque à gagner pour le chef-lieu et son port.

Le trafic fluvial est en outre temporaire, l'Oubangui n'étant navigable pour les gros tonnages qu'en saison des pluies, de juillet à décembre. Le trafic de marchandises repose sur les produits pétroliers, le ciment et quelques biens manufacturés, acheminés depuis Brazzaville. Vers la capitale congolaise, il porte sur les fèves de cacao, dont la production est réalisée dans les districts de Dongou et d'Epéna, auxquelles s'ajoutent un peu de bois, du maïs et de l'huile de palme.

Le trafic voyageur est assuré par des pirogues et des « coques », sortes de pirogues motorisées en acier d'une dizaine de places, qui assurent les liaisons entre Liranga au sud, Dongou et Bétou, un des grands centres de l'exploitation forestière, au nord. Des pousse-pousseurs et de rares baleinières font la jonction entre Brazzaville et la Likouala, et parfois entre Brazzaville et Bangui, distantes d'environ 1 200 km.

Impfondo est accessible par avion. Son aéroport a été rénové et agrandi, dans le cadre du programme de municipalisation accélérée, mais le trafic est réduit et Brazzaville, la seule destination desservie.

Les liaisons routières entre Impfondo et le reste du département sont limitées. Une seule route goudronnée, dénommée la Vasière, longue de moins de 150 km, relie Impfondo à deux chefs-lieux de district : Epéna et Dongou. Cet enclavement, conjugué au manque d'électricité, explique le faible dynamisme économique de la ville, et son aspect ronronnant.

Désenclaver la ville et le département

Les projets routiers annoncés en août 2014 devraient changer la donne. Au menu : la réhabilitation de la Vasière et la construction de la route Impfondo-Liranga, qui ouvrira la Likouala aux départements de la Cuvette et de Brazzaville. En palliant le manque de navigabilité de l'Oubangui en saison sèche, cette route assurera un trafic régulier durant toute l'année. Couplée au port sec qui sera érigé à Liranga, elle permettra de capter le trafic en provenance ou à destination de la RCA et du Tchad. Des projets routiers en cours dans le nord du département établiront une jonction entre le chef-lieu de la Likouala et Ouesso, le chef-lieu de la Sangha. Enfin, la réhabilitation du port d'Impfondo dynamisera le trafic fluvial.

Autant de projets d'infrastructures qui renforceront l'économie urbaine et départementale, et doperont les échanges internes et externes, permettant ainsi à la Likouala et à son chef-lieu de jouer un rôle accru dans le cadre sous-régional en devenant une plaque tournante des échanges.

Kinkala, la ville de Matsoua

Quand fut créé le poste administratif de Kinkala en 1911, existaient les villages de Vinza, Bondo et Tsibiti (ou Kibiti), résidence du chef Moundongo, du clan des bissi-N'Kala (d'ethnie balalie). Les Français donnèrent le nom de ce clan au poste et au village que l'on différencia en l'appelant Kinkala. Originaires du village de Lélé (district de Boko), les bissi-N'Kala se sont installés sur la rive gauche de la Foulakary à la fin du XIXe siècle, peu avant l'arrivée de Pierre Savorgnan de Brazza. Ils refoulèrent les Tékés, anciens possesseurs du sol, vers le nord-est. La toponymie révèle d'ailleurs l'appartenance de Kinkala au domaine téké. La rivière N'Gabanzoko (rivière des éléphants), qui arrose l'agglomération, et de nombreux villages des environs portent ainsi des noms tékés, bien que la région soit incluse aujourd'hui dans la zone balalie.

Chef-lieu du département du Pool, la commune de Kinkala est la ville natale d'André Grenard Matsoua (1899-1942), homme politique congolais emprisonné à plusieurs reprises par la puissance coloniale française en raison de son action en faveur de l'Indépendance, et dont on peut voir la statue érigée à l'entrée de la cité. Après sa mort survenue en prison en 1942, ses fidèles lui vouèrent un culte au sein d'un mouvement religieux toujours actif aujourd'hui, le matsouanisme.

Bâtie sur une colline recouverte d'arbres, Kinkala est une petite cité agréable et verdoyante. Après plusieurs années de conflits socio-politiques, qui l'ont durement touchée, elle s'est reconstruite progressivement, suite au lancement dans le Pool, en 2012, des chantiers de la municipalisation accélérée. Réhabilitation et construction de voiries urbaines, d'ouvrages d'assainissement, d'édifices publics et autres infrastructures de base... Kinkala commençait à se moderniser. Toutefois, les conflits qu'a connus le sud du département en 2016 et 2017 ont à nouveau porté préjudice à la ville, à son patrimoine urbain et à son économie.

Madingou, le chef-lieu de la Bouenza

Un carrefour routier et ferroviaire

Situé en pays kamba, à la jonction de la RN1, qui relie Pointe-Noire à Brazzaville, et de la route qui va à Boko-Songho et à la frontière avec la RD Congo au sud, et à Mabombo et Sibiti au nord, le chef-lieu du département de la Bouenza est un carrefour routier. Il est aussi une étape sur le chemin de fer Congo-Océan (CFCO) dont il est l'une des gares. Peuplé de quelque 25 713 habitants en 2007, cet ancien poste administratif créé à l'époque coloniale est la deuxième ville de la Bouenza, après Nkayi, qui fait figure de capitale économique départementale. Elle a été érigée en communauté urbaine en 2005 et en commune en 2017.

Plusieurs facteurs expliquent le choix de Madingou comme chef-lieu de département : sa position géographique au centre de la Bouenza, sa vocation de carrefour routier, sa fonction de gare ferroviaire et une volonté administrative forte.

À l'époque coloniale, Madingou abritait sur son territoire et dans ses environs, des sociétés agricoles (ferme Merles des îles, Dupont Iba, Aubeville) et la station de l'Institut de recherche du coton et des textiles (IRCT). Créé en 1946, l'Institut faisait des recherches et des essais de culture de fibres de jute et de plantes apparentées (paka, punga, hibiscus et autres) et de riz. La recherche a été arrêtée en 1964 et la station, de plus de 2 000 ha, a été transformée en ferme. On y pratiquait l'élevage (1 000 têtes de ndamas et 200 têtes de moutons) et on y produisait du coton et des arachides. Sous la présidence de Marien Ngouabi, la Socoton, une entreprise publique, y pratiquait la culture du coton sur 200 ha. Après le déclin des sociétés d'État dans les années 1980, aucune activité d'envergure n'a permis le décollage économique de Madingou sur le long terme. La croissance de la ville a donc été avant tout le fait de sa fonction administrative, celle de siège des administrations déconcentrées et décentralisées.

À la faveur du bitumage de la RN1 entre Brazzaville et Pointe-Noire, qui lui amène chaque jour une flopée de camions et de « coasters » (minibus) venant des deux grandes villes du pays, Madingou a retrouvé sa vocation de carrefour et de transit. Au grand bonheur des commerçants et des hôteliers de la ville, dont les chiffres d'affaires montent en flèche avec l'intensification du trafic routier.

Mais pour qu'elle puisse assurer totalement son statut de chef-lieu fallait-il encore que Madingou bénéficie des chantiers de la municipalisation accélérée. Lancé en 2016, ce programme a connu une pause en 2017 qui, si elle se prolonge, ne peut que nuire à l'essor de la ville.

Les deux Madingou

Madingou est structurée en deux entités : Madingou Poste et Madingou Gare. Madingou Poste, bordée par la RN1, abrite des commerces, l'église Saint-Michel, la mairie, le tribunal ainsi que le centre administratif et ses services publics, dont le siège de la préfecture et celui du conseil départemental. Autour du noyau administratif de Madingou Poste, se sont greffés des quartiers populaires tels que Dakar ou Bacongo, et des secteurs plus « chic » comme « Capable », l'un des trois quartiers lotis de la commune urbaine sur les 10 dont celle-ci dispose.

Située cinq kilomètres plus au sud, Madingou Gare, traversée par la voie ferrée du CFCO, a l'allure d'un gros village, avec ses beaux arbres et ses maisons en briques noyées dans la végétation. Parce qu'elle héberge la gare, près de laquelle se tiennent occasionnellement des marchés, sa vie est rythmée par le passage des trains. Subdivisée en plusieurs quartiers, dont

Mabombo, Kinshasa et Manzaou, elle abrite un CEG et le lycée Nestor Makoundzi Wolo. Une sorte de no man's land, grignoté au fil des ans par des lotissements et occupé aujourd'hui par les chantiers du stade municipal et de l'hôpital général de la Bouenza, la sépare de Madingou Poste.

Pas de problème d'électricité

Madingou ne connaît pas vraiment de problème d'électricité puisqu'elle est alimentée par le barrage hydroélectrique de Moukoukoulou, situé dans le nord-est du département. En revanche, l'assainissement laisse à désirer et l'eau y est distribuée au compte-gouttes. La raison ? La vétusté de l'usine de la Congolaise des eaux (ex-Société nationale de distribution d'eau), alimentée par les eaux du fleuve Niari. Mais la situation devrait s'améliorer quand seront achevés les travaux de construction de la nouvelle usine et d'extension du circuit de distribution prévus dans le cadre de la municipalisation accélérée.

Outre les services administratifs et le commerce, Madingou vit du trafic ferroviaire, du transport routier, du maraîchage, de l'artisanat utilitaire et de l'Unité de broyage de calcaire (UBC), une filiale de la Société agricole de raffinage industriel du sucre (Saris) Congo, établie à Nkayi, la grande rivale de Madingou.

À la tête d'une riche région agricole et industrielle

Madingou est à la tête d'une région considérée comme le grenier agricole du Congo. C'est aussi une zone d'élevage bovin et de pêche. Le département, qui fait frontière avec la RD Congo, a également un potentiel industriel et minier certain. Outre l'électricité (barrage hydroélectrique de Moukoukoulou), on y produit du ciment (Sonocc et Dangote) et l'exploration minière y est active (gisements de cuivre dans les districts de Boko-Songho et de M'fouati, de plomb et de zinc à Yanga Koubanza).

Toutefois l'essor économique de Madingou et du département passe aussi par la densification du réseau routier, pour désenclaver entre autres les districts de Mabombo, Tsiaki, Kingoué et Boko-Songho, et par le renforcement des services, notamment financiers. Madingou ne comprend qu'une agence de la Banque postale et des caisses d'établissements de microcrédit et de transfert d'argent (Mucodec, groupe Charden Farell et Maouéné). Les commerces et les services modernes y sont quasiment inexistants et le parc hôtelier reste limité.

Ouesso, noyée dans la forêt dense

Située au bord des rivières Sangha et Ngoko, Ouesso, qui signifie « soleil » en langue sangha-sangha, est le chef-lieu de la Sangha, le seul département congolais entièrement localisé dans l'hémisphère nord.

Fondée en 1891

La ville a été fondée le 5 mars 1891 par l'administrateur Gaston Pierre Gaillard, qui avait eu pour mission de remonter la Sangha jusqu'à Bania. Son site ne doit rien au hasard. Il a été soigneusement choisi par l'explorateur Alfred Fourneau, après une minutieuse prospection des lieux. Commune de plein exercice, Ouesso est formée de deux arrondissements (Nzalangoye et Mbindjo) et abrite quelque 40 000 habitants, soit environ un tiers de la population du département. C'est un centre administratif et commercial appelé à devenir un grand carrefour routier, aérien et fluvial, et un important pôle de services.

Ouesso s'étale de part et d'autre de l'avenue Marien Ngouabi, qui aboutit au port fluvial. Cette longue artère est bordée de bars, d'échoppes, de banques, de maisons coloniales, plus ou moins bien entretenues, de la cathédrale Saint-Pierre-Claver, de villas et d'une poignée d'immeubles dont l'antenne de la Banque des États de l'Afrique centrale (BEAC).

Particularités de la cité, le bois et la brique sont de plus en plus utilisés pour construire les maisons. Des usages impulsés par la Congolaise industrielle des bois (CIB). Reprise par le groupe singapourien Olam, la CIB est installée à Pokola, une petite cité née de l'activité forestière, sur la rive gauche de la Sangha, à une cinquantaine de kilomètres au sud de Ouesso.

Dépendante du Cameroun

Ouesso a longtemps cumulé les handicaps. En premier lieu, l'enclavement, puisqu'elle n'était accessible depuis Makoua que par une piste à travers la forêt équatoriale. Du coup, la ville a longtemps tourné le dos au reste du Congo au profit du Cameroun. Une grande partie de ce qui y est consommé vient du voisin et tout ce qui est produit dans le nord du pays (Sangha et Likouala), notamment le bois, part vers le port de Douala. La majorité des échanges avec le Cameroun passe par la rivière Ngoko, via le port de Maboko, situé au nord-ouest de la ville, où un bac fait la liaison entre les deux pays.

Les autres problèmes dont souffre la ville sont le manque d'eau, d'assainissement et d'accès à internet. D'où le recours indispensable aux forages.

Cap sur les infrastructures de transport

Toutefois, les travaux routiers, la mise en service du barrage hydroélectrique de Liouesso et les chantiers de la municipalisation accélérée lancés en 2015 dans le département sont en train de changer la donne. L'alimentation en électricité s'est ainsi améliorée et l'isolement de Ouesso relève désormais du passé depuis le bitumage du tronçon de la RN2 jusqu'à la rivière Mambili, puis Brazzaville. Le chef-lieu est donc en contact direct avec la capitale et d'autres départements du Congo. Les échanges à l'intérieur du département se sont également intensifiés avec la construction de la route Ketta-Souanké, qui sera connectée à l'axe routier camerounais. Enfin, un pont sur la Sangha, en aval de Ouesso, et une route qui partira de Ouesso jusqu'à Enyellé (Likouala) doperont les échanges entre la Sangha et la Likouala, et, au-delà, entre le Congo et la Centrafrique.

Le désenclavement de Ouesso et du département est également facilité depuis que la piste de l'aéroport a été étendue et mise aux normes à l'avion de référence Airbus 340/300. Ouesso dispose désormais d'un aéroport international.

La relance du fluvial est en cours. La première étape a été la réhabilitation du port secondaire de Ouesso. Reste à draguer la rivière Sangha, pour favoriser la fluidité du trafic sur un cours d'eau qui n'est navigable actuellement que pendant trois mois de l'année.

D'une capacité de 19,5 MW, le barrage de Liouesso, inauguré en mai 2018, alimente Ouesso et la communauté urbaine de Mokéko. La mise en service de la fibre optique améliorera par ailleurs l'accès à internet de la ville. D'autres infrastructures et équipements, comme une nouvelle usine de traitement d'eau, un marché moderne et des édifices publics, ainsi que le bitumage de diverses voiries rendront la ville plus attrayante pour ses habitants et les opérateurs économiques.

Le centre-ville de Ouesso. © MDMM.

L'aéroport de Ouesso. © MDMM.

Accompagner les projets agro-industriels et miniers

L'achèvement de ces ouvrages permettra au chef-lieu de la Sangha, tête de pont d'un département en mutation, de faire face aux besoins futurs. En effet, alors que l'économie de la Sangha était dominée par l'exploitation forestière et la transformation du bois, expliquant la présence de l'Institut national de recherche forestière (INRF) à Ouesso, le lancement ou la relance des projets agro-industriels et miniers actuellement gelés à cause de la crise devrait contribuer à diversifier les bases économiques du département quand la situation s'améliorera.

Les prémices de ces changements se font déjà sentir à Ouesso. Le tourisme d'affaires, les services et l'immobilier se développent. Parmi les nouvelles constructions figurent des agences bancaires, des bureaux, des hôtels, des stations-service, des magasins, des villas et des petits immeubles. Néanmoins beaucoup reste à faire pour permettre à Ouesso de jouer pleinement son rôle de carrefour sous-régional. La Sangha est en effet frontalière avec trois pays : le Gabon, le Cameroun et la République centrafricaine.

Owando, le nectar des chefs

Sis à environ 550 km au nord de Brazzaville, le long de la RN2, le chef-lieu du département de la Cuvette est bâti au bord de la rivière Kouyou. Ses 30 000 habitants se répartissent dans ses sept quartiers : Kinda-Odzoko, Yengo, Ombouma, Ohoko, Linengué, Kanguini et Ikoumou.

Anciennement Fort Rousset

C'est le 13 juillet 1903 que l'administrateur français Henri Bobichon, envoyé dans la région pour rétablir l'ordre à la suite de différends entre les populations locales et les responsables de la factorerie de Linengué des Frères Tréchot, décide de fonder un poste de surveillance qui reçoit le nom de « Rousset », en souvenir de l'administrateur Alexis Rousset, décédé la même année au cap Lopez (Gabon).

À cause de son caractère militaire, le nom « Fort » est antéposé à « Rousset » en 1904. Créé officiellement par un arrêté du 6 septembre 1905, Fort Rousset devient le chef-lieu de la circonscription de la Likouala-Mossaka, en 1920. Rebaptisée Owando en 1975, la ville a été érigée en communauté urbaine en 2011 et est devenue une commune en 2017. Centre administratif et commercial, elle est peuplée en majorité de populations d'ethnie kouyoue.

L'École des trois présidents

Owando abrite des édifices historiques et célèbres. L'un est l'évêché, qui a accueilli pendant dix-huit ans Monseigneur Ernest Kombo, connu pour avoir présidé la Conférence nationale souveraine et le Conseil supérieur de la République (Parlement de transition) de juin 1991 à août 1992. L'autre bâtiment est l'École des trois présidents, baptisée ainsi parce que trois chefs d'État congolais – Marien Ngouabi, Jacques Joachim Yhombi Opango et Denis Sassou N'Guesso – y ont fait leurs études primaires.

Si elle ne renie pas ce patrimoine ancien, Owando est néanmoins toute fière de ses infrastructures modernes (mairie, préfecture, hôtel du conseil départemental, marché, aéroport d'Indanga, caserne, voies asphaltées, pont sur la rivière Kouyou,

Vente de *moukalou* au port d'Owando. © MDMM.

Un des bâtiments de l'ancien centre de recherche agronomique de Loudima datant de l'époque coloniale. © MDMM.

stade omnisports Marien Ngouabi, résidences administratives, château d'eau, etc.) qu'elle doit aux chantiers de la municipalisation accélérée lancée en 2007.

Depuis décembre 2011, Owando est reliée à la centrale hydroélectrique d'Imboulou. L'arrivée de l'électricité a transformé la vie des habitants et dynamisé les activités, en procurant au passage davantage de revenus et d'emplois à la population. La cité en avait bien besoin car l'embauche y reste rare, notamment pour les jeunes.

Taximen ou revendeurs de moukalou

Quand ils ne peuvent pas se faire embaucher dans les entreprises locales, notamment dans les hôtels de la place, dont le Daniel's Club en centre-ville, le Mvouma, au-delà du pont, sur la route de Makoua, et le Mombo Beach, le Club Med local, en bordure de la rivière Kouyou, les jeunes se débrouillent. Certains sont des taximen de moto. Ils travaillent pour leur propre compte ou dépendent d'un « patron », propriétaire ou non du véhicule. La plupart de ces taximen sont en effet liés contractuellement à des commerçants étrangers (Libanais, Mauritaniens ou Ouest-Africains) qui sont les propriétaires des engins ou des bailleurs de fonds. Chaque jour, ils reversent à ces commerçants une certaine somme d'argent, soit pour rembourser le prêt octroyé pour l'achat de la moto, soit en échange de la location de l'engin.

Parmi les autres débouchés figurent le maraîchage, l'agriculture, la pêche et la pisciculture, une activité qui se développe dans la région, la revente du *moukalou* (poisson fumé), qui arrive tout droit de Mossaka, un petit port situé au bord du fleuve Congo. Le ramassage des noix de palme et leur transformation artisanale en huile sont d'autres activités.

Le nectar des chefs

La ville est renommée pour la fabrication et le commerce du *tcham*, une boisson extraite du palmier raphia appelé *ibouhou* ou *iboukou* en langue kouyoue. Réputé aphrodisiaque, le *tcham* donne lieu à une véritable activité dans la ville et la région. Les jeunes partent dans la forêt avec des bidons de 25 litres pour recueillir la sève du palmier, qu'ils vendent ensuite à Owando. Les bénéfices retirés de la vente vont alternativement aux cueilleurs et aux vélo-taximen qui font le voyage avec leurs clients.

À Owando, ce sont surtout les femmes qui préparent dans de grandes bassines en fonte ce « nectar des chefs », qui se déguste chaud. La boisson joue un rôle important dans les rapports sociaux et accompagne les grandes cérémonies, les contrats sociaux, notamment la dot et les mariages. Elle est commercialisée dans une grande partie du pays.

Sibiti, une histoire de palmier à huile

Dès que l'on pénètre dans le département de la Lékoumou, en venant de Loudima, pour se rendre à Sibiti, son chef-lieu, le paysage change peu à peu. On passe d'une zone de savanes, aux collines recouvertes de hautes herbes et aux formes arrondies, à une région de forêts d'altitude. Pour atteindre Sibiti, il faut grimper, car la ville est perchée à 530 mètres d'altitude. En saison sèche, il y fait frais, presque froid, surtout la nuit.

Nappé dans les nuages, le massif forestier du Chaillu, célèbre pour son okoumé, une essence qui ne pousse que dans cette forêt, n'est pas loin. Sa présence est attestée par les nombreux grumiers qui foncent à vive allure en direction de Dolisie et de Pointe-Noire, malgré leurs lourdes cargaisons de grumes provenant des exploitations forestières du département. Et par les nombreux beaux arbres qui encadrent la route, quasiment goudronnée sur tout le parcours. Au fur et à mesure que l'on approche de Sibiti, les villages, noyés dans les bananeraies – dont les fruits font la réputation du département – et les manguiers, se succèdent à distance rapprochée.

L'IRHO

Sibiti a joué un rôle important dans la recherche agronomique du Congo, en particulier pour la filière palmier à huile avec l'installation d'une des stations de l'Institut de recherche sur les huiles et oléagineux (IRHO), qui avait été créé en 1941 en France pour étudier les filières oléagineuses depuis la production jusqu'à la transformation des produits. L'IRHO disposait de trois stations régionales en Afrique, dont celle de Sibiti.

La station du palmier à huile de Sibiti fut affectée à l'IRHO en 1946. Fondée le 23 juin 1941 par le gouverneur général Félix Éboué, cette station se trouvait à Indo, à 4 km de Sibiti. Sa direction fut confiée par Éboué à Henri Julia, un ingénieur spécialisé en agronomie du palmier à huile. Son activité couvrait le Congo, le Gabon et la Centrafrique. Les différentes origines qui y ont été introduites ayant montré des comportements distincts, on entreprit une sélection de lignées adaptées aux conditions spécifiques des régions sud du Congo.

En 1947, Sibiti voit sa surface portée à 3 250 hectares avec 207 hectares plantés en palmiers, dont 187 ha en champs généalogiques et 20 ha en pré-station de Sibiti. En 1950, les lignées en observation couvrent 240 hectares. Fin 1951, les plantations s'étalent sur 300 hectares, représentant plus de 40 000 palmiers.

Après l'indépendance, la station de Sibiti devient une des stations agronomiques régionales du Centre de recherche agronomique de Loudima (CRAL). Plus tard, elle abritera un lycée et un collège d'enseignement professionnel agricole.

La renaissance

Pendant de longues années, la ville de Sibiti, alors très enclavée, a davantage ressemblé à une bourgade endormie qu'à un chef-lieu de département. L'électricité n'y était disponible qu'entre 18 h et 23 h et l'eau n'y coulait qu'au compte-gouttes. De nombreux édifices et ouvrages y avaient été détruits ou fortement endommagés par les conflits des années 1990.

Plusieurs facteurs ont contribué à la renaissance de la cité, dont les chantiers d'infrastructures lancés dans la Lékoumou et son chef-lieu dans le cadre de la municipalisation accélérée engagée en 2014. Voiries bitumées, dont la place de la Concorde devant laquelle trône la nouvelle mairie, aéroport, gare routière, Palais présidentiel, nouvel hôtel de ville et divers autres ouvrages et édifices publics (préfecture, hôtel départemental, poste de police, hôpital général, stade et marché modernes, des systèmes d'électrification et d'adduction d'eau, logements sociaux et de fonction, etc.) sont autant d'équipements réalisés ou en cours de réalisation.

Dans le cadre de ses actions sociales, la Société nationale des pétroles du Congo a par ailleurs financé les travaux de réfection des bâtiments du collège et du lycée agricoles. Devenu le « Complexe scolaire agro-pastoral de Sibiti », ce dernier forme quelque 140 élèves dont les plus méritants obtiendront un brevet ou un bac spécialisé.

Des privés, en particulier des hôteliers, ont également investi à Sibiti. Toutefois, si le parc hôtelier s'est étoffé, beaucoup reste à faire pour relever le standing des hôtels, offrir une restauration de qualité et renforcer le système de transport urbain. Les taxis sont rares. Au mieux, on peut en louer un à l'heure ou à la journée. Pour une simple course, il faut se rabattre sur les taxis moto ou opter pour la marche à pied...

Désenclavement

La réhabilitation en cours du réseau routier, notamment de l'axe Sibiti-Zanaga et de l'axe Sibiti-Loudima, ainsi que l'ouverture de la RN1 entre Pointe-Noire, Dolisie et Brazzaville concourent également à la renaissance de la ville et du département. Rassemblées à Sibiti, de nombreuses denrées produites dans le département (manioc, arachide, taro, banane, courge, oseille, gingembre, safou) prennent déjà le chemin de Dolisie et de Pointe-Noire. D'autres suivront.

Bien que suspendue à une remontée des cours mondiaux du fer et à un renforcement des infrastructures ferroviaires pour évacuer le minerai vers Pointe-Noire, la mise en exploitation du gisement de fer de Zanaga devrait également profiter à Sibiti. Elle bouleversera au passage la structure du PIB du département, dominée jusqu'à présent par l'exploitation forestière, de loin l'activité la plus importante, suivie de l'agriculture vivrière, de l'orpaillage, de l'extraction de carrières et de quelques services.

Loudima, au cœur de la recherche agronomique

La ville et le district dont elle est le chef-lieu portent le nom d'un affluent du fleuve Niari qui coule aux abords de la cité. Comme la plupart des centres urbains du département de la Bouenza situés dans la vallée du Niari et le long du CFCO, Loudima est structurée en deux entités : Loudima Poste, établie au sud du fleuve Niari, et Loudima Gare, sise au sud de la RN1 et traversée par la voie ferrée.

Carrefour et étape sur la piste des caravanes

Bien avant la colonisation, Loudima était, au sortir du massif du Mayombe, un carrefour important et une étape sur la piste caravanière qui reliait le Pumbo des Tékés (Pool Malebo) à Loango sur la côte. Situé en pays diangala (nom d'un ancien village, siège des princes Kougnis dont M'Wala M'Boongu), qui englobait Loubomo, Louvakou, Makabana, Moutéla, Loudima et Kikongo, cette étape se trouvait à la jonction des pistes venant des pays yaka (Sibiti), lale (Sibiti et Makabana), nsundi (Kimongo), kamba (Madingou) et bembe (Bouansa).

Sur la grande piste caravanière Pumbo-Loango transitaient divers produits. De la plaine côtière arrivait le sel qui était échangé contre les tissus en raphia (bongo) des Tékés et des Kukuyas, et les poissons fumés des Bobanguis. Plus tard, outre des produits manufacturés européens échangés contre de l'ivoire, des peaux et autres produits locaux, ce sont les convois d'esclaves, acheminés du nord du Congo vers la côte, qui emprunteront cette piste. Des liens étroits entre les Kougnis et le royaume de Loango ont protégé ces derniers des rapts à destination des négriers.

Fondation du poste de Loudima en 1895

Les premières missions françaises (Marchand, Cholet, Jacob) dans ce qui deviendra la Bouenza, débutèrent vers 1887. Parties de Loango, elles suivaient le cours du fleuve Kouilou-Niari, qu'elles empruntaient quand il était navigable, dans le but notamment de repérer les possibilités de construction d'une voie de communication mixte (fleuve-chemin de fer) entre la côte et Brazzaville. C'est à cette époque que fut instauré le système du grand portage, dont les Loangos (Vilis) étaient passés maîtres. C'est à l'occasion de ces missions que fut fondé, en 1895, le poste de Loudima par Joseph Cholet. La même année y fut installée une mission catholique. Arrivé à Loango dès 1883, le sergent Joseph Cholet, à la tête d'un groupe de Tirailleurs algériens, sera le premier chef de poste de Loudima.

Le premier village de Loudima se situe au confluent de la rivière Loudima et du fleuve Niari. Il porte alors le nom de « Niadi-Loudima ». Le terme « Niadi », qui désigne le fleuve en langue kikougnie, sera déformé en « Niari » par les Bembés. Juste à côté, se trouvait la station belge de Stéphanie-ville (du prénom de la fille de Léopold II), commandée par Édouard Destrain, Secrétaire général du Gouvernement belge local à Boma (en RDC). Découverte en 1883 par le capitaine anglais Grant Elliot, compagnon d'exploration de Stanley, la vallée du Niari fut cédée, après la Conférence de Berlin, à la France qui la racheta à l'État indépendant du Congo. Très actif, Destrain établit la liaison entre son poste et Isangila, et alla visiter les mines de cuivre de Boko-Songho, près de la source de la Loudima au début de 1885. L'actuelle Loudima Poste occupe depuis 1905 l'emplacement approximatif de Stéphanie-ville.

Entre 1885 et 1930, Loudima vivra une période faste liée au commerce sur la piste des caravanes, le portage étant alors la seule solution pour rejoindre Brazzaville depuis la côte, sauf à emprunter le chemin de fer belge entre Matadi et Léopoldville.

Loudima fut le premier district du Congo qui couvrait la grande région Kouilou-Niari, englobant Loango, point de départ des caravanes, et Pointe-Noire, simple village où l'on pouvait débarquer. On peut encore voir les vestiges de cette époque à

Loudima Poste, où se trouvent de nombreux bâtiments coloniaux, malheureusement à l'abandon, dont la première préfecture et la première résidence du sous-préfet.

La fondation de Pointe-Noire en 1922, puis de Dolisie en 1934, et l'avènement du chemin de fer Congo-Océan mettent fin aux caravanes de porteurs et à l'important rôle d'étape de Loudima.

Centre de recherche agronomique et fermes agricoles

À l'époque coloniale, Loudima et ses environs abritent diverses fermes agro-pastorales privées, dont les fermes Perrin, Caisso (1950) et Lambotte, ainsi que la Société africaine d'élevage (Safel) créée en 1953 par Gilbert Cahen d'Anvers, avec la participation de Van Lancker, établi au Congo belge. La cité devient également un centre de recherche agronomique actif. Créée en 1947 à Maléla, près de Loudima Gare, la station de modernisation agricole de l'Afrique équatoriale française s'est d'abord appelée la Société mutuelle agricole (SMA). En 1950, sa gestion est reprise par la Compagnie générale des oléagineux tropicaux de Casamance. Elle est appelée alors Loudima CGOT. La SMA abritait une antenne de l'Institut de recherche sur les huiles et les oléagineux (IRHO) créé en 1941. En novembre 1948, une section de recherches sur les oléagineux centrée sur l'arachide et le ricin fut également créée à Loudima.

Quelques années plus tard, Loudima CGOT est rebaptisée Station agronomique de Loudima. Réhabilitée en 1977, la station passe sous la tutelle du département de la recherche rattaché à la Présidence de la République. En 1980, elle se dote de trois stations régionales. En 1986, elle devient le Centre de recherche agronomique de Loudima (CRAL), un établissement public à caractère scientifique et technique doté de l'autonomie financière et administrative, qui comprend 8 stations régionales (Loudima, Sibiti, Kindamba, Odziba, Ewo, Impfondo, Gamboma, Lékana). Principal organisme de recherche sur les cultures, ce centre se concentrait sur la sélection et l'amélioration des cultures vivrières et fruitières.

En 2012, suite à la recomposition du système de la recherche congolaise, un Institut national de recherche agronomique (IRA), dont le siège est à Oyo (Cuvette), est créé. C'est ainsi que le CRAL change de nom pour s'appeler Institut national de recherche agronomique, zone de Loudima. Son rayon d'action est limité aux départements du Niari, de la Bouenza et de la Lékoumou. Logé dans une concession de quelque 1500 ha, l'Institut, qui emploie 23 personnes, dont 7 chercheurs, abrite sept laboratoires : pédologie, phytiatrie, céréales, légumineuses, tubercules, plantes à racines, biotechnologie. Loin de limiter le résultat de ses recherches au ministère de l'Agriculture, l'IRA-Loudima met à disposition des plants et des semences aux opérateurs privés.

Stations fruitière et forestière

Loudima abrite une station de recherches fruitières. Installée en 1952, la station, qui dépendait de l'Institut des fruits et agrumes coloniaux (IFAC), disposait d'une concession de 500 ha. Elle était réputée pour avoir introduit plusieurs variétés de manguiers au Congo. En 2015, la majorité des vergers ont été cédés sur la base d'une concession, à Éco Oil Énergie, qui s'est engagée à réhabiliter le verger (mangues greffées, agrumes) et à produire des jus de fruits dans une unité industrielle située à Kayes.

Loudima héberge également une station forestière créée en 1948, qui comprend la plus grande plantation d'eucalyptus à croissance rapide. Dénommée plantation SNR (Service national de reboisement) de Loudima, implantée en 1980, cette plantation fut la première du genre introduite dans le pays. L'entreprise à capitaux chinois, FL Groupe qui a obtenu le 22 avril 2016 une concession de 6 000 ha, pour une durée de 30 ans renouvelable, dans ce massif artificiel, lance la fabrication de panneaux agglomérés et recueille la résine des pins pour en faire du vernis et de l'encre. Soit un investissement de l'ordre de 27,7 milliards de francs CFA. À la station forestière, le SNR, qui produit des boutures d'eucalyptus, a démarré la production d'huile essentielle d'eucalyptus.

Loudima et la SWAPO

L'histoire contemporaine de Loudima est liée à celle de la décolonisation de la Namibie dont le Congo a appuyé la lutte de libération menée par la SWAPO (South West African People's Organization), le principal mouvement de libération namibien conduit par Sam Nujoma.

En 1978, lors de la réunion à Brazzaville des pays de la Ligne de Front, auxquels se sont joints des pays d'Afrique centrale tels que le Cameroun, le Gabon et la Centrafrique, les représentants namibiens soulevèrent la question de la formation de leur jeunesse, appelée à prendre les rênes du pays dans un avenir que tout le monde espérait proche. Le Congo s'est alors penché sur la question et a proposé à la délégation namibienne une vieille ferme désaffectée à Kitaka, près de Loudima. Des travaux y furent effectués. Au bout du compte, la ferme fut « relookée » et transformée en une école polytechnique où les Namibiens envoyèrent des enseignants qui apprenaient l'anglais à leurs enfants. L'établissement, devenu une école de la SWAPO, a également accueilli des Congolais désireux de recevoir, entre autres, une formation en agriculture.

Puis l'établissement est tombé en déclin. Il a été réhabilité pour devenir en 2014 l'Institut de formation technique et professionnelle de Loudima (IFTPL). Cet institut, dont la réhabilitation est une initiative commune des États congolais et namibien qui le gèrent conjointement, accueille aujourd'hui des jeunes Namibiens et Congolais, garçons et filles.

Mossaka, la reine du *moukalou*

Avisant une ménagère qui pilait des noix de palme, un voyageur européen lui demanda: « Dans quel endroit sommes-nous ? » Ayant mal compris la question, la dame répondit: « Vous voyez bien que je prépare de la pulpe de noix de palme (*mossaka*) ! » Ce serait donc à ce quiproquo que cette jolie cité doit son nom.

Plaque tournante de la navigation fluviale dans le Bassin du Congo et importante escale sur le fleuve Congo, Mossaka, chef-lieu du district éponyme, situé dans l'est du département de la Cuvette, n'est accessible que par voie fluviale. La communauté urbaine de Mossaka abrite quelque 20 000 habitants répartis dans ses huit quartiers: Biangala, La Poste, Congo ya sika, Mobaka, Makandza, Motendi, Libellé et Libéria.

Le pays des confluents

Plusieurs cours d'eau, dont la Sangha, la Likouala-Mossaka et la Likouala-aux-Herbes, se jettent dans le fleuve Congo aux alentours de Mossaka, faisant de cette cité un important carrefour fluvial vers la RD Congo et vers la Centrafrique, via l'Oubangui. C'est également l'une des plus grandes zones de pêche continentale du Congo. D'où le nom de « pays des confluents » donné par l'historien Abraham Ndinga Mbo à la région qui entoure la cité.

Avant la colonisation, Mossaka était une des petites cités-États qui jalonnaient le cours du fleuve Congo et contrôlaient le commerce fluvial. Elle était peuplée principalement de Likoubas, qui excellent dans la pêche, la fabrication de pirogues et de poteries, ainsi que le transport et le commerce fluvial. Ils échangeaient avec leurs « cousins » de l'intérieur de la Cuvette, du poisson, des poteries et des pirogues contre du manioc, des patates douces, de l'huile, du sel et des fruits.

Au XVIIe siècle, certains de leurs membres se lancèrent dans le commerce d'esclaves. Du Pumbo (Stanley Pool), où se tenaient des foires, ils rapportaient des fusils à pierre, des barils de poudre, de la quincaillerie, des draps, des cotonnades et des couvertures ainsi que d'autres produits européens qu'ils écoulaient dans la Cuvette.

Base de la CFHBC des Frères Tréchot

Sa position géographique stratégique à la confluence de plusieurs cours d'eau a valu au petit poste de Mossaka, créé le 28 octobre 1912, d'être une escale fluviale prospère. De grands bateaux à aubes, importés du Mississippi, venaient s'y ravitailler en bois pour alimenter leurs chaudières, avant de reprendre leur route. La vente de bois aux bateaux fit la fortune des frères Tréchot, qui avaient jalonné tout le cours du Congo et de l'Oubangui de postes à bois et de factoreries. La pièce maîtresse du système commercial des Tréchot, bâti sur le réseau hydrographique, était Mossaka. La cité était en effet la plaque tournante du commerce fluvial et la porte d'entrée et de sortie de leur immense concession. Elle comprenait des ateliers bien équipés, en particulier pour la réparation des bateaux (forges, chaudronnerie, fonderie, machines à vapeur et machines outils, etc.) et des magasins où étaient répartis les produits par rivières de destination à la montée et regroupés les convois à la descente. Construite dans le style colonial, l'ancienne maison des Tréchot est toujours visible au bout de l'avenue Marien-Ngouabi.

De 800 habitants en juin 1885, la population de Mossaka est passée à 3 152 âmes en 1952. Base de la Compagnie française du Haut et Bas-Congo (CFHBC) des frères Tréchot, bien équipée et prospère, la ville attirait des Ngalas de l'intérieur de la Cuvette, ainsi que des Likoualas, des Bobanguis et des Moyes, et même des Brazzavillois, qui venaient pêcher à Mossaka de manière saisonnière. Cet afflux de personnes a fait de la cité un centre cosmopolite, selon l'historien Ndinga Oba.

Des travaux de modernisation

Pour permettre à Mossaka de retrouver sa vocation de plaque tournante du trafic fluvial, il est prévu de rénover, moderniser et étendre son port. Outre la réhabilitation du quai et du débarcadère, de nouveaux entrepôts seront construits. Ce qui permettra à des bateaux d'accoster dans la ville. Le renforcement et la modernisation des ouvrages de la cité ne s'arrêteront pas là. Actuellement la fourniture en électricité de Mossaka est assurée, de 18 h à 23 h, par une centrale thermique de la Société nationale d'électricité, d'une capacité d'environ 1 MW, pour une demande de 2 MW. Pour augmenter l'offre, l'interconnexion de la cité avec le barrage d'Imboulou, via Oyo, est en cours. C'est une société indienne qui est chargée d'implanter les lignes THT de transport d'énergie entre Oyo et Mossaka.

Vaste plaine en partie marécageuse et sillonnée de cours d'eau, la région qui entoure Mossaka connaît chaque année d'importantes crues, dont celle de 1982 qui fut particulièrement

Le port de Mossaka. © MDMM.

catastrophique. En période de crues, notamment d'octobre à décembre, la population se disperse dans des campements dans un rayon de cinquante à cent kilomètres autour du chef-lieu de district, transportant sur des pirogues matériel de pêche, ustensiles de cuisine et autres nombreux ballots. Installés le plus haut possible – au besoin en les surélevant par des pilotis –, les campements permettent de tenir tête à la montée des eaux.

Pour éviter ces migrations et faire face aux inondations, d'importants travaux de dragage du fleuve, de remblaiement des quartiers d'habitation et de protection des berges par la construction d'une digue ont été entrepris dans la ville de Mossaka. Désormais la ville, « sortie des eaux », est à l'abri des crues.

D'autres équipements ont été construits, dont des édifices administratifs. La construction d'un grand pont permet par ailleurs de relier Mossaka I et Mossaka II, une nouvelle zone dotée d'un plan d'urbanisme, qui abritera un centre de formation de la pêche continentale, des logements sociaux modernes et un nouveau poste de transformation électrique, relié au barrage d'Imboulou, via Oyo.

Port de pêche et grand centre du moukalou

Mossaka est aussi un grand centre de production et de collecte de poissons fumés appelés *moukalou*, qui font sa réputation dans toute l'Afrique centrale. Indispensable pour conserver, transporter et vendre le poisson non consommé localement, le fumage du poisson est réalisé dans les campements et les fumoirs traditionnels de la région et à Mossaka.

La production de poisson fumé est estimée entre 12 000 et 15 000 tonnes par an, dont 70 % est destinée à Brazzaville, le reste prenant la direction d'Oyo, d'Owando, du Gabon et de la

République centrafricaine. Elle reste toutefois insuffisante pour satisfaire une clientèle très friande de ce type d'aliments.

Plusieurs menaces pèsent sur la filière pêche. L'une est la raréfaction du poisson, liée aux changements climatiques, à l'ensablement du fleuve et à la surexploitation de la pêche. L'autre est l'essor de la recherche pétrolière, qui fait craindre d'éventuelles pollutions au stade de l'exploitation si toutes les précautions ne sont pas prises.

Nkayi, une saveur sucrée

Située à mi-parcours du CFCO, à 262 km de Brazzaville et à 248 km de Pointe-Noire, dans le département de la Bouenza, la ville de Nkayi est une commune de plein exercice. Divisée en deux arrondissements (Soulouka et Mouananto), elle est bordée au nord par la RN1 et à l'est par la rivière Livouba. Elle est traversée dans sa partie sud par le CFCO. Au sud-ouest, de l'autre côté de la voie ferrée, s'étendent des champs de canne à sucre. Entre la RN1 et le fleuve Niari s'étale Kayes, sorte de banlieue de Nkayi.

Avec ses 72 000 habitants, Nkayi est plus peuplée que Madingou, sa rivale, à laquelle elle fait de l'ombre avec ses agences bancaires et de microfinance, ses nombreux commerces, ses hôtels et autres services. Mais ce sont surtout les plantations de canne à sucre et l'usine de production de sucre de la Société agricole de raffinage industriel du sucre (Saris) qui font son orgueil.

Jacob

C'est d'abord autour des activités ferroviaires et de la gare que Nkayi s'est développée, avant de prendre son essor avec la culture de la canne à sucre. La ville a été établie sur l'emplacement d'un village dénommé Kayi Dia Ngouma (village de l'Oncle Kayi). En 1915, il est rebaptisé Kayi Madi et, en 1933, devient Kayi. Suite à un arrêté du 17 janvier 1934 du gouverneur général Raphaël Antonetti qui renomme neuf stations du CFCO, Kayi prend le nom de Jacob en souvenir du Français Léon Jacob, le premier ingénieur des travaux à avoir étudié un projet de voie ferrée entre Brazzaville et la côte atlantique dès 1887-1888.

Naissance de la SIAN

Outre les activités ferroviaires, la cité abritait les installations de la Société industrielle et agricole du Niari (SIAN) fondée en 1929 par Jean Ottino, un entrepreneur d'origine italienne. Les Établissements Salvator Ottino, dont il était administrateur-délégué, étaient un sous-traitant de la Société de construction des Batignolles. L'entreprise a construit des ponts routiers pour le CFCO ainsi que le phare et le premier wharf de Pointe-Noire. On lui doit aussi le vieux pont sur la rivière Djoué à Brazzaville.

Convaincu que la gare de Nkayi allait créer un grand marché de consommation, Jean Ottino, qui voulait faire de l'agriculture, avait obtenu une vaste concession dans la vallée du Niari. Formée de trois fermes et de plusieurs parcelles annexes, sa concession couvrait 13 600 hectares. Quelques années plus tard, elle s'étalait sur 20 000 ha.

Ottino s'est d'abord lancé dans la culture du manioc puis de l'arachide. En 1949, la société exploitait 3 000 ha de manioc et 1 000 ha d'arachide. Le manioc était traité dans une féculerie et l'arachide dans une huilerie établie à Kayes.

Essor de la canne à sucre avec Vilgrain

En 1949, Ottino vend la SIAN aux Grands Moulins de Paris du groupe Vilgrain. Ce dernier poursuit la culture du manioc qu'il substitue peu à peu à l'arachide (un millier d'hectares en 1951). Après des essais concluants, il se lance dans la culture de canne à sucre et s'équipe en matériel agricole.

En 1956, la SIAN regroupait plusieurs unités : la sucrerie de Nkayi, une huilerie, les Grands Moulins du Congo, qui fabriquaient de la farine et de l'aliment de bétail, et la ferme bovine de Louamba. Quelques années plus tard est créée la Société sucrière du Niari (SosuNiari). D'une capacité de traitement de 1150 tonnes de cannes par jour, l'usine produisait entre 10 000 et 12 000 tonnes de sucre par an. C'est ainsi qu'est né, entre Kayes et Moutéla, située à une dizaine de kilomètres de Nkayi, le complexe Jacob, composé des différentes unités de Vilgrain.

En 1962, la plantation couvrait 5 500 ha, dont 3 500 ha mis en coupe annuellement. De 16 000 tonnes de sucre, la production atteint 24 000 tonnes en 1963. Pour satisfaire aux besoins importants de main-d'œuvre qu'exigeait la culture, de nombreux travailleurs sont recrutés de la République démocratique du Congo et d'Angola, faisant de l'agglomération une cité cosmopolite.

Ce vaste complexe agro-industriel donna une forte impulsion à Jacob, qui connut alors un grand essor démographique. En 1962, la cité abritait 13 000 habitants, contre 500 en 1954. Un plan officiel de lotissement est établi pour structurer les nouveaux quartiers. Il fige les concessions familiales et les rues à angle droit. En revanche, le quartier nord autour de la mission catholique se développe de manière plus anarchique.

Rebaptisée Nkayi

Dans les années 1970, sous le régime marxiste du président Marien Ngouabi, la ville est rebaptisée Nkayi tandis que le complexe agro-industriel des Vilgrain est nationalisé, donnant naissance à quatre sociétés distinctes : la Société industrielle et agricole du Congo (SIACongo), la Minoterie et aliments de bétail (MAB), ex-Grands Moulins du Congo, construits en 1964, l'Huilerie de Kayes (Huilka) et la Ferme de la Louamba. En 1975, la SIACongo est rebaptisée Sucrerie du Congo (Suco). Au fil des ans, la baisse de la production de sucre porte un coup dur à l'économie locale.

Confrontées à des difficultés de gestion et de production, ces sociétés sont privatisées dans les années 1990. En 1991, la Suco est reprise par le groupe Somdiaa (Société d'organisation, de management et développement des industries alimentaires et agricoles), que dirige la famille Vilgrain. Elle devient la Société agricole et de raffinage industriel (Saris Congo), dont le capital est détenu par Somdiaa (66 %) et l'État congolais (34 %). Dotée d'une concession de 20 000 ha dont 12 000 ha de cannes à sucre, la Saris produit environ 70 000 tonnes de sucre par an dans l'usine de Moutéla. En 2007, Somdiaa acquiert l'usine de broyage de calcaire de Madingou, dont les produits sont utilisés pour amender les champs de cannes à sucre. Outre son usage industriel, la canne à sucre est consommée traditionnellement comme « canne de bouche » et sert à fabriquer le vin de canne, appelé *lungwila*.

Aujourd'hui, l'économie de Nkayi repose sur quatre piliers : la production de sucre, le commerce, notamment de gros, dont l'activité est concentrée autour du marché central situé près de la gare, ainsi que les trafics routier et ferroviaire. Reprise par Eco Oil Energie, sur la base d'une concession, l'usine de Huilka projette de produire de l'huile et de la pâte d'arachide. L'entreprise compte également produire des jus de fruits. L'unité de la Minoterie du Congo n'est qu'un simple entrepôt.

Dans le cadre de la municipalisation accélérée, la ville a été dotée de nouveaux équipements : un aéroport international et une usine de traitement d'eau potable.

Oyo, la ville du président

Bâtie le long de la RN2 et sur la rive gauche de la rivière Alima, à environ 427 km au nord de Brazzaville, dans le département de la Cuvette, Oyo compte quelque 5 000 âmes, en majorité des Mbochis.

À l'origine, Oyo était un simple village, proche de Pama, où Mgr Augouard avait implanté en 1899 une mission catholique dans le quartier de Tsambitso (« terre rouge » en langue mbochie) et fait construire une chapelle baptisée Sainte-Radegonde.

La bourgade prend de l'essor quand sont réalisés, dans les années 1950, les travaux de construction du tronçon routier Gamboma-Oyo-Fort Rousset (Owando) de la route nationale 2. Édou, un village voisin d'Oyo, abrite les bases-vies des sociétés de BTP. Une fois la route terminée, les populations de la région affluent vers la voie et viennent s'installer à Oyo où progressivement une gendarmerie et divers services sont implantés. Oyo est érigée en poste de contrôle administratif le 29 décembre 1962 par décret présidentiel. Ce dernier est inauguré le 1er janvier 1963.

Une cité coquette

Si la cité devenue commune de plein exercice en 2017 n'a pas vu naître le président Denis Sassou N'Guesso, qui est né à Édou, quelques kilomètres plus au nord, elle a été choyée par ce dernier et sa défunte fille Édith Lucie Bongo. Un peu avant le pont qui enjambe la rivière Alima, quand on vient de Brazzaville par la RN2, se dresse le Pefaco Hôtel Alima Palace, un 5 étoiles érigé sur la rive droite de la rivière.

Après avoir franchi le pont orné de jolis lampadaires, on pénètre dans la cité. De belles avenues et des places bordées de palmiers, quelques villas de standing, notamment celle d'Édith et d'Omar Bongo... Le centre-ville d'Oyo est pimpant. Construite à l'écart, en bordure de l'Alima, la vaste résidence du chef de l'État est cachée des regards indiscrets par un rideau de verdure.

Outre quelques logements modernes, réalisés par l'ex-Société de promotion et de gestion immobilière (Soprogi), devenue Soprim, regroupés dans le Clos de l'Alima, l'habitat se compose de villas, certaines très cossues, d'autres de simples cases.

La ville compte trois quartiers : Oyaah, Obangui et Okongo. De nouveaux quartiers sont en construction en périphérie. Oyo abrite une statue de sainte Radegonde. Fille d'un roi de Thuringe (Allemagne), née vers 550, que le roi Clotaire avait épousée de force, sainte Radegonde s'installa à Poitiers, où elle fonda un monastère après s'être convertie au catholicisme, avoir quitté son époux et prononcé ses vœux. Elle devint vite célèbre. Son nom fut donné à la deuxième mission d'évangélisation (Tsambitso) créée en 1898 sur la rivière Alima par Monseigneur Prosper Augouard. Pour rappeler cet événement, une statue qui représente sainte Radegonde a été érigée en 2014 dans l'enceinte de la paroisse Notre-Dame-de-l'Assomption d'Oyo.

Services et industries

Centre de services, Oyo compte divers hôtels et restaurants, des magasins modernes et des échoppes, des antennes de compagnies de téléphone mobile et des agences de la BGFI Bank, de la Congolaise de banques et de la Banque postale. Elle dispose d'un port fluvial, par où transitent des marchandises produites dans la Cuvette, dont le poisson fumé de Mossaka, qui est acheminé vers les marchés urbains du Congo et du Gabon.

À Édou, plusieurs usines sont opérationnelles, dont Okiéssi (eau minérale), NG Entreprise-Manioc du Congo (farine de manioc), Le Lait de l'Alima (fabrication de fromages de vache) et la Congolaise des panneaux solaires (Copasol), un partenariat avec la société chinoise ZTE Corporation.

Une ville équipée

Dans le cadre de la municipalisation accélérée, Oyo a été dotée de divers édifices publics (mairie, hôtel de sous-préfecture et tribunal de grande instance) et équipée d'infrastructures de base, dont une gare routière, un château d'eau et un poste de transformation THT (très haute tension) et de dispatching relié à la centrale hydroélectrique d'Imboulou, via Ngo (Plateaux). Ce poste alimente la ville en électricité et envoie du courant à Owando, Boundji, Édou, Tchikapika et Ollombo.

En matière d'équipements éducatifs, la ville est également bien lotie. Outre des écoles et des collèges et lycées d'enseignement général et professionnel, elle compte un Lycée d'excellence, qui peut accueillir 720 élèves, et un Institut professionnel de technologie ouvert aux étudiants de la CEMAC. Oyo est par ailleurs le siège de l'Institut national de recherche agronomique (IRA) depuis septembre 2012.

Les équipements sanitaires et sportifs n'y manquent pas. En plus de l'hôpital de base Mama Mouébara, la ville a été dotée d'un hôpital spécialisé à vocation régionale, baptisé Édith Lucie Bongo Ondimba, en l'honneur de la fille du président congolais décédée. Il a été inauguré le 10 mars 2017. Le personnel médical est appuyé par des médecins cubains. Le complexe omnisports de la cité comprend un gymnase pouvant recevoir environ 2 000 personnes, ainsi qu'un stade de football de 1 629 places et des terrains en plein air de volley-ball, de basket-ball, de handball et de tennis.

Un nouveau port

Les activités agro-industrielles et minières se développant dans la partie nord du pays, c'est à Oyo qu'a été décidée la construction d'un nouveau port sur la rivière Alima, navigable toute l'année et assez profonde pour accueillir des bateaux à fort tirant d'eau. Ce port, inauguré le 10 août 2017, a été construit pour faciliter l'acheminement des marchandises pondéreuses (bois, huile de palme et produits dérivés, cacao, hévéa) vers Brazzaville et des produits manufacturés depuis la capitale.

Sis à quelques kilomètres à l'est d'Oyo, le port a une superficie de 750 000 m^2, dont 240 000 m^2 pour la zone portuaire. Il dispose d'un quai à passager, d'un quai de chargement, d'une aire de stockage et de divers bâtiments.

Future zone économique spéciale

Située à 16 km au nord d'Ollombo, qui abrite un aéroport international, et favorisée par sa position de carrefour routier et fluvial, Oyo est appelée à être un des pivots de la Zone économique spéciale (ZES) d'Oyo/Ollombo dont les activités seront tournées vers l'économie verte. Y seront développés des cultures vivrières et de rente, l'élevage, la transformation des produits agricoles, la sylviculture et la pisciculture. La ZES abritera également des services commerciaux et financiers et des activités touristiques. Reste à mettre en place cette ZES.

Bibliographie

Africapolis II. L'Urbanisation en Afrique centrale et orientale. Fiche pays Congo-Brazzaville, 2010, AFD, E-Geopolis, 28 p.

Agence d'aide à la coopération technique et au développement (Acted), 2011, *L'Émigration congolaise vers l'Europe. État des lieux et enjeux de la coopération*, Brazzaville, Acted, 143 p.

AYIMPAM Sylvie, 2006, *Vie matérielle, échanges et capitalisme sur la rive méridionale du Pool du fleuve Congo (1815-1930)*, Aix-en-Provence, Clio en @frique, n° 18, été 2006.

BALEKORO Françoise-Marie, 2012, *La Visitation Sainte-Marie au Congo-Brazzaville 1964-2010. Inculturation de la vie contemplative en Afrique*, Paris, Karthala, 300 p.

BALANDIER Georges, 1985, *Sociologie des Brazzavilles noires*, Seconde édition augmentée, Paris, Presses de la Fondation nationale des Sciences politiques, 308 p.

— 1965, *La Vie quotidienne au royaume du Kongo du XVIe au XVIIe siècle*, Paris, Hachette, 284 p.

BARATIER Albert Ernest Augustin, 1914, *Au Congo : souvenirs de la mission Marchand, de Loango à Brazzaville*, Paris, Arthème Fayard et Cies Éditeurs, 126 p.

BAZENGUISSA-GANGA Remy, 1997, *Les Voies du politique au Congo. Essai de sociologie politique*, Paris, Karthala, 463 p.

BEMBA Léon, 2018, *Le Congo dans la première guerre mondiale (1914-1918). Les batailles de Mbirou*, Brazzaville, éditions Les Manguiers, 66 p.

BEMBA Sylvain, 1984, *Cinquante ans de musique du Congo-Zaïre (1920-1970) : de Paul Kamba à Tabu-Ley*, Paris, Présence africaine, 188 p.

BERNAULT Florence, 1996, *Les Démocraties ambiguës en Afrique centrale. Congo-Brazzaville, Gabon, 1940-1965*, Paris, Karthala, 423 p.

BERTAND Hugues, 1975, *Le Congo. Formation sociale et mode de développement économique*, Paris, Maspero, 327 p.

BOKILO Julien, 2012, *La Chine au Congo-Brazzaville. Stratégie de l'enracinement et conséquences sur le développement en Afrique*, Paris, L'Harmattan, 314 p.

BRINCARD Marie-Thérèse (dir.), 1990, *La Vie quotidienne au royaume du Kongo du XVIe au XVIIe* siècle, Paris, Éditions de la Réunion des musées nationaux, 194 p.

La Chanson congolaise, 1984, Paris, Fernand Nathan, Brazzaville, ONLP, 144 p.

CLEMENT (Lieutenant), 1911, *Un Marsouin au Congo. Présentation de Bertrand Goy*, Paris, Éditions Pierre de Taillac, 176 p.

COQUERY-VIDROVITCH Catherine, 1972, *Le Congo au temps des grandes compagnies concessionnaires 1898-1930*, Paris, Mouton, 598 p.

COSTODE-MACKOSSO Laurent, 2013, *Le Kouilou et Pointe-Noire, un patrimoine congolais*, Préface de J.P.G Tchikaya, Paris, Riveneuve Éditions, 280 p.

CROCE-SPINELLI Michel, 1982, *Les Enfants de Poto-Poto*, Paris, L'Harmattan, 367 p.

DESCHAMPS Hubert, 1972, *Les Européens hors d'Europe de 1434 à 1815*, Paris, Presses universitaires de France, 200 p.

DION Isabelle, 2007, *Pierre Savorgnan de Brazza. Au cœur du Congo*, Marseille, Images en manœuvres Éditions, 152 p.

Le Domaine du Makoko. Mbé, Congo Brazzaville, 2009, Grenoble, CRAterre Éditions, 36 p.

DORIER-APPRILL Élisabeth, KOUVOUAMA Abel, APPRILL Christophe, 1999, *Vivre à Brazzaville. Modernité et crise au quotidien*, Paris, Karthala, 384 p.

DUPRÉ Georges, 1985, *Les Naissances d'une société : espace et historicité chez les Beembé du Congo*, Paris, ORSTOM, 419 p.

DYBOWSKI Jean, 1898, *Le Congo français : de Loango à Brazzaville* [Précédé d'une notice par Charles Simond], Paris, Plon, 32 p.

GANDOULOU Justin-Daniel, 1989, *Dandies à Bacongo. Le culte de l'élégance dans la société congolaise contemporaine,* Préface de Georges Balandier, Paris, L'Harmattan, 240 p.

GONDOLA Charles Didier, 1996, *Villes miroirs, migrations et identités urbaines à Kinshasa et Brazzaville, 1930-1970,* Préface par Catherine Coquery-Vidrovitch, Paris, L'Harmattan, 479 p.

KINATA Côme, 2010, *Histoire de l'Église catholique du Congo à travers ses grandes figures*, Paris, L'Harmattan, 210 p.

KUIPIÉ Mathias, NORDMAN Christophe, 2012, *Éducation et marchés du travail à Brazzaville et à Pointe Noire (Congo-Brazzaville)*, Paris, Stateco n° 107.

LEKOBA HEYKO Jean-Pierre, 2015, *La problématique démocratique au Congo-Brazzaville*, Paris, L'Harmattan, 244 p.

MAGANDA-BOUMBA, 1989, *Le Congo et l'OUA*, Paris, L'Harmattan, 208 p.

MANKOU Vérone, 2014, *Congo, terre de technologies, objectif 2025,* Paris, L'Harmattan, 69 p.

MANOT Michel, 1946, *L'Aventure de l'or et du Congo-Océan. Le Congo-Océan et la ruée vers l'or au Moyen-Congo et au Gabon. Le mystérieux Mayombe. Dolisie, ville-champignon créée par des Français en pleine brousse,* Paris, Librairie Secrétan, 294 p.

MAYEUL DE DREUILLE, 1994, *La Bouenza 1892-1992, les sources de l'Église au Congo,* Paris, Beauchesne, 141 p.

MAZENOT Georges, 1996, *Carnet du Haut-Congo, 1959-1963,* Paris, L'Harmattan, 423 p.

M'BANDZA Joseph, 2004, *Pauvreté et modèles de croissance en Afrique subsaharienne : le cas du Congo-Brazzaville (1945-2000)*, Paris, Publibook, 500 p.

M'BISSA Claude-Richard, 2013, *Le Ndjobi au Congo et au Gabon. Histoire et fonction sociale*, Paris, L'Harmattan Congo, 259 p.

M'BOKOLO Elikia, 1995, *Afrique noire, histoire et civilisations. I. Jusqu'au XVIII*e siècle, Paris, Hatier, 496 p.

— 1992, *Afrique noire, histoire et civilisations.* II. *XIX-XX*e *siècles*, Paris, Hatier, 576 p.

— 1988, *Résistances et messianismes*, Paris, ACCT, Présence africaine, 123 p.

Ministère de l'Économie, du Plan, de l'Aménagement du territoire et de l'Intégration, 2012, *Plan national de développement Congo 2012-2016, Livre I. Document de stratégie pour la croissance, l'emploi et la réduction de la pauvreté,* Brazzaville, 359 p.

— 2010, *Rapport national des progrès vers l'atteinte des objectifs du Millénaire pour le développement,* Brazzaville, 82 p.

MOKOKO Roger-Patrice, 2012, *Mossaka et son histoire (de 1985 à 1965),* Bloomington, Trafford Publishing, 196 p.

MOUKOKO Philippe, 1999, *Dictionnaire général du Congo-Brazzaville, alphabétique, analytique et critique* [Avec des annexes et un tableau chronologique], Paris, L'Harmattan, 446 p.

MOUKOKO Yves Martial, 2014, *Les Salésiens de Don Bosco au Congo-Brazzaville, 1959-2009*, Paris, L'Harmattan, 92 p.

MOUNDZA Patrice, 2014, *Le Chemin de fer Congo Océan et le département de la Bouenza*, Paris, L'Harmattan, 200 p.

NDINGA-MBO Abraham, 2015, *Savorgnan de Brazza, les frères Tréchot et les Ngala du Congo-Brazzaville (1878-1960),* Paris, L'Harmattan, 282 p.

— 2006, *L'Introduction à l'histoire des migrations au Congo. Les Ngala dans la Cuvette Congolaise XVII*e*-XIX*e siècles, Paris, L'Harmattan, 296 p.

— 1984, *L'Introduction à l'histoire des migrations au Congo. Hommes et cuivre dans le Pool et la Bouenza avant le XX*e siècle, Préface du Professeur Michel-Marie Dufeil, Tome I, Brazzaville, Heidelberg, Éditions Bantoues, 151 p.

NGODI Etanislas, 2016, *Résistances, conquête et domination coloniales en Afrique centrale, le cas du Congo (XIX*e*-XX*e *siècles)*, Saint-Denis, Éditions Connaissances et Savoirs, 334 p.

NGOIE-NGALLA Dominique, 1982, *Les Kongo de la vallée du Niari,* Brazzaville, Les Éditions Celmaa, 128 p.

OBENGA Théophile, 1976, *La Cuvette congolaise : les hommes et les structures. Contribution à l'histoire traditionnelle de l'Afrique centrale,* Paris, Présence africaine, 166 p.

— 1974, *Afrique centrale précoloniale : documents d'histoire vivante,* Paris, Présence africaine, 187 p.

OBENGA Théophile (dir.), *Histoire générale du Congo des origines à nos jours. I. Méthodologie historique. Genèse du Congo,* 2010, Préface par Denis Sassou N'Guesso, président de la République du Congo, Paris, L'Harmattan, 288 p.

— *Histoire générale du Congo des origines à nos jours. II. Le Congo moderne,* 2010, Préface par Denis Sassou N'Guesso, président de la République du Congo, Paris, L'Harmattan, 354 p.

OLLANDET Jérôme, 2016, *Le Premier Foyer culturel du Nord-Congo. L'Histoire de Boundji,* Brazzaville, L'Harmattan-Congo-Brazzaville, 216 p.

— 2014, *Le Nord-Congo : histoire et civilisations,* Paris, L'Harmattan, 326 p.

— 2013, *Hollandais et Portugais au Congo du 17e au 19e siècle. Les contacts de civilisation,* Brazzaville, Éditions Presses et Culture, 97 p.

— 2012, *L'Expérience congolaise du socialisme de Massamba-Débat à Marien N'gouabi,* Paris, L'Harmattan, 358 p.

— 2011, *Les Relations entre les deux Congo : évolution et dynamique interne,* Paris, L'Harmattan, 252 p.

OLLANDET Jérôme, OPANGAULT Jacques, 1987, *Discours et écrits politiques, précédés d'une note biographique et politique de Théophile Obenga,* Paris, Présence africaine, 55 p.

Le Rapport Brazza. Mission d'enquête du Congo, rapport et documents (1905-1907). Mission Pierre Savorgnan de Brazza. Commission Lanessa, 2014, Préface de Catherine Coquery-Vidrovitch, Neuvy, Éditions Le Passager clandestin, 307 p.

Rupture Solidarité, 2000, *Les Congos dans la tourmente,* Paris, Karthala, 280 p.

SAUTTER Georges, *De l'Atlantique au fleuve Congo. Une géographie du sous-peuple République du Congo, République Gabonaise,* Paris, La Haye, Mouton, 1966.

SONI-BENGA Paul, 2001, *La guerre inachevée du Congo-Brazzaville (15 octobre 1997-18 décembre 1998). Noir(s) délire(s),* Paris, L'Harmattan, 280 p. (Points de vue concrets)

— 1998, *Les Dessous de la guerre du Congo-Brazzaville,* Paris, L'Harmattan, 282 p.

STANLEY Henry Morton, 1879, *À travers le continent mystérieux : découverte des sources méridionales du Nil, circumnavigation du lac Victoria et du lac Tanganyka, descente du fleuve Livingstone ou Congo jusqu'à l'Atlantique. Durée de l'expédition : 990 jours. Distance parcourue : 7 158 miles ou 11 517 kilomètres,* Ouvrage traduit de l'anglais avec l'autorisation de l'auteur par Mme H. Loreau, Tome second, Paris, Hachette, 544 p.

UZÉS Marie-Clémentine de Rochechouart-Mortemart (duchesse d'), *Le voyage de mon fils au Congo ; illustrations de Riou,* 1894, Paris, Plon, Nourrit et Cie, 344 p.

VENNETIER Pierre, 1996, *Géographie du Congo-Brazzaville,* Paris, Gauthier Villars, 174 p.

— 1968, *Pointe-Noire et la façade maritime du Congo-Brazzaville,* Paris, ORSTOM, 459 p.

— 1963, *Les Hommes et leurs activités dans le nord du Congo-Brazzaville,* Paris, ORSTOM, 296 p.

VENNETIER Pierre (dir.), 1977, *Atlas de la République populaire du Congo,* Paris, Éditions Jeune Afrique, 64 p.

WEURLESSE Jacques, 1934, *L'Afrique noire,* précédée d'une vue d'ensemble sur le continent africain, Paris, Fayard et Cie, 485 p.

ZIAVOULA Robert Edmond, 2006, *Brazzaville, une ville à reconstruire. Recompositions citadines,* Préface d'Émile Le Bris, Paris, Karthala, 352 p.

Table des encadrés et des cartes

Table des matières

www.ingramcontent.com/pod-product-compliance
Lightning Source LLC
LaVergne TN
LVHW050625051026
849532LV00002B/273
* 9 7 8 2 8 1 1 1 2 5 9 4 3 *